ANDEYNES & FILS
RELIURE INTRO
BREVETÉ S.G.D.G

LE

P. LEJEUNE

ABBEVILLE

IMPRIMERIE BRIEZ, C. PAILLART ET RETAUX.

LE
P. LEJEUNE

SA VIE, SON ŒUVRE, SES SERMONS

PAR

L'Abbé G. RENOUX

DOCTEUR ÈS LETTRES ET PROFESSEUR D'HISTOIRE A LA FACULTÉ
DE THÉOLOGIE D'AIX

PARIS
BRAY ET RETAUX, LIBRAIRES-ÉDITEURS
82, RUE BONAPARTE, 82

1875

Droits de traduction et de reproduction réservés

INTRODUCTION

J'avais présenté, il y a quelques années, à la Faculté des Lettres et sous forme de Thèse, une étude du P. Lejeune et de ses sermons ; je m'étais attaché surtout dans ce travail à développer la partie littéraire, et tout n'était pas dit sur la vie et les œuvres de ce prédicateur célèbre ; élargissant aujourd'hui le cadre de mon premier essai, j'ai tâché d'utiliser le fruit de mes recherches et de traiter d'une manière plus complète cet intéressant sujet.

Les sermons du P. Lejeune appartiennent à la première moitié du xviie siècle, c'est-à-dire à l'époque où les productions de ce genre n'étaient point encore exemptes de défauts : aussi ont-ils un peu partagé le sort commun ; ils ont perdu une partie de leur célébrité comme les œuvres des Lingendes, des Sénault, confondues avec eux. On sait que ces prédicateurs fameux dans leur temps virent leur gloire pâlir quand les grands orateurs de la chaire qui brillèrent sous le règne de Louis XIV eurent produit les véritables modèles de l'éloquence sacrée; depuis, la renommée de ces derniers n'a fait que s'accroître, et celle des autres s'obscurcir davantage.

Les historiens de la littérature se sont peu occupés du P. Lejeune; cela se conçoit aisément: le P. Lejeune ne rechercha jamais les occasions où il aurait pu se produire avec éclat et trouver des admirateurs. Fuyant les honneurs et la gloire, il fut peu connu des hommes qui goûtent et apprécient le talent et lui préparent par leurs éloges une longue renommée.

De nos jours pourtant, un critique plein de goût a donné de ce prédicateur une esquisse fort ressemblante, qui ne demandait qu'à être achevée; elle présente les traits les plus saillants de sa physionomie: « Je n'ai pu, dit-il, qu'esquisser en passant, à grands traits, la manière de prêcher du célèbre orateur dont la vie et les œuvres mériteraient bien l'honneur d'un patient examen, d'une particulière et complète étude (1)... » Je me suis efforcé de répondre à ce désir sans me promettre assurément d'y avoir réussi, heureux toutefois d'avoir pu, durant de longues heures, feuilleter ces pages, où tant de salutaires vérités sont si éloquemment développées !

Les sermons que nous a laissés le P. Lejeune sont au nombre de 362 ; ses continuelles prédications pendant 60 ans expliquent ce chiffre considérable. Ils se partagent en plusieurs catégories, comme ceux de Bourdaloue et de Massillon, mais d'une manière un peu différente : ces sermons, pour la plupart, se font suite l'un à l'autre et se complètent mutuellement ; il y en a plusieurs sur le même sujet : ainsi la Pénitence fournit la matière de vingt discours consécutifs ; la Foi en comprend également un certain nombre : de là différentes classes de sermons établies d'après l'idée générale qui est dévelop-

---

1. *Des prédicateurs du XVIIe siècle avant Bossuet*, par M. Jacquinet, recteur de l'Académie de Nancy. — J'ai lu ce livre avec intérêt et profit.

pée par les discours renfermés dans chacune d'elles. Il y en a quelques autres qui traitent des sujets isolés : ce sont les sermons pour tous les jours de Carême et les Panégyriques des Saints.

A quelle époque le P. Lejeune a-t-il prononcé ses sermons ? Question intéressante sans doute, mais d'une grave difficulté, que les manuscrits mêmes ne pourraient, à mon avis, résoudre entièrement. Le P. Lejeune, dans sa longue carrière de missionnaire, a dû prêcher les mêmes choses en différents pays : il faisait de ses sermons un usage continuel, et s'en servait, comme un soldat de ses armes sur le champ de bataille, en toute occasion, et en présence de tout ennemi. Vouloir assigner à chacune de ces stations une époque précise, ce serait presque tenter l'impossible.

Cependant les éditions anciennes fournissent à ce sujet quelques renseignements positifs, qui méritent d'être signalés. Voici ce qu'elles nous apprennent : Les Sermons sur la Foi (tomes V et VI) ont été prêchés à Toulouse pendant les Avents des années 1641, 1642 et 1662 ; les Panégyriques du Saint-Sacrement (tome III) ont été prononcés dans l'Église Cathédrale de la même ville, aux Octaves des années 1640 et 1646 ; enfin les Sermons de Controverse (tome II et III), appartiennent pour la plupart à l'année 1644. Ces dates sont les seules que l'on puisse connaître avec certitude.

J'ai consulté avec fruit, pour la partie biographique, l'intéressante mais trop courte notice de Tabaraud, le Panégyrique du P. Lejeune par son confrère le P. Ruben, et enfin une vie manuscrite des Pères de l'Oratoire qui se trouve à la bibliothèque d'Aix ; quant à la partie critique et littéraire, je me suis surtout inspiré d'une lecture attentive des sermons, tout en tenant grand compte de l'opinion des contemporains et des jugements émis par quelques écrivains modernes.

Les sermons du P. Lejeune furent publiés en 1662 et les années suivantes : J'ai pu consulter les textes les plus anciens de ces sermons ; toutefois dans mes études, je me suis attaché de préférence aux éditions de Paris (1669-1671). — (*Voir la note I*[re] *au Supplément*).

HISTOIRE
DU P. LEJEUNE

CHAPITRE PREMIER

Biographie du P. Lejeune ; — lieu de sa naissance ; — sa famille et son éducation ; — il entre à l'Oratoire nouvellement fondé ; — Bérulle fut son maître ; — vertus de ce grand homme ; — esprit de son institut ; — la Société de Jésus et l'Oratoire de Jésus dans les commencements ; — le P. Lejeune se pénètre de l'esprit de l'Oratoire et lui demeure fidèle toute sa vie ; — son attachement à l'Église au milieu des querelles du Jansénisme.

Je me suis proposé de faire tout d'abord la biographie du P. Lejeune. Pour apprécier convenablement l'écrivain ou l'orateur, il faut connaître l'homme, c'est-à-dire les vertus et les qualités qui l'ont fait distinguer parmi ses semblables, ses principes, ses mœurs, et enfin les vicissitudes de son existence. Le portrait historique d'un auteur est le préliminaire obligé de l'étude de ses œuvres ; alors même que sa vie serait dépourvue de cette émotion dramatique qui excite un si vif intérêt de curiosité, encore faudrait-il en fournir quelques détails ; que sera-ce si la vie de l'orateur est presque la vie d'un saint, si elle offre le spectacle des vertus les plus hautes et du dévouement le plus absolu aux seuls intérêts de la gloire de Dieu ! Un semblable récit n'est-il pas le moyen le plus sûr pour nous préparer à une juste appréciation de ses œuvres oratoires et nous inspirer le désir de profiter de ses enseignements ?

La plupart des biographes assurent que le P. Lejeune était originaire de Poligny, en Franche-Comté (1). L'auteur de la France littéraire lui donne aussi cette ville pour patrie. Tabaraud dit seulement qu'il appartenait à une famille considérable de Poligny, et que son père était conseiller à Dôle.

J'ai consulté des documents plus anciens, pouvant fournir des renseignements plus exacts. La bibliothèque de Besançon possède deux notices manuscrites sur les célébrités Franc-Comtoises. L'une remonte au commencement du xviiie siècle ; elle fut composée par Dom Payen ; l'autre est plus ancienne ; l'auteur, Lampinet, vivait à la fin du xviie siècle ; elle a pour titre : *Bibliothèque séquanaise* ; les deux

---

1. Feller, Ladvocat, Moréri.

notices s'occupent du P. Lejeune : la première (1) le fait naître à Poligny ; la deuxième s'exprime en ces mots : « Jean Lejeune, de Poligny, fils d'un conseiller au parlement de Dôle (2). » Ce dernier témoignage, on le voit, ressemble à celui de Tabaraud, et n'est pas très-explicite. J'ai consulté également un ouvrage qui, par le titre, promet beaucoup ; « *Les Mémoires historiques sur la ville et sur la seigneurie de Poligny* (3). » J'y ai lu que : « Jean Lejeune, docteur en théologie, était natif de Poligny. » Enfin le P. Ruben, qui mieux que personne pouvait nous renseigner, se contente de dire que son illustre confrère naquit dans le Comté de Bourgogne, d'un conseiller au parlement de Dôle (4).

Ainsi des différents auteurs que je viens de citer, les uns attestent que le P. Lejeune est né à Poligny, les autres insinuent qu'il est originaire de Dôle, où résidait son père. On ne peut rapprocher ces divers témoignages sans que des doutes sérieux ne s'élèvent dans l'esprit. Désirant éclaircir cette question,

---

1. Page 320.
2. Page 125.
3. Tom. II, p. 387.
4. *Panég du P. Lej.*, 2ᵉ partie, p. 75.

dont la solution m'intéressait beaucoup, je résolus de me transporter sur les lieux mêmes, et d'y recueillir les indications qui pouvaient m'éclairer dans mes recherches. Je visitai la Franche-Comté, et je reçus l'assurance, de la bouche même de M. Ch. Weiss, le savant bibliographe de Besançon, que le P. Lejeune n'était point originaire de Poligny, mais de Dôle, et qu'un document précieux récemment découvert l'attestait clairement. Ce document n'est autre que l'acte de baptême du P. Lejeune, qui se trouve dans les registres de l'état civil de la ville de Dôle : j'ai pris connaissance de l'original sur les lieux, d'après les indications bienveillantes du bibliothécaire de la ville, M. Pallu, auteur de la découverte. Cet acte est conçu en ces termes :

« *Joannes filius nobilis et sapientis Domini Gilberti le Jeusne et Dimicillæ Genovefæ Colard, uxoris, batizatus fuit ultima die octobris 1592, cujus patrinus Joannes Ozanne J. V. doctor ; matrina domicilla Joanna Tricournet, uxor Domini Grivel, etiam doctoris.* »

Si on consulte les biographes qui ont donné le nom du père et de la mère du P. Lejeune, tels que Ladvocat et Tabaraud, on verra que cet acte concerne réellement notre missionnaire : l'un et l'autre lui donnent Gilbert le Jeune pour père et Geneviève Colard pour mère.

Le P. Lejeune naquit donc à Dôle dans les derniers jours du mois d'octobre de l'année 1592 ; son père portait un titre de noblesse et remplissait la charge de conseiller au parlement (1) ; il mourut à Lyon, où il avait été député par le roi d'Espagne et par sa province pour complimenter Henri IV (2). Jean Lejeune n'avait alors que trois ans (3). Sa mère restée veuve, s'appliqua à élever ses enfants avec la plus tendre sollicitude ; elle en avait cinq et celui dont nous retraçons la vie était le troisième ; elle s'attacha principalement à leur inspirer l'amour de la vertu, dont la pratique était de tradition dans cette pieuse famille (4). Ces soins ne furent point inutiles ; Lejeune, encore enfant, y répondit par une vie exemplaire ; il devint le modèle de ses frères. Pen-

---

1. Tabaraud, *Vie du P. Lej.*, p. 1. — Ruben, *Panég. du P. Lej.*, 2ᵉ part., p. 75.
2. *Id., id.*
3. *Id.*, p. 1, 2.
4. D'après Tabaraud, deux sœurs du P. Lejeune fondèrent l'Ordre des Annonciades de Pontarlier, et l'aîné de ses frères entra chez les Augustins ; le second fut Provincial des Jésuites au Canada, p. 1. — D'après le P. Ruben, ce furent ses tantes qui fondèrent l'Ordre des Annonciades, et ce fut son neveu qui entra chez les Jésuites, 2ᵉ part. p. 78 et 79.

dant ses études, il travaillait avec tant d'ardeur qu'il fallut modérer son application. Dès l'âge de quinze ans, il donna les premiers signes de ce zèle dévoué pour l'instruction populaire qui anima sa vie entière; il allait à la campagne faire le catéchisme aux villageois (1).

En 1613, le cardinal de Bérulle, passant à Dôle, eut avec lui quelques entretiens qui le décidèrent à entrer dans la congrégation de l'Oratoire. Il renonça au canonicat d'Arbois, dont il avait été pourvu dès son enfance par l'Archiduc Albert, et vint à Paris, où, sous la direction de l'illustre fondateur de l'Oratoire en France, il se prépara à recevoir le sacerdoce (2).

On sait que ce fut M. de Bérulle qui eut l'idée d'établir cette congrégation nouvelle ; l'illustre et pieux cardinal était éminemment propre à une œuvre si recommandable ; Bossuet a dit de lui « que la pourpre romaine n'avait rien ajouté à sa dignité tant elle était déjà relevée par le mérite de sa vertu et de sa science (3). » Vivement touché de la grandeur et de la sainteté du sacerdoce, qui « sert non d'ornement, mais de fondement en l'Église », il sentait avec une

1. Ruben, *Panégyrique du P. Lejeune*, 2º partie.
2. Id.
3. Bossuet, *Oraison funèbre du P. Bourgoing*.

douleur profonde l'atteinte que lui avaient portée les troubles excités en France par l'esprit remuant des novateurs. A la faveur des guerres civiles, si longues et si acharnées, et des désordres qui en furent la suite inévitable, le protestantisme s'était implanté de force parmi nous, et avait introduit un esprit de relâchement chez ceux-là mêmes qu'il n'avait pu convertir à ses doctrines. Le mal avait pénétré jusque dans le sanctuaire, et l'ordre saint par excellence se ressentait aussi des funestes contagions de l'époque ; les hommes dévoués au bien appelaient de tous leurs vœux le rétablissement de la discipline ecclésiastique ; mais l'Église, par la voix de ses pontifes, les avait devancés ; elle ne cessait de réveiller partout le zèle et la piété qui sommeillaient dans les âmes, et elle indiquait, comme l'unique moyen, l'autorité de saints ministres prêchant de la voix et de l'exemple. Le cardinal de Bérulle fut l'homme providentiellement destiné à régénérer en France l'esprit du sacerdoce. Le chancelier de Sillery l'engagea à fonder un ordre pareil à l'Oratoire de saint Philippe de Néri ; il avait connu quelques uns de ses membres à Rome et il avait été si édifié de leurs vertus et du bien qu'ils faisaient qu'il espérait beaucoup d'une œuvre semblable établie en France ; saint François de Sales avait eu la même idée ; Bérulle à son tour comprenait la nécessité d'une fondation de ce genre ; mais, dans sa modestie, il se jugeait incapable d'une telle entreprise ; cependant aux conseils affectueux de ses amis vinrent se joindre les instances pressantes de ceux qu'il vénérait comme ses maîtres : le cardinal de Joyeuse, l'archevêque de Paris Paul de Gondi, ne cessaient de l'exhorter à mettre la main à l'œuvre ; ce dernier même le lui fit commander par le Pape : Bérulle se rendit enfin ; il voulut au moins que saint François de Sales vînt l'aider de ses conseils ; mais le saint prélat dut rester dans son diocèse, où d'impérieux devoirs rendaient sa présence nécessaire ; Bérulle fut donc livré à lui-même pour l'établissement de la congrégation projetée.

Ce ne fut pas, du reste, une société nouvelle que le pieux fondateur se proposa de créer ; il ne voulut pas sortir de l'ordre commun de l'Église ; on lui demandait un jour quels seraient les statuts de sa confrérie : « mes règles, répondit-il, les voici », et il récita les paroles suivantes de l'épître aux Philippiens : « Que votre modestie soit connue de tous les hommes : le Seigneur est proche. Ne vous inquiétez de rien, mais en quelque état que vous soyez, présentez à Dieu vos demandes par des supplications et des prières accompagnées d'actions de grâces (1). »

Raviver la flamme divine au cœur de tous les prêtres, former une pieuse association, au sein de laquelle ils pourraient se renouveler chaque jour dans l'esprit de leur saint état, leur offrir tous les moyens de sanctification et d'étude qu'ils ne pouvaient trouver au sein d'une société encore tout agitée par les souvenirs des luttes qui l'avaient ensanglantée, tel est le but que poursuivit l'illustre cardinal : « Son amour immense pour l'Église lui inspira le dessein de former une compagnie, à laquelle il n'a pas voulu donner d'autre esprit que l'esprit même de l'Église, ni d'autres règles que les Canons, ni d'autres supérieurs que ses évêques (2). »

Il a fait connaître lui-même, dans les paroles suivantes, la pensée qui l'inspira dans sa noble et religieuse entreprise :

« Comme l'estat ecclésiastique est saint et sacré en

1. Chap. IV, v. 5 et 6. L'Oratoire de France différait un peu de l'Oratoire d'Italie fondé par saint Philippe de Néri ; ce dernier avait des règles spéciales, tandis que la Congrégation fondée par M. de Bérulle n'obéissait qu'à la discipline générale de l'Église ; quand son fondateur lui donna le nom d'Oratoire de Jésus, ce ne fut pas précisément pour marquer sa parenté avec l'Oratoire d'Italie, mais pour indiquer qu'elle était une société de prêtres se consacrant à la prière et à l'adoration. Tabaraud, *Vie du cardinal de Bérulle* tome Ier, chap. V.

2. Bossuet, *Oraison funèbre du P. Bourgoing*.

son institution, et même l'origine de toute la sainteté qui est en l'Église de Dieu, aussi en son vsage moderne et ordinaire, il est souvent exposé au luxe à l'ambition et l'inutilité; et quand il s'en rencontre quelques-vns de plus exacts et de plus considérants en leur profession, le défaut de conduite et d'application retarde beaucoup le cours et les effets de la bonne volonté. C'est pourquoi il semble à propos, pour recueillir tant de bonnes âmes qui cherchent la perfection de ce saint estat d'establir une congrégation ecclésiastique où il y ait pauvreté en l'vsage contre le luxe, et dont les subjets fassent encore profession de ne rechercher aucun bénéfice contre l'ambition, et de s'appliquer aux fonctions ecclésiastiques contre l'inutilité. »

« Ainsi l'institution non de la jeunesse, mais des prêtres et des personnes appelées et tendant à la prêtrise sera la fonction principale de cette congrégation ; et cette institution sera non en la science comme la plupart des séminaires, mais en l'vsage de la science que l'eschole ni les livres n'apprennent pas, et aux vertus proprement ecclésiastiques ou chacvn pour l'ordinaire n'a point de maistres ni de guide que sa propre suffisance et expérience, »

« Et d'autant que tout doit estre dans l'Église avec

ordre et que Dieu a joint, en ces jours, une société au Saint-Siége qui est celle des R. P. Jésuites, celle-cy sera jointe aux preslats, conformément à l'obéissance que leur promettent les prestres quand ils sont consacrez et qui semble essentielle à l'estat de la prêtrise (1). »

Cette heureuse pensée de former pour le clergé une école de perfectionnement et de sainteté, devait plus tard se diversifier, et donner jour à des œuvres particulières dérivant de la même source, pénétrées du même esprit et concourant enfin au même résultat; ainsi Vincent de Paul, s'inspirant de cette idée féconde, fondait l'œuvre des Missions étrangères, destinée à porter l'Évangile dans les plus lointains pays; ainsi le P. Bernard, appelé le pauvre prêtre, réunissait autour de lui d'autres missionnaires pour prêcher dans les campagnes; et enfin M. Olier établissait à son tour les séminaires, devant fournir de nouvelles et précieuses recrues au clergé de France (2).

Mais le cardinal de Bérulle ne séparait pas, dans sa pensée de rénovation spirituelle, l'étude de la prière; la dignité du prêtre se composait à ses yeux

---

1. *Vie du cardinal de Bérulle*, par Habert de Cérizy, 1er *point*.
2. *Vie du P. de Condren*, mss. bibliothèque d'Aix.

tout à la fois de science et de piété ; il ne reconnaissait pour véritable ecclésiastique et prêtre accompli que celui en qui les lumières du docteur s'unissaient au dévouement du pasteur ; aussi se plaignait-il amèrement que « la sainteté fût demeurée aux Religieux et la doctrine aux Académies (1). » Tous les hommes qui se groupèrent autour de lui partageaient les mêmes sentiments, et saint François de Sales, qui avait une si rare intelligence des besoins de l'Église, ne pensait pas autrement que son illustre ami ; il adressait un jour aux prêtres de son clergé ces remarquables paroles, qu'on pourrait et qu'on devrait même faire entendre à toutes les époques :

« Je puis vous dire avec vérité qu'il n'y a pas grande différence entre l'ignorance et la malice ; quoyque l'ignorance soit plus à craindre, si vous considérez qu'elle n'offense pas seulement soi-mesme, mais passe jusqu'au mépris de l'estat ecclésiastique : pour cela, mes très-chers frères, je vous conjure de vacquer sérieusement à l'estude ; car la science à un prestre, c'est le *huitième sacrement* de la hiérarchie de l'Église, et son plus grand malheur est arrivé de ce que l'Arche s'est trouvée en d'autres mains que

1. *Œuvres de Bérulle*, p. 1263.

celles des Lévites. C'est par là que notre misérable Genève nous a surpris (1).... »

Pour inspirer à ses disciples le goût de l'étude et leur procurer le moyen de s'instruire avec fruit, il établit des conférences où chacun d'eux discutait à son tour sur différents points de doctrine, de morale et de discipline, sur l'Écriture sainte et autres sujets relatifs à la science des prêtres ; il donnait lui-même l'exemple d'un travail assidu ; les livres des saints Pères et notamment les œuvres de saint Augustin et de saint Bernard ne le quittaient jamais ; il lisait souvent quelque chapitre de ce dernier durant ses repas, voulant orner son esprit des belles maximes de ce Père, pendant qu'il nourrissait son corps d'un aliment matériel. Il chargea aussi, dès le commencement, le P. Bence, l'un de ses premiers associés, de faire dans la communauté naissante, un cours d'exégèse sur l'Écriture sainte (2).

Ces leçons et ces exemples devaient produire les plus heureux fruits ; on avait perdu le goût des saines traditions et des études approfondies ; on ne savait plus recourir aux véritables sources, aux

1. Paroles citées par l'auteur des *Études sur les prédicateurs avant Bossuet*, p. 121.
2. *Vie mss. du cardinal de Bérulle*, à la bibliothèque d'Aix.

sources sacrées. Le clergé s'était adonné à la lecture de ces manuels abrégés de théologie et d'histoire où, comme dans un répertoire commode, il trouvait rangés par ordre de matière des discours moraux et religieux, qu'il pouvait consulter à loisir sans peine et sans travail ; cette science d'emprunt, cette préparation superficielle et de seconde main ne pouvaient remplir le but d'une prédication vraiment apostolique, ni suffire aux pressants besoins de l'apologétique chrétienne en face des mensonges et des subtilités des novateurs ; Bérulle, en prescrivant à ses disciples, un salutaire retour à la lecture attentive des saints Livres, et à l'étude des Pères, leur donnait un tout autre esprit et des goûts bien plus sérieux ; l'Oratoire devenait une école d'édification et de science profonde : « Là, disait Bossuet, pour former de vrais prêtres, on les mène à la source de la vérité ; ils ont toujours en main les saints Livres, pour en chercher sans relâche la lettre par l'étude, l'esprit par l'oraison, la profondeur par la retraite, l'efficace par la pratique, la fin par la charité, à laquelle tout se termine, et qui est l'unique trésor du christianisme (1). »

Grand et salutaire exemple qu'aucun siècle ne devrait oublier ! Car, de tout temps, une sorte d'indo-

1. *Oraison funèbre du P. Bourgoing.*

lence, l'ennui et le dégoût des travaux sérieux et prolongés, l'habitude enfin des procédés sommaires ont nui beaucoup au fructueux ministère de la parole divine.

A des préceptes si sages vinrent s'ajouter les modèles les plus touchants, sur lesquels on pouvait aisément se régler : Bérulle, sans être un orateur consommé, s'exprimait toujours avec une convenance parfaite ; l'onction et la grâce se mêlaient dans ses discours, à la puissance d'une invincible dialectique; il excellait, dans les conférences avec les protestants, à montrer l'inconséquence de leurs nouveautés, et bien des fois sa parole confondit leurs sophismes ; on sait ce que disait de lui le cardinal Duperron, évêque d'Évreux : « Si c'est pour convaincre les hérétiques, amenez-les-moi ; si c'est pour les convertir, présentez-les à M. de Genève ; mais si vous voulez les convaincre et les convertir tout ensemble, adressez-vous à M. de Bérulle. » Flatteuse louange, qui n'était pas une parole de simple courtoisie, car elle se trouva bien des fois pleinement justifiée !

Un jour, Henry IV avait provoqué une conférence entre Duperron et Duplessis-Mornay ; on nommait ce dernier le pape des Huguenots à cause de l'influence qu'il avait prise sur ces coreligionnaires.

L'assistance était nombreuse et brillante ; la présence du roi ajoutait encore à la gravité imposante de la controverse. Mornay, confiant dans les ressources de son esprit. paraissait sûr de la victoire ; Duperron porta les premiers coups ; mais Bérulle, continuant le combat, pressa son adversaire avec une telle vigueur, que Mornay confondu fut à bout de raisons ; il se hâta de quitter l'assemblée et se retira à Saumur, dont il était gouverneur.... (1).

Mais c'est dans les entretiens de famille, dans les discours édifiants qu'il adressait à ses disciples qu'il révélait son âme tout entière, et qu'il savait captiver les cœurs par des paroles tout embaumées de l'onction de la piété ; la connaissance et l'amour de Notre-Seigneur Jésus-Christ étaient le sujet le plus ordinaire de ses allocutions ; il parlait alors d'abondance, car il était plein de cette magnifique doctrine : se revêtir de la sainteté et de la vérité de Jésus-Christ formait à ses yeux la perfection du sacerdoce ; le faire connaître et aimer par exhortations, par sermons, en un mot par tous les travaux de la charité, tel était le but du ministère sacré : « Ne pensez pas, disait-il à ses associés, de réussir à inspirer ces sentiments dans

---

1. *Vie du cardinal de Bérulle*, par M. Nourrisson, p. 57.

les âmes, s'ils n'ont pas poussé de profondes racines dans les vôtres; il faut que le peuple les lise dans toute la conduite de notre vie, avant que de les entendre de notre bouche (1). » Un jour, après avoir parlé de la vertu particulière et éminente qui devait distinguer sa congrégation, qui est d'aimer et d'honorer singulièrement Jésus-Christ, Bérulle ajoutait ces mots, qui témoignaient de la noblesse et de la générosité de ses sentiments : « C'est par là que cette petite congrégation doit se rendre éminente entre les autres saintes communautés qui la précèdent en temps, en vertu et en autorité, et que d'ailleurs elle veut respecter et honorer, en toute humilité et charité (2). »

A l'école de ce maître illustre se forma toute une pléiade d'hommes pieux et éloquents, qui mirent en pratique ses leçons de sagesse ; à leur tête citons le P. de Condren, en qui toutes les vertus du christianisme semblaient être consommées (3) ; on disait de lui que la religion ne fut jamais si belle que dans sa

---

1. Règles manuscrites de l'Oratoire conservées à la bibliothèque d'Aix.
2. *Vie du cardinal de Bérulle* par Habert de Cérizy, p. 340.
3. Cet aimable P. de Condren « dont le nom, disait Bossuet, inspire la piété, dont la mémoire toujours fraîche et toujours récente est douce à l'Église comme une composition de parfums. » *Oraison funèbre du P. Bourgoing.*

bouche ; il lui donnait des grâces à ravir les plus impies ; il parlait des mystères avec tant d'intelligence et de si vives lumières qu'il savait les faire admirer de tous, « en sorte qu'il ne restait plus que d'obéir (1) ; » avec lui, citons encore Vincent de Paul, qui venait souvent partager les travaux de Bérulle, écouter ses conseils et ses instructions ; le P. Bourgoing dont Bossuet nous a vanté l'éloquence (2) ; le P. Methezeau qui attirait partout un si nombreux auditoire autour de sa chaire ; nommons enfin, entre une foule d'autres que je ne puis rappeler ici, le P. Lejeune dont l'histoire fera le sujet de ce livre, et qui joignit à tant de vertu, une parole si instructive et si véhémente !

L'Oratoire grandit rapidement sous de si heureux auspices ; il ne comptait que six associés le jour de son établissement ; peu après, une foule de disciples nouveaux, curés, savants docteurs, riches bénéficiers, avocats, gentilshommes, magistrats, vinrent grossir leurs rangs (3). La congrégation devenue plus nombreuse étendit le cercle de ses travaux : les évêques demandaient à l'envi des prêtres qui eussent

---

1. *Vie mss. du P. de Condren.*
2. *Oraison funèbre du P. Bourgoing.*
3. *Vie mss. des PP. de l'Oratoire.* — Introduction.

été élevés dans son sein, soit pour leur confier le gouvernement des séminaires, soit pour les employer aux œuvres des missions et des paroisses, ou enfin pour en faire des coopérateurs auxiliaires de leurs fonctions. Saint François de Sales voulut y passer ses derniers jours, il fit venir le P. Bilhiet de Provence à Rumilly pour y établir une maison de l'Oratoire, où il comptait se retirer (1). Enfin en moins d'un siècle cette congrégation célèbre donna à l'Église vingt évêques, de nombreux prédicateurs dans les chapelles royales, et plus de cent cinquante missionnaires, qui se consacrèrent à l'instruction des fidèles et à la conversion des protestants (2).

Un bien réel et effectif ne tarda pas à se produire en France sous l'effort et la religieuse conjuration d'ouvriers si zélés et si saints ; vers 1640, Louis XIV disait, dans ses lettres patentes « que depuis l'établissement des PP. de l'Oratoire on a vu un notable changement et renouvellement en la vie et mœurs des ecclésiastiques et dans l'exercice des fonctions sacrées, non-seulement dans toutes les églises de Paris, mais en plusieurs autres.... ce qui est arrivé tant par l'exemple de bonne vie et bonnes intentions

1. *Vie mss. des PP. de l'Oratoire.*
2. *Id.*, Témoignages en leur faveur.

de ces Pères que par la naissance des autres sociétés ecclésiastiques qui, à leur exemple et imitation, se sont élevées dans le Royaume.... (1) »

On a parlé de dissentiments fâcheux qui auraient éclaté tout d'abord entre l'Oratoire et la Société de Jésus ; cette dernière est accusée d'avoir voulu, par jalousie, étouffer au berceau la congrégation rivale ; on a produit certaines preuves de la guerre sourde qui, dès le commencement, les aurait profondément divisées. Le cardinal de Bérulle, fatigué, dit-on, des procédés injustes des Jésuites, se serait plaint hautement à Richelieu de leur maligne opposition. Nous avons lu le mémoire où ces plaintes sont consignées (2) ; mais il nous est impossible d'admettre qu'il soit l'œuvre de Bérulle ; évidemment ce n'est point là le langage d'un homme qui, dans une autre circonstance, où son honneur était gravement compromis, répondit à ceux qui le pressaient de se défendre : « *Jesus autem tacebat.* » On trouve dans ce factum de telles violences de langage, de telles imputations calomnieuses qu'il n'y a que les adversaires les plus déclarés de la compagnie de Jésus qui aient

1. *Vie mss. des PP. de l'Oratoire.*— Introduction.
2. On peut le lire à la fin du tome Ier *de la vie de Bérulle* par Tabaraud, à l'appendice.

pu les proférer ; il y est dit entr'autres faussetés qu' « il est notoire que les Jésuites ne peuvent vivre nulle part, en Italie avec les Théatins, en Espagne avec les Dominicains, en Flandre avec les Capucins, ailleurs avec le clergé régulier..... » En parlant ainsi, Bérulle ne fournissait-il pas une arme terrible aux ennemis de cet ordre vénérable, qui n'ont pas manqué, du reste, de s'en servir par la suite, et, je le demande, était-il capable de la leur mettre en mains ?

L'Oratoire ne méritait pas d'être contrarié dans son œuvre naissante et les Jésuites n'en furent pas certainement les ennemis ; ils lui ont donné, par la bouche de leurs confrères les plus célèbres, des témoignages si flatteurs d'estime et de considération, qu'on peut y voir l'expression des sentiments de la Compagnie elle-même. Quand le cardinal de Bérulle mourut, un Jésuite, le P. Datichy (1) prononça son panégyrique ; et, l'Oratoire ne voulant pas être en reste de courtoisie, le P. Lejeune prononça à son tour celui de saint Ignace de Loyola (2).

---

1. *Vie de M. de Bérulle.* — *Panégyrique* du même, par le P. Lejeune.

2. Qu'il y ait eu çà et là quelques dissentiments, je n'en disconviens pas ; à propos de certaines affaires locales, il a pu se

Tels furent les commencements de l'Oratoire ; j'ai tâché, dans cette rapide esquisse, d'indiquer la pensée première et fondamentale qui présida à sa création ; j'ai voulu aussi faire ressortir le zèle, la charité, l'amour de la prière et de l'étude, en un mot les vertus vraiment sacerdotales qui animaient les membres qui le composaient alors ; j'attachais d'autant plus de

produire de légères difficultés qui ne méritent certainement pas d'être signalées ; conclure de là que la Société de Jésus fut jalouse et rivale de l'Oratoire, c'est tout simplement absurde ; mais on est si aisément porté à supposer un pareil antagonisme ! Les rapports bienveillants qu'échangèrent ensemble les membres les plus considérables des deux Sociétés démentent formellement les suppositions ; on lit dans la *Vie manuscrite des PP. de l'Oratoire* cet aveu remarquable : « Malgré la jalousie et les préventions que le *public attribuait à la Société de Jésus contre l'Oratoire*, on sait que ses membres les plus sages en ont respecté de tous temps les lumières et les vertus, et qu'ils l'ont même distingué par une estime particulière de la plupart des autres corps ; ces jugements qu'on peut citer avec confiance sont d'autant plus avantageux qu'ils ne peuvent paraître suspects à personne. » L'auteur cite entr'autres témoignages les lettres du P. Coton et du P. de la Chaise ; ce dernier écrivait à Mgr Villart, archevêque de Vienne : « Je sais qu'outre le mérite de l'œuvre en elle-même, vous ne sauriez mettre votre séminaire en de meilleures mains que celles des prêtres de l'Oratoire, dont je suis pour ma part extrêmement ami. » D'autres confrères du célèbre Jésuite se sont exprimés d'une manière aussi formelle. *Notice*, p. 28, 29.

Plus tard, il est vrai, une lutte sérieuse s'engagea entre les deux Ordres ; mais cette fois la vérité était en cause ; et assurément ce ne fut pas la faute des Jésuites si quelques membres de l'Oratoire, infectés des erreurs Jansénistes, s'attirèrent de leur part de justes et sévères critiques.

prix à ces préliminaires historiques, que l'Oratoire primitif fut l'école où le P. Lejeune passa les années de sa jeunesse cléricale; il demeura trois ans auprès de M. de Bérulle, et sous sa conduite, « fort assidûment », comme il nous l'apprend lui-même. La prière et l'étude occupèrent dès lors tous ses moments. Le P. Ruben a rappelé avec quelle ardeur le jeune lévite se livra à la lecture de la Bible : ce travail sérieux et profond orna son esprit et pénétra son cœur du sens caché de la parole divine, parole qu'il méditera toute sa vie, qu'il invoquera pour combattre les hérétiques, instruire les ignorants et convertir les pécheurs. Aussi comme il s'en est nourri ! La science de l'Écriture donne à ce prédicateur un caractère vraiment original. Quel que soit le sujet qu'il traite, depuis les graves et solennelles vérités jusqu'aux plus humbles détails de la morale chrétienne, il sait l'illuminer d'un rayon divin, et l'orner des richesses de la parole sainte (1).

M. de Bérulle eut pour son disciple toute la tendresse d'un père : dans les commencements de son séjour à l'Oratoire, Lejeune fut longtemps malade; M. de Bérulle venait le visiter tous les jours malgré

1. *Panégyrique du cardinal de Bérulle.*

le caractère contagieux de son mal, et il lui faisait même quelquefois son lit (1).

L'autorité que le pieux cardinal exerçait sur ses disciples était douce et paternelle : « Quand il nous reprenait de quelque faute, il nous embrassait et nous faisait le signe de croix sur le front avec une douceur admirable qui charmait nos cœurs... »

C'est le Père Lejeune lui-même, qui nous fournit ces touchants détails, dans le panégyrique qu'il a consacré à la louange de son maître vénéré ; il y exprime éloquemment non-seulement la reconnaissance

---

1. Voici ses paroles : « Chacun sait que, l'an 1615, lorsque le cardinal de Bérulle estoit le plus occupé aux affaires de l'Estat et de l'Église, nous l'avons vu dans Paris visiter tous les jours un confrère malade, et même luy faire son lict, encore qu'il ne permît à personne d'entrer dans sa chambre, qu'au médecin et à un frère qui le servoit, parce qu'il avoit une fièvre pourpre et dangereuse ; et je sçai en particulier qu'en trois ans que j'ai eu le bonheur d'être auprès de luy à Paris et fort assidu, je n'ai jamais aperçeu en lui un seul mouvement d'impatience. » — *Panég. de Berulle*, 3º *point*. Ce confrère malade dont le P. Lejeune tait le nom par modestie n'est autre que lui-même ; l'historien du cardinal de Bérulle ne nous laisse aucun doute à cet égard : « Le P. Lejeune se souvient encore qu'au commencement qu'il entra dans la Congrégation, il fut longtemps malade de pourpre ; et il se souvient aussy que M. de Bérulle ne permettoit à personne qu'au frère qui le servoit d'entrer dans sa chambre, mais que personne ne pouvoit l'empescher d'y venir tous les jours, et quelquefois même de faire son lict. » Habert de Cérizy, *Vie du cardinal de Bérulle*, p. 760.

dont il était animé, mais encore l'admiration profonde qu'il ressentait pour ses vertus ; il a fait plus encore : il a gardé toute sa vie le souvenir des enseignements qu'il en avait reçus ; plein de respect et de soumission envers l'Église, il ne s'écarta jamais de la voie tracée par elle ; il suivit invariablement les inspirations généreuses de la charité chrétienne, de l'esprit de paix et de mansuétude, vertus si chères au cœur de Bérulle et qu'il a louées dans ce grand homme. Élevé dans l'amour de la vérité, et en présence des plus beaux exemples de sagesse chrétienne, le P. Lejeune sut tenir au milieu des orages de l'époque une conduite prudente et ferme. On sait quelles luttes déplorables le Jansénisme excita en France, et combien d'hommes de génie furent les dupes de cette secte trompeuse ; le P. Lejeune, se renfermant dans ses travaux apostoliques, s'occupait uniquement à convertir et à édifier ; il suivit cette voie que Bossuet indiquait si sagement, si éloquemment à ses auditeurs dans l'oraison funèbre du P. Bourgoing : « Laissez se débattre, laissez disputer et languir dans des questions ceux qui n'ont pas le zèle de servir l'Église : d'autres pensées vous appellent, d'autres affaires demandent vos soins ; employez tout ce qui est en vous d'esprit et de cœur, de lumière et de zèle au rétablissement de la discipline si horriblement dépravée et dans le clergé et dans le peuple (1). »

En lisant les sermons du célèbre Oratorien, je n'y ai rencontré aucune trace des polémiques contemporaines; c'est presque un prédicateur d'un autre âge; les sources où il puise sont, après l'Écriture, les œuvres des Pères de l'Église ; il ne prend pour guide que la théologie de saint Thomas, de saint Bonaventure, de Grenade et des auteurs les plus anciens et les plus révérés; ne soyez donc pas surpris s'il est resté étranger à la lutte qu'ont soulevée et qu'entretiennent d'opiniâtres esprits; il a pourtant traité les sujets sur lesquels se portait avec le plus d'ardeur la controverse contemporaine, les dispositions à la pénitence, la communion, la grâce....; mais l'orateur ne paraît pas se douter, en les développant qu'ils sont l'objet des plus vifs débats. L'époque de ses prédications s'étend, si mes conjectures ne me trompent pas, jusqu'en 1663; ce fut à cette date qu'il commença la publication de ses sermons (2); or déjà les partisans de Jansénius avaient commencé à

---

1. L'Oratoire fut d'abord fidèle à ces sages avertissements; il fut décidé, dans une assemblée et par l'organe de ses représentants qu'en matière de doctrine l'Oratoire n'embrassait aucun parti, et n'avait aucune opinion comme corps, sauf la foi de l'Église.
2. Voir la note I, à la fin du volume.

agiter les esprits, et à exciter contre l'Église les troubles violents dont elle eut tant à souffrir !

Cette constante fidélité, cette religieuse obéissance à la souveraine autorité de l'Église fait d'autant plus d'honneur au pieux Oratorien, que plusieurs de ses confrères désertaient, hélas ! cette cause sacrée. Son biographe, qui n'est pas suspect, lui rend le même témoignage, et je suis heureux de reproduire ici ses paroles : « Au milieu des luttes qui s'étaient engagées sur les dispositions à la pénitence sacramentelle le P. Lejeune ne mettait aucune contention et évitait avec soin de s'écarter des règles d'une prudente circonspection (1). »

Mais il donna d'autres preuves de la candeur de sa foi et de la noblesse de ses sentiments : il se plut à honorer la vertu partout où il la rencontrait : si vous ouvrez le livre des panégyriques, vous trouverez à côté de l'éloge du cardinal de Bérulle celui de saint Ignace de Loyola (2) ; tous deux y reçoivent des éloges sincères et pleins d'effusion ; aimable et touchante confraternité qui n'aurait jamais dû être troublée pour l'édification des âmes et l'honneur de l'Église ; mais pourquoi faut-il que les religieux enfants de

1. Tabaraud, *Vie du P. Lejeune*, p. 5.
2. Tome IV.

Bérulle aient fini par céder aux fines cajoleries des Jansénistes, et qu'ils aient épousé leur cause, au lieu de rester à leur rang, sous leur drapeau, et côte à côte des vaillants défenseurs de l'Église ? Ajoutons une circonstance qui donnera plus de prix encore à l'hommage public que le P. Lejeune rendit à la mémoire du fondateur de la Compagnie de Jésus ; sans déterminer au juste l'époque où le panégyrique de saint Ignace fut prononcé, au moins est-il certain qu'il fut publié vers 1667, par l'auteur lui-même ; or, à cette date, dix ans à peine s'étaient écoulés depuis l'apparition des Provinciales, ces célèbres menteuses qui attaquaient si vivement et si injustement l'institut des Jésuites et redoublaient contre lui la violence des préjugés.

On pourrait m'objecter la lettre que le P. Lejeune écrivit à Antoine Arnaud pour lui demander ses conseils et apprendre de lui s'il devait continuer ses missions. Je conviens qu'il aurait pu s'adresser à un personnage plus autorisé et moins suspect ; Arnaud lui répondit longuement ; sa lettre est du 30 octobre 1660 (1) ;

1. Voir la *lettre* d'Arnaud au supplément, note II ; cette correspondance offre, du reste, peu d'intérêt ; le P. Lejeune se plaint dans sa lettre du peu de fruits des missions et se demande s'il doit continuer à prêcher ; c'est là assurément un scrupule qui l'honore, mais qui au fond n'était pas sérieux. Arnaud lui

or celui qui fut plus tard le chef de la secte janséniste, n'avait pas encore, à cette date, acquis cette triste réputation ; peu après, en effet, réconcilié momentanément avec l'Église, il travaillait à ses meilleurs ouvrages, « *la Perpétuité de la Foi, et le Renversement de la morale de Jésus-Christ par les protestants.* » Du reste le P. Lejeune a pu correspondre avec lui sans partager ses sentiments ; n'a-t-on pas dit de Bossuet qu'il entretint toute sa vie des relations avec les membres les plus distingués de la Société de Jésus, comme avec les écrivains les plus célèbres de Port-Royal (1) ? Cela prouve une chose, c'est que

répondit longuement, l'exhortant à persévérer dans la carrière apostolique. Mais si le docteur Janséniste a cru pouvoir inférer de ce témoignage de confiance que le P. Lejeune était un des leurs, il s'est bien trompé. Supposez que les lignes suivantes, sorties de la bouche de l'illustre prédicateur, soient tombées sous ses yeux, elles auraient certainement dissipé ses illusions : « Depuis que les colléges de la Compagnie de Jésus ont été ouverts, l'ignorance a été bannie, la jeunesse a été instruite, les vices corrigés et les hérésies réfutées, le clergé s'est perfectionné, les saintes Congrégations ont été instituées, les *séculiers ont commencé de recevoir plus souvent les sacrements,* et c'est le second moyen dont Ignace s'est servi pour détruire le péché.... » et plus loin : « Avant la venue du P. Ignace, la plus grande partie du peuple chrétien ne communiait qu'au temps de Pâques : à présent plusieurs communient tous les mois, ou tous les dimanches, quelques-uns deux fois la semaine, les plus indévots deux ou trois fois l'année... » *Panégyrique de saint Ignace de Loyola,* 2º point. Arnaud, on le sait, voulait établir des usages tout contraires.

1. Cardinal de Beausset, *Vie de Bossuet, liv. II,* § XVIII.

ces derniers avaient parfaitement réussi à prendre les dehors de la piété, de l'austérité, et même de l'attachement à l'Église, et à voiler ainsi, au moins dans les commencements le fond de leurs pensées véritables (1).

L'influence de l'esprit de l'Oratoire se retrouve non-seulement dans la conduite, mais aussi dans les paroles du P. Lejeune : l'idée féconde, qui est pour lui la source de toutes ses inspirations, à laquelle il revient toujours dans les différents sujets qu'il a traités, c'est le dogme sacré de l'Incarnation ; faire connaître et aimer Jésus-Christ est pour lui, comme pour Bérulle (2), le principal objet du ministère de

1. Ce qu'il y a de certain, c'est que les Jansénistes s'efforcèrent tout d'abord d'enjoler les membres de l'Oratoire pour les attirer à eux ; ils leur faisaient mille avances et leur adressaient mille compliments. Voici un exemple de ces cajoleries habiles contre lesquelles les Oratoriens ne surent pas se tenir toujours en garde; le P. Gibieuf, un des premiers disciples de Bérulle, avait composé un livre fort savant, *sur la liberté de Dieu et des hommes* ; l'ouvrage à son apparition n'eut pas de plus chauds admirateurs que Jansénius et Saint-Cyran, qui lui prodiguèrent des éloges outrés; ces éloges rendirent le livre suspect; il fut examiné scrupuleusement et parut renfermer des erreurs ; on se mit à le réfuter et à le critiquer; bref il fut déféré à la cour de Rome, qui ne trouva pas matière à condamnation.— *Notice mss. de l'Oratoire*. Le P. Lejeune reçut aussi des compliments de la part des Jansénistes ; ils se sont vantés même de l'avoir décidé à publier ses sermons ; mais ce qu'il y a de sûr c'est que l'éloquent Oratorien ne dévia jamais de la foi catholique.

2. « Faire connaître et aimer Jésus-Christ, n'attendre que de

la parole ; cette connaissance est « la vraye science du salut, la science des saints, la philosophie des chrétiens (1).... » Et ailleurs il dira encore, avec un Père de l'Église : « Il n'y a rien de si dommageable que de ne pas connoître le Christ, vu que la vie éternelle consiste en sa connoissance (2)..... »

lui seul sa récompense, annoncer la parole de Dieu aux grands comme aux petits », telle était la devise de l'Oratoire.—*Vie mss. du P. Bérulle.*
1. *XLVIe sermon, conclusion*, tome III.
2. *XLVIIe sermon, exorde.*

CHAPITRE II.

Le P. Lejeune est élevé au sacerdoce ; — ses débuts ; — il se consacre aux missions ; — il est subitement frappé de cécité ; — le P. Lefèvre lui est associé ; — confraternité touchante des deux religieux ; — le P. Lejeune continue ses prédications ; — il prêche devant la Cour ; — controverses avec les protestants ; — principales missions.

Le P. Lejeune venait d'être élevé au sacerdoce, après un noviciat où il s'était fait remarquer par son application et sa piété ; il était entré à l'Oratoire avec le P. Quarré, curé de Poligny ; ordonnés prêtres tous les deux, leur premier soin fut de fonder dans cette dernière ville une maison où ils attirèrent une foule de sujets, pour les incorporer à la société nouvelle (1). Mais peu après, le cardinal de Bérulle envoya le P. Lejenne à Langres, auprès de l'évêque, Mgr Zamet ; il prêcha dans cette ville deux carêmes et deux avents ; il fut encore chargé, conjointement avec le P. Bence, son confrère, de mettre la réforme dans l'abbaye du Tar transférée à Dijon l'année sui-

1. *Vie mss. des PP. de l'Oratoire.*

vante (1). Il s'acquitta de toutes ces missions avec le plus grand succès ; mais ce n'était là qu'un préliminaire ; une autre carrière, plus conforme à ses goûts et au zèle qui l'animait, l'appela bientôt, et ce fut sans retour ; il se consacra dès lors à la prédication populaire, et rien au monde ne put le détourner de ce laborieux et utile apostolat : parcourant les villes et les campagnes, il prêchait partout avec une ardeur infatigable et une sainte liberté, s'adressant tour à tour et avec le même succès aux riches et aux pauvres, aux savants et aux ignorants.

Cependant un accident terrible faillit l'arrêter dans la carrière ; il n'y avait guère que dix ans qu'il se livrait aux exercices des missions lorsque, prêchant le carême à Rouen, vers 1629, il perdit la vue durant la station : on raconte qu'étant monté un jour en chaire clairvoyant encore, et ayant commencé de prêcher, le nuage de cécité (quelque goutte sereine) lui vint brusquement, avant qu'il eût achevé son ser-

---

1. Cette abbaye du Tar était située aux portes de Dijon et dépendait, pour le spirituel, de celle de Citeaux; elle passa à cette époque sous la juridiction de l'évêque de Langres, Mgr Zamet ; mais ce changement ne se fit pas sans exciter quelque trouble dans la maison ; l'évêque envoya le P. Bence et le P. Lejeune pour pacifier les esprits ; peu après, ce couvent fut transféré à Dijon. M. Foisset a traité à fond cette question historique dans ses *Études sur la Bourgogne*.

mon. Il fit une légère pause, passa la main sur ses yeux, et reprit comme si de rien n'était. Mais, lorsqu'il eut fini de parler, il étendit les mains pour chercher les degrés qu'il ne voyait plus et demanda qu'on vînt l'aider à descendre (1).

Frappé de cécité, l'intrépide missionnaire n'interrompit point ses travaux ; pendant quarante ans encore, il continua de s'y livrer ; insensible à son mal, il disait, en riant, comme cet autre saint aveugle, César de Bus, fondateur de la doctrine chrétienne en France, « que Dieu l'avait délivré de deux grands ennemis et se félicitait de ne plus voir aucune chose, tout ce qui est dans le monde étant vain et la vanité même (2). »

Le P. de Condren, supérieur de l'Oratoire, lui associa le P. Lefèvre, qui devint son guide et son lecteur (3) ; le compagnon de ses travaux ne fut pas

---

1. Ruben, *Panégyrique du P. Lejeune*, p. 198. — Tabaraud, p. 4. — Jacquinet, *sur le P. Lejeune*.

2. *Vie de César de Bus* par M. Chamoux, p. 252. — P. Ruben. L'aveuglement du P. Lejeune n'avait, au reste, rien de difforme ; ses yeux étaient restés presque aussi beaux que s'il en avait eu l'usage ; plus tard une fluxion douloureuse lui en arracha un sans lui causer plus de difformité ; il disait agréablement qu'il se passait en lui une chose nouvelle et surprenante ; car au lieu qu'on voit ordinairement les borgnes devenir aveugles, on voyait en lui un aveugle devenir borgne.

3. Tabaraud, *Vie du P. Lejeune*, p. 4.

chargé seulement de lui rendre les services qu'exigeait son état, il devait en outre l'engager à user de plus de modération dans ses pratiques de pénitence (1). Le P. Lefèvre était aussi un prédicateur remarquable; il parlait dans un style plus poli que le P. Lejeune. Unis par les liens de la plus tendre affection, les deux saints religieux ne se séparaient jamais ; ils étudiaient de concert; le P. Lefèvre lisait les Saints-Pères, colligeait les passages que le P. Lejeune lui faisait remarquer et écrivait les sermons qu'il lui dictait ; ils récitaient l'office ensemble ; le P. Lejeune avait la mémoire si heureuse qu'il savait tous les psaumes par cœur, une bonne partie de l'Écriture sainte et les leçons du Bréviaire (2).

Rien de plus touchant que les soins charitables qu'ils se prodiguaient l'un à l'autre (3); lorsque le P. Lejeune marchait dans les rues d'une ville, son compagnon le conduisait par la main ; quand il ne pouvait se rendre en voiture dans les pays éloignés et d'un difficile accès, pour y prêcher la mission, il se servait d'une monture, et le bon P. Lefèvre tenait lui-même la bride du cheval ; puis tous deux réci-

1. Taharaud, *Vie du P. Lejeune*, p. 5.
2. *Vie mss. du P. Lefèvre*.
3 *Id., id.*

taient, chemin faisant, les prières du voyage ou celles qu'on a coutume de dire chaque jour dans la maison de l'Oratoire (1). Le P. Lejeune sentait le prix d'un tel secours ; à toute heure il exprimait sa tendre reconnaissance ; il traitait, il vénérait son ami comme un saint : avez-vous jamais vu, disait-il plaisamment, un ange conduire un démon (2) ?

Mgr de Marinis, savant archevêque d'Avignon, édifié de l'union de ces deux zélés missionnaires, les appelait un prédicateur en deux tomes (3).

Le P. Lefèvre mourut à Saint-Cirq, dans le Limousin, le 31 octobre 1655 (4). Sa perte fut irréparable pour le saint missionnaire ; ceux qui le remplacèrent auprès de lui n'eurent ni les mêmes égards ni les mêmes soins.

Le P. Lejeune aimait à exercer son apostolat auprès des pauvres et des gens de la campagne ; il ne prêchait dans les grandes cités que par obéissance et par contrainte (5). On parvint cependant à vaincre sa modestie, et dès lors il partagea son ministère entre les stations plus brillantes des villes et les missions

1. *Vie mss. du P. Lefèvre.*
2. *Id., id.*
3. *Vie mss. du P. Lejeune.*
4. *Id., id. du P. Lefèvre.*
5. Ruben, *Panégyrique du P. Lejeune,* p. 82.

populaires des hameaux (1). « Le royaume même a été trop petit pour ses courses apostoliques ; il a parcouru et fait des missions dans la Lorraine, dans la Flandre, dans la Franche-Comté, dans le comté d'Avignon, après avoir parcouru en qualité de missionnaire le duché de Bourgogne, la Provence, la Champagne, la Picardie, la Normandie, la Touraine et le Berry, la Bretagne, l'Auvergne et le Limousin ; de sorte qu'on peut dire que la grâce a ses âges et ses accroissements comme la nature : la Franche-Comté a vu la naissance de son apostolat, la France en a vu le progrès, et le Limousin en a vu la plénitude et la consommation (2). » De tous côtés on le demandait pour faire des missions ; quelqu'engagement qu'il eût pris, il s'arrangeait toujours de manière à pouvoir contenter tout le monde (3).

Il est difficile de suivre les traces du célèbre missionnaire dans ses prédications évangéliques, et de connaître toutes les vicissitudes de cette existence entièrement vouée au bien des âmes. Voici les seules indications que j'ai recueillies, soit dans ses œuvres, soit dans le récit de ses biographes.

1. Ruben, *Panégyrique du P. Lejeune*, p. 82.
2. *Id., id.*, p. 92.
3. *Vie mss. du P. Lejeune.*

Après avoir prêché une première fois à Rouen, comme nous l'avons dit, il revint dans cette ville pour y annoncer de nouveau la parole de Dieu, mais plus tard. (1) Ce fut à l'issue de cette deuxième station que la Cour voulut se procurer le plaisir de l'entendre ; le P. Sénault, son confrère, avait été désigné pour prêcher devant elle ; empêché par la maladie, il ne put achever ses prédications ; on chargea le P. Lejeune de le suppléer ; tout autre que lui peut-être eût été flatté de cette distinction si enviée et n'eût pas manqué d'enfler ses voiles et d'ouvrir ses ailes ; mais l'humble missionnaire refusa d'abord de se rendre à l'invitation qu'on lui adressa et il fallut

---

1. Les *biographes du P. Lejeune* attestent qu'il perdit la vue pendant une station prêchée à Rouen, à l'âge de 35 ans (1629). Ils disent en outre (Tabaraud, p. 4) qu'il fut invité à prêcher à la Cour à l'issue du carême prêché dans la même ville. Le discours prêché en cette circonstance nous est connu : c'est le deuxième de la série qui comprend les sermons pour tous les jours de carême (*sermon II*, tome IX). Sans indiquer la date précise, on peut conjecturer qu'il a été prononcé sous le ministère de Richelieu à la Cour de Louis XIII. En effet on lit à la conclusion : « Qui eust dit à Crésus, à Andronic, à Bélisaire ce qui leur arriva, et de notre temps qui eust dit à tant de grands de France et d'Angleterre qu'ils perdraient la tête sur un échafaud par la main d'un bourreau, l'auroient-ils cru ? Néanmoins nous l'avons vu arriver. » Il s'agit là sans doute des coups portés à la noblesse par l'inexorable Richelieu et des exécutions que vit l'Angleterre pendant le règne du Long Parlement. On peut donc conclure qu'il y a eu deux stations prêchées à Rouen, l'une en 1629 et l'autre plus tard.

un ordre de ses supérieurs pour l'y déterminer : il obéit alors, mais se contenta de faire une instruction familière sur les devoirs des grands et sur l'obligation où ils sont de donner bon exemple (1). Si familière que soit cette instruction, au fond elle renferme les mêmes leçons morales qui plus tard tomberont de la bouche des orateurs sacrés à la Cour de Louis XIV ; là, je l'avoue, elles seront développées avec plus de pompe et d'éclat ; ici, chez le modeste missionnaire, exposées plus simplement, elles n'en renferment pas moins d'utiles vérités, hardiment annoncées, trouvant dans l'Écriture sainte leur plus solide appui. Voyez, par exemple, quelles heureuses citations viennent rehausser la morale que le prédicateur fait entendre aux grands du monde ; il s'agit de l'influence que peut avoir leur conduite sur leurs serviteurs ou leurs sujets :

« Quand une simple pierre tombe du bâtiment, elle ne le ruine pas ; mais quand celle qui est la clef de l'édifice tombe à terre, toute la maison se dissipe.

« J'ai remarqué en l'Écriture sainte que toutes les fois que le chef de famille s'est converty à la foy, et a pratiqué la vertu, toute sa maison l'a suivy ; au con-

1. Tabaraud, *Vie du P. Lejeune*, p. 3.—Ruben, *Panég.* p. 157.

traire, quand un roy a été vicieux tous ses sujets ont pris la teinture du vice de leur prince. Hérode se troubla en la naissance du Sauveur et toute la ville de Jérusalem avec luy, *Turbatus est et omnis Jerosolyma cum illo*. Un autre Hérode se moqua du Fils de Dieu en sa passion, et toute son armée avec luy. — Au contraire, Abraham estoit charitable et prompt à faire l'aumône ; à son imitation, sa femme et ses serviteurs courent en faisant les œuvres de miséricorde. Le roy de Ninive endosse le cilice et fait pénitence, et à son exemple toute la ville fait de même, jusqu'aux petits enfants. Le roytelet de l'Évangile crut en Jésus-Christ et toute sa maison avec luy. Le centenier qui assista à la mort du Fils de Dieu donna des tesmoignages de son repentir, et ceux qui estoient avec luy le firent aussy. Un autre centenier nommé Cornélius estoit desvot et religieux, et toute sa famille aussy, à son imitation..... »

Je retrouve ensuite le saint missionnaire prêchant à Toulouse l'octave de la Fête-Dieu (1641) ; il y revint pendant l'avent de cette même année, et plus tard encore à deux autres reprises (1642, 1662) (1). Cette ville fut le théâtre de ses plus brillantes prédica-

---

1. Anciennes éditions des *sermons du P. Lejeune*.

tions ; mais s'il y reçut des applaudissements, il y trouva aussi des envieux ; sa doctrine y fut attaquée et dénoncée publiquement : « Ce fut à Toulouse, où ses prédications avaient produit le plus grand effet, qu'il éprouva des contradictions de ce genre ; un abbé Lescapolier, excité par les jaloux de sa gloire et les ennemis de sa morale, entreprit d'élever autel contre autel ; cet abbé ne craignit point de déclamer contre lui dans la chapelle de St.-Sernin, de l'accuser d'avoir avancé que l'attrition est inutile dans le sacrement de pénitence, que le prêtre n'exerce point les fonctions de juge dans ce sacrement, que l'absolution est absolument déclaratoire..... »

« Le scandale qui en était résulté obligea le P. Jouanneau, supérieur de la maison de l'Oratoire, à dénoncer le sieur Lescapolier à l'official, en l'absence de l'archevêque. Les parties furent entendues contradictoirement. Les chanoines rendirent pleine justice au P. Lejeune. L'accusateur, convaincu de calomnie, fut condamné à lui faire réparation publique, dans l'église métropolitaine, et à rétracter tout ce qu'il avait débité à celle de Saint-Sernin (1). »

1. Tabaraud, qui raconte ce fait, atteste qu'il a été consigné dans les registres de l'Église de Saint-Sernin à Toulouse.

Quelques années plus tard (1644) (1), la Reine-Mère fit prescher une mission à Metz pour la conversion des protestants ; le P. Lejeune fut désigné pour soutenir la controverse ; il parla avec tant de savoir et d'autorité qu'il obtint les succès les plus heureux. Peu de temps après, Bossuet (2), par sa parole déjà éloquente et ses doctes écrits, achevait dans cette même ville de confondre l'hérésie, et couronnait l'œuvre commencée par le P. Lejeune. Ce dernier, tout en s'adressant aux savants parmi les protestants, employait une méthode fort simple, dont il avait puisé l'idée à l'Oratoire, auprès de ses maîtres, le P. Bérulle et le P. de Condren (3), si habiles et si exercés à la controverse : pour gagner la confiance des calvinistes, il ne leur parlait pas directement des points débattus, de peur de les irriter en combattant de front leurs préjugés ; mais il leur annonçait Jésus-

1. Tabaraud, *Vie du P. Lejeune, introduction.* — Cette mission était dirigée par saint Vincent de Paul.
2. Cardinal Beausset, *Histoire de Bossuet,* liv. I, § XXXVII.
3. Le P. de Condren, dans les Conférences avec les protestants, proposait les dogmes de l'Église dans toute leur simplicité, écoutait avec patience leurs objections et les résolvait avec cette précision puissante qui était son talent particulier. — *Vie mss. du P. de Condren.* Si la France est restée catholique, après avoir été menacée de perdre sa foi, elle le doit après Dieu au zèle éclairé de tous ces saints personnages qui opérèrent tant de conversions parmi les protestants. — Voir la note III, supplément.

Christ et ses mystères, les entretenait du prix de ces augustes vérités, de l'excellence de la rédemption et de l'extrême besoin que nous avions de sa vertu souveraine ; ces vérités étant communes aux deux religions attiraient au missionnaire la confiance de ses auditeurs, et ces heureuses dispositions entretenues avec soin lui fournissaient les moyens de terminer en particulier ce qu'il avait ébauché en public.

Mais il fallait confirmer la foi toujours un peu chancelante des nouveaux convertis et assurer leur retour par un argument sans réplique ; il interrogeait alors les Pères des quatre premiers siècles où la doctrine est pure, il produisait les textes les plus clairs qui parlent de la croyance générale, puis enfin il mettait en regard les sentiments de Luther et de Calvin, qui étaient souvent contradictoires, et faisait sentir leur flagrante opposition aux plus saines traditions de l'antiquité.

La station que notre missionnaire prêcha à Marseille vers 1653 (1) fut marquée par un incident curieux et digne d'être rapporté : le commandant de la ville avait voué à quelques habitants une haine implacable et se préparait à se venger d'une ma-

1. Tome VII des *Sermons*. Ruben, *Panégyrique du P. Lejeune*, p. 168.

nière terrible. Néanmoins il se présenta au P. Lejeune pour se confesser ; celui-ci le reçut avec la douceur la plus touchante, et le conjura de renoncer aux projets inhumains qu'il nourrissait dans son cœur, jusqu'à ce que voyant l'inutilité de ses prières, il dut lui refuser l'absolution. L'officier transporté de fureur parla de le faire chasser de la ville, et de mettre le feu à la maison des prêtres de l'Oratoire ; ces menaces ne purent ébranler la fermeté de l'homme de Dieu, dont le courage et la constance grandissaient au sein de l'orage ; mais une si rare énergie accompagnée de douceur et de tendresse devait plus tard porter ses fruits. En effet, quelques années plus tard, le gouverneur était sur le point de se mettre en route pour se rendre au parlement d'Aix, et y perdre plusieurs personnes, qu'il voulait sacrifier à sa vengeance ; sa famille et ses amis essayaient vainement de calmer sa fureur; aucune considération ne semblait devoir le détourner de son affreux dessein. — Tout à coup il se rappela le langage que lui avait adressé autrefois le P. Lejeune, les réflexions que le saint missionnaire lui avait suggérées avec tant de force et de douceur ; ces souvenirs se présentèrent dans ce moment si vivement à son esprit, qu'il en fut tout ému et troublé ; ne pouvant résister à la force secrète qui le pressait, il se laissa vaincre et quittant tout dessein de se venger, il déclara sur l'heure que c'était le P. Lejeune qui avait triomphé de sa résistance, et qu'il se sentait contraint de céder, malgré tous les mouvements et toute la chaleur de son ressentiment. « Quand on a jeté l'hameçon, disait autrefois le grand saint Dorothée, il faut attendre et laisser débattre quelque temps le poisson qui a mordu, de peur qu'en le pressant il ne rompe la ligne par quelque grand effort. C'est ainsi qu'en usoit notre Père ; il jetoit l'hameçon de la parole de Dieu ; il attendoit, il prioit, il fesoit pénitence jusqu'à ce que ceux qui se trouvoient pris cessassent de s'agiter et de se débattre dans le filet, et se jettassent comme d'eux-mêmes dans la main du pescheur, pour y trouver non la mort, mais la vie (1). »

A la fin de cette même année, ou au commencement de l'année suivante, le P. Lejeune vint à Orange (2) où sa parole opéra de nombreuses conversions, puis à Grignan ; catholiques et protestants se pressaient en

---

1. Ruben, *Panég.*, p. 168.
2. Précédemment le P. Lejeune avait prêché à Carpentras; pendant la mission qu'il y donna, le cardinal Bichi, évêque de cette ville, voulut le servir à table, tant les vertus et le zèle du prédicateur lui inspiraient d'admiration et de respect! *Vie mss. du P. Lejeune.*

grand nombre autour de sa chaire, et plusieurs de ces derniers après l'avoir entendu, revinrent à l'unité : durant la mission qu'il prêcha dans l'une de ces villes, il joignit à ses travaux ordinaires des conférences pour l'édification des curés et des vicaires accourus de divers points. Les évêques des contrées voisines, l'archevêque d'Arles, l'évêque de Saint-Paul Trois-Châteaux, frères du comte de Grignan, l'évêque d'Uzès furent curieux de l'entendre : ces prélats vinrent à Grignan, et se montraient fort assidus aux exercices de la mission ; quelques-uns même voulurent parler ; le pieux missionnaire trouva que leurs discours étaient trop relevés pour le commun des auditeurs, et « il prit la liberté de leur représenter qu'ils énervaient la parole de Dieu par l'ornement qu'ils y mettaient et par une élocution trop élégante, peu assortie au génie de l'auditoire. » Les prélats reconnurent la vérité de ces observations (1).

De Grignan, le P. Lejeune se rendit dans le Limousin, où il prêcha pendant vingt ans. En 1654 il se fixa définitivement à Limoges : il débuta dans cette ville par une mission célèbre prêchée à Saint-Pierre, la première paroisse du pays ; on l'entendit de nou-

1. Tabaraud, *Vie du P. Lejeune*, p. 13.

veau, pendant l'avent et le carême de 1657, dans l'église collégiale de Saint-Martial ; presque toutes les paroisses du pays furent tour à tour visitées et évangélisées par le saint missionnaire ; il ne prêcha dès lors que fort rarement dans les autres diocèses, et seulement par égard pour les illustres sollicitations dont il était l'objet ; c'est ainsi que l'évêque de Fréjus ayant demandé à son collègue de Limoges, Mgr de Lafayette, la faveur d'entendre le P. Lejeune, celui-ci se rendit à Fréjus et y prêcha le carême de 1661.

Il faut remonter aux premiers temps de l'Église pour rencontrer un si magnifique apostolat : toute une longue vie consacrée à évangéliser des nations entières. Qui pourra compter les cités, les villages, les hameaux où cette prédication puissante se fit entendre? Mais qui pourra dire aussi les merveilleux effets qu'elle produisit dans les âmes ? « On a vu des conversions admirables, en tout temps, en tous lieux et en toutes manières : des Ninives humiliées, des villes entières pénitentes, des ennemis mortels réconciliés, des lieux infâmes fermés, des compagnies de piété établies, des monastères de l'un et l'autre sexe peuplés, les désordres publics arrêtés au milieu de leur course, les carnavals changés en carême, les festins profanes en agapes et en aumônes, une infinité de pécheurs de toute sorte d'états et de condition convertis ; et, ce qui est de plus rare et plus extraordinaire des conversions de durée, des changements stables et des fruits permanents. Certes c'est là proprement le sceau des personnes choisies de Dieu, des missionnaires apostoliques et des hommes divins (1). »

Quand la voix du missionnaire eut cessé de se faire entendre, d'autres grands prédicateurs s'élevèrent tour à tour, et quoique placés sur un plus grand théâtre, on peut dire qu'ils continuèrent son œuvre : Bossuet, Bourdaloue, Massillon vinrent l'un après l'autre enseigner les vérités chrétiennes aux souverains et aux sujets, aux grands et au peuple, et instruire chacun de ses devoirs. Assurément ces princes de la tribune sacrée se distinguent du modeste prédicateur des campagnes ; mais à vrai dire, si ces orateurs célèbres furent doués d'un plus grand génie et parlèrent un plus noble langage, aucun d'eux ne surpassa le P. Lejeune dans son amour de la vérité et son zèle pour le bien des âmes.

1. Ruben, *Panégyrique du P. Lejeune*, p. 26.

CHAPITRE III.

Eloquence et vertu ; — le P. Lejeune modèle du prédicateur ; — difficultés courageusement surmontées ; — piété touchante du saint missionnaire ; — rudes pénitences qu'il s'impose pour fléchir la justice divine ; — sa charité, son humilité, sa douceur ; — respectueuse admiration qu'il inspire ; — ses dernières années, sa maladie, sa mort.

Ne soyons point surpris du merveilleux succès qu'obtenait partout la prédication du P. Lejeune : en lui l'exemple se joignait au précepte ; tandis qu'il prêchait, sa parole exhalait le parfum des plus pures vertus ; quelle autorité ne donnait pas à son éloquence la sainteté qui reluisait dans toute sa personne, frappant tous les regards comme une auréole brillante ? Parmi les qualités que doit posséder l'orateur accompli, l'honnêteté et la probité occupent le premier rang, et l'on connaît la définition qu'en donnaient les anciens, « *vir bonus dicendi peritus* ; » cela veut dire qu'il faut être homme de bien avant d'être habile à parler ; et encore cet homme de bien ne parle souvent à ses semblables que de sujets d'une importance très-secondaire par rapport aux grandes questions de religion et de morale ; mais que dire du prédicateur, qui nous entretient sans cesse des mystères les plus sacrés, qui, les yeux fixés sur le divin modèle, nous invite, nous presse chaque jour d'en imiter la perfection ? Ne doit-il pas, s'il veut nous toucher, réaliser d'abord en lui ce qu'il prêche aux autres ? « Il faut, disait Bourdaloue (1) commentant un texte de saint Bernard, il faut que le prédicateur de l'Évangile, pour convertir les cœurs, fortifie sa voix ; et parce que sa voix n'est que faiblesse, il faut qu'elle soit accompagnée d'une autre voix puissante et pleine de force : *dabit voci suæ vocem virtutis*. Mais quelle est cette voix puissante et pleine de force ? La voix de l'action, cette voix infiniment plus éloquente, plus pénétrante, plus touchante que tous les discours : montrez-moi par vos exemples et par vos œuvres que vous êtes vous-même persuadé, et alors votre voix me persuadera et me convertira (2). »

Le P. Lejeune a été un vrai modèle de prédication

---

1. Bourdaloue est aussi un modèle achevé du prédicateur ; ses hautes vertus ont encore accru l'autorité de sa parole ; rien n'est plus admirable que cette union, ce concert, pour ainsi dire, de la sainteté et du génie ; je me suis efforcé d'étudier de près la vie et les sermons de ce grand homme, qui mérite si bien d'être connu.

2. *Panégyrique de saint André*, 2º partie.

chrétienne (1) ; il ne fut pas peut-être un orateur achevé, ni un écrivain sans défauts, mais ce fut un prédicateur accompli ; il prêchait de la voix et de l'exemple, et son exemple avait autant d'autorité que sa parole : « Sa main n'a écrit, et sa bouche n'a parlé que de l'abondance de son cœur ; tout ce qu'il a écrit, aussi bien que ce qu'il a dit, n'estoit pas tant les productions d'un esprit plein de lumières, comme d'un cœur tout embrasé d'amour ; il n'a dit et n'a écrit pour les autres que ce qu'il ressentoit en soi-même ; il n'a jamais donné que de sa plénitude et, comme cet ancien Père du désert, il n'a jamais rien conseillé a personne que ce qu'il avoit luy-mesme pratiqué le premier (2). »

Je voudrais esquisser l'admirable et sainte vie de notre missionnaire, présenter, dans un court récit, le tableau peu connu, et pourtant si édifiant de ses héroïques vertus ; pour trouver un modèle qui lui ressemble, il faut, je l'avoue, remonter à une époque éloignée de nous, et nos âges modernes offrent peu d'exemples aussi touchants de zèle, d'abnégation, de charité et de pénitence.

1. « Le P. Lejeune est un vrai prédicateur ; aucun peut-être n'a mieux mérité ce nom, de saint François de Sales à Bossuet. » Jacquinet.

2. Pour faire connaître les vertus du P. Lejeune, j'ai choisi les faits les plus remarquables dans le *Panégyrique* un peu prolixe que le P. Ruben a composé en son honneur.

Doué d'une âme énergique, soutenu par la conscience de sa vocation, enflammé du désir de convertir les âmes, le P. Lejeune s'élança dans la carrière de l'apostolat avec ce dévouement absolu où l'on s'oublie complétement soi-même pour ne songer qu'au but que l'on poursuit ; il pouvait dire comme saint Paul, « *charitas Christi urget nos* » « la charité de Jésus-Christ nous presse ; » ou bien répéter comme le prophète ; *zelus domus tuæ comedit me* ; « le zèle de votre maison me dévore ; » l'honneur de son Dieu, le bien et le salut des âmes, ce fut là son unique préoccupation, et la fin assignée à tous ses travaux. L'ardeur d'un zèle si pur ne se refroidit jamais ; rien au monde ne put arrêter son élan : ni les incommodités des saisons, ni les accidents de la route, ni même les souffrances physiques ne firent reculer l'intrépide missionnaire au milieu de ses courses apostoliques ; craignant toujours de ne pas répondre assez fidèlement aux grâces qu'il recevait, et de rendre, par sa faute, les missions infructueuses, il surmontait vaillamment les difficultés et les périls semés sous ses pas : aucun travail, aucune entreprise ne parurent impossibles, ni même difficiles à son courage, placé au-dessus de toutes les épreuves.

Lors d'une station qu'il prêcha à Saint-Junien au

milieu de l'hiver, la litière qui l'y portait ayant été renversée sous le pont de Laurance, à une demi-lieue de Limoges, il fut lui-même précipité dans les eaux ; et, au lieu de se rendre aux prières de ceux qui l'engageaient à revenir à Limoges, ou de s'arrêter quelques instants dans un village voisin pour sécher ses habits couverts de glaçons, il voulut se faire porter incontinent à Saint-Junien, qui est à quatre ou cinq lieues de là, pour commencer son œuvre. — « Il ne voulut point d'autre feu pour se sécher, ajoute son pieux panégyriste, que celui que l'amour de Dieu allume dans les cœurs, qui, bien loin de s'esteindre comme les feux communs, se fortifie et prend de nouveaux accroissements au milieu des naufrages et des eaux. »

Dans une autre circonstance, il montra une force d'âme vraiment héroïque : au début de la mission qu'il devait prêcher à Annède (1), il fut saisi d'une fièvre soudaine, accompagnée de symptômes alarmants ; on le pressa, mais en vain, de différer les exercices de la prédication. Ne pouvant se résoudre de différer le commencement de la mission et l'ouverture du jubilé, il se traîna dans sa chambre pour

1. Paroisse du Limousin.

chercher à tâtons ses habits qu'on lui avait cachés à dessein ; puis, surmontant la violence du mal, il voulut obéir à la voix de son zèle. Arrivé avec peine jusqu'à la chaire, il ouvre la bouche, prononce quelques mots ; mais la douleur l'accable, et il tombe en défaillance ; tout l'auditoire crut qu'il expirait ; revenu bientôt à lui, il s'efforça de continuer ; sa voix était si faible qu'on fut obligé de l'avertir qu'on ne l'entendait plus. Alors, comme s'il eût voulu mourir dans l'exercice de son ministère, dominant sa douleur, il fit entendre des accents plus forts que de coutume au milieu du respectueux silence de l'assemblée, frappée d'admiration pour tant de vertu et de dévoûment.

Si ce zèle brûlant défiait toutes les épreuves, il était aussi sans trêve ni repos. Le saint aveugle ne savait prendre aucun délassement : il ne finissait une mission que pour en commencer une autre. La seule nécessité où se trouvaient les populations de s'occuper de leurs moissons aurait pu suspendre ses travaux perpétuels, et lui donner la liberté de respirer ; mais il trouvait le moyen de prêcher sans relâche, allant aux lieux où les moissons étaient plus reculées, comme dans les montagnes, pour se trouver ensuite dans de meilleures contrées, où elles étaient près de finir.

Malgré ses efforts et sa prodigieuse activité, le

P. Lejeune comptait peu sur lui-même ; il mettait toute sa confiance en la divine Bonté ; il la priait instamment de venir en aide à sa parole, pour la faire fructifier dans les âmes ; durant les missions, tout le temps qui n'était pas donné aux saints exercices, il le consacrait à la prière et à l'adoration ; que de fois ne fallut-il pas l'arracher d'auprès les autels une ou deux heures après midi pour lui faire prendre un peu de nourriture ! et il se plaignait alors qu'on ne voulût pas lui laisser demander miséricorde en un temps si précieux que celui du jubilé.

Sa vie fut une longue prière : « prêcher et prier, telle fut l'occupation de cet homme apostolique ; » mais comme son oraison était toujours saintement recueillie ! « Je puis bien assurer, nous dit son fidèle disciple, que je l'ay toujours senti si plein de Dieu qu'il en répandoit l'odeur de toutes parts, et en rendoit pour ainsi dire la présence sensible à ceux qui s'approchoient de luy quand il prioit ; la grâce de sa piété étoit si abondante en ce nouvel Aaron de la loy nouvelle, qu'elle descendoit comme la rosée d'Hermon jusque sur le bord de sa robe, puisque non-seulement les prestres qui prioient avec lui, mais les domestiques, les serviteurs, les muletiers et les gens les plus grossiers qui le conduisoient dans ses voyages, en étoient saintement inondés, et s'en retournoient touchés et recueillis. »

Malgré ses infirmités et sa complète cécité, il ne se crut jamais dispensé de dire le saint office ; il le récitait habituellement avec un de ses pieux confrères. Il était si affectionné à cette prière générale de l'Église qu'il s'en acquittait toujours avec une exacte ponctualité et sans souffrir le moindre délai ; son attention et son recueillement redoublaient alors, s'interdisant avec le plus grand soin toute cause de distraction, ne voulant pas même, avant de commencer la récitation du bréviaire, qu'on ouvrît les lettres qu'il recevait de toutes parts, pour n'être pas préoccupé en un temps où on ne peut jamais être assez recueilli ; puis prenant l'attitude la plus respectueuse, il était tout entier à la prière : « Nous l'avons vu, immobile comme une statue, se laisser dévorer par la vermine, qui est la compagne inséparable de la vieillesse pénitente et de la pauvreté, plutôt que de faire la moindre chose pour son soulagement qui pût tant soit peu blesser la modestie où la présence de la majesté de Dieu l'obligeoit de se tenir. »

Que dirons nous de la dévotion qu'il avait au vénérable Sacrement de nos autels ? La grandeur et la vivacité de sa foi éclataient aux approches de la divine

Eucharistie ; tant qu'il put y voir, il n'omit rien pour célébrer les saints mystères. Pressé de s'unir à Jésus-Christ, il faisait avec joie de longs trajets, des marches forcées de huit à dix lieues, afin de se trouver en un lieu propice, où il pût offrir le Saint Sacrifice. A certains jours, le dimanche et les fêtes, il montait deux et même trois fois au saint autel, en différents pays, et les fatigues qu'il essuyait pour se rendre d'une église à l'autre lui étaient très-douces et très-agréables à cause de l'abondance des grâces qu'il recevait de ces fréquentes communions. Il semble que la Providence ait voulu, en lui donnant l'occasion de dire tant de messes en un jour, compenser les longues privations qu'il eut plus tard à souffrir en devenant aveugle.

Privé de la vue, le saint prêtre dut se résigner à la communion laïque. Son âme altérée demandait sans cesse, pour s'y rafraîchir, la source des eaux vives. Quel touchant spectacle ne donnait-il pas lorsque, tout malade et même tout moribond qu'il était, il se traînait à l'Église pour y participer aux divins mystères ! Se doutant un jour qu'on ne viendrait pas, à cause de sa maladie, le chercher pour le conduire à la messe, il se laissa tomber du lit, et se roulant sur la terre, il attendrit par ses gémissements ceux qui se trouvèrent près de sa chambre, et ne leur demanda d'autre soulagement que d'être conduit à la chapelle.

Mais ensuite quel esprit de pénitence dans cet homme apostolique ! Attendant uniquement de la miséricorde infinie le succès de ses travaux, il ne se lassait pas de la fléchir non-seulement par ses prières, mais encore par les rigueurs et les mortifications qu'il s'imposait à lui-même ; on dirait qu'il eût voulu attirer à lui seul les traits de la justice divine pour en préserver les peuples qu'il évangélisait, et par là ouvrir les cœurs aux attraits de la grâce. Il serait certes difficile de trouver dans la vie des saints un homme qui ait plus maltraité son corps ; il devait, en vérité, lui demander pardon à la mort, à l'exemple de saint François et de saint Dominique, de l'avoir si cruellement persécuté. Ce saint homme se retranchait le plus qu'il pouvait des choses nécessaires à la vie, comme le boire et le manger : la plus grande peine qu'il éprouvât était de se mettre à table ; comme saint Bernard, il fallait presque l'y contraindre. Ennemi de la sensualité et des délices de la vie, il mettait sa joie à se trouver seul avec les plus pauvres gens de la campagne, à être reçu à leur frugal ordinaire et à se priver comme eux des viandes délicates et raffinées.

Il ne se croyait pas dispensé de jeûner les jours

prescrits par l'Église, au milieu des fatigues incessantes de l'apostolat ; aussi ingénieux pour montrer sa force et sa vigueur que d'autres le sont pour faire valoir leur prétendue faiblesse en vue d'obtenir des dispenses, il combattait, si longtemps que l'obéissance le lui permettait, les conseils qui lui étaient donnés de mettre plus de ménagement dans ses privations ; il fallait alors composer avec lui, et s'il ne pouvait pas obtenir la permission de jeûner en rigueur, il faisait tant d'instances auprès de celui qui le conduisait, qu'on donnait plus de liberté à ses saints désirs.

Lisez l'admirable, l'éloquent tableau que nous présente le P. Ruben du nouveau genre de supplice auquel se condamnait cet homme de Dieu : « Nous l'avons vu, dit-il, souffrir une soif brûlante dans les ardeurs de l'été, ou dans le travail des Missions sur les dernières années de sa vie ; après s'être tout à fait retranché le souper, nous faisant croire que son estomac n'avoit plus assez de chaleur pour faire la digestion de deux repas, il se réduisit par une mortification étonnante à ne plus boire qu'une seule fois le jour, et particulièrement les jours de jeûne commandés par l'Église ; en sorte que celui qui l'observoit de près le voyoit avec étonnement ménager toutes les gouttes de cette boisson unique qui, n'étant pas capable d'apaiser l'ardeur de la soif qui le dévoroit, ne faisoit que l'irriter davantage, parce qu'elle mouilloit simplement, et sans arroser ni détremper ses lèvres si pâles de jeûnes, si hâlées de travail, et cette bouche si desséchée par la prédication ; cette boisson étoit consumée avant que d'atteindre le lieu où la nature la demande, et ainsi l'on peut dire qu'il buvoit moins pour vivre que pour s'empescher de mourir. »

Affligé de mille maux et d'infirmités douloureuses, le saint pénitent ajoutait encore aux croix que Dieu lui imposait des rigueurs inouies : il avait des inventions merveilleuses pour crucifier sa chair; il la déchirait nuit et jour par des ceintures et des disciplines armées de pointes aiguës ; sa modestie souffrait cruellement de ne pouvoir dérober aux autres le secret de ses macérations ; à cause de son aveuglement il lui était difficile d'en prévenir les suites; le sang coulait quelquefois de ses disciplines, et teignait les lieux par où il passait, comme les caves de Ségovie ont été teintes de celui de saint Dominique. Il était avide de souffrir, comme d'autres le sont de jouir; ces cilices, ces chaînes de fer, tous ces instruments de pénitence, il les porta vaillamment jusque dans l'extrême vieillesse. En sa dernière mission, où étant malade, il voulut toutefois continuer de prêcher, il se fit porter au seuil de l'église pour se faire entendre à la foule qui n'avait pu trouver place dans l'intérieur; après avoir parlé avec sa véhémence accoutumée, il tomba en faiblesse; on le porte dans sa chambre, et on veut le mettre au lit; mais dans l'empressement que l'on met à le dépouiller de ses vêtements, on le déchire cruellement avec les ceintures de fer qu'il portait sur lui, et que nul n'avait aperçues; qu'on juge du sentiment de douleur qu'éprouvèrent les personnes charitables accourues pour le soulager, d'avoir involontairement accru ses souffrances; mais en même temps combien dut s'accroître leur admiration, en présence d'une si étonnante vertu!

Le P. Lejeune semblait avoir pris pour devise cette parole que le divin maître vérifiait en lui-même : « *Quoniam defecit in dolore vita mea, et anni mei in gemitibus,* » ma vie se passe dans la douleur, et mes années dans les gémissements; n'est-ce point là en effet le caractère du vrai pénitent, qui veut s'immoler pour le salut de ses frères, n'étant jamais si content que lorsqu'il se voit, selon l'expression de l'Écriture, enivré d'absinthe et rempli d'amertume?

Ces rudes pratiques pourront paraître à quelques esprits excessives ou inspirées par je ne sais quel fanatisme; les âmes faibles qui ne se sentent pas le courage d'un pareil martyre, ni le goût des grands sacrifices et des fortes vertus, ne manqueront pas de dire qu'un tel modèle dépasse toute mesure; mais l'héroïsme dans la sainteté n'est-il pas à ce prix? Il est vrai que si le P. Lejeune ne s'était fait remarquer que par l'énergie de ses résolutions et les rigueurs de sa pénitence, sans y ajouter l'onction de la charité chrétienne, il eût manqué à sa sainteté la qualité la plus essentielle et sa couronne pour ainsi dire ; mais cette âme, si avide de macérations et d'austérités, respirait également la bonté la plus tendre ; rarement on vit tant de sévérité pour soi et tant de douceur pour les autres ; s'il haïssait le péché, comme son ennemi mortel, le pécheur qui venait à résipiscence trouvait en lui l'ami le plus dévoué ; ceux qui imploraient son ministère au tribunal de la pénitence ou le secours de ses conseils dans un entretien particulier en recevaient toujours le plus cordial accueil ; que d'âmes égarées, que de cœurs endurcis ont trouvé auprès de lui la lumière et l'espoir ! Quand il avait tonné dans la chaire contre le mal, il se transformait en ange de douceur pour compâtir à nos faiblesses, et nous aider à en sortir.

Ce qui faisait le mérite de cette grande et universelle charité, c'est qu'elle était produite par la grâce toute pure ; doué d'un naturel colère et impétueux, ce saint homme n'a pu traiter si doucement ses semblables sans se faire une violence extrême; toute sa vie, il s'est imposé cette dure contrainte; et si quelquefois son zèle le fit parler un peu fortement, soit en public, soit en particulier, pour briser les cœurs endurcis, il en était ensuite tout affligé et attendri; et on l'a vu, retiré dans sa chambre, se jeter le visage contre terre, craignant d'avoir excédé en quelque chose et se défiant toujours de l'influence pernicieuse de l'humeur et du naturel.

Cet admirable mélange de force et de douceur que les contemporains admiraient chez le P. Lejeune se retrouve dans ses discours; et l'ingénieux critique, dont j'aime à citer l'opinion, en a fait judicieusement la remarque. « Il appelle, dit-il, ses auditeurs à la pénitence avec la patience et la douceur d'un ami, parfois aussi avec la sévérité d'un juge; mais alors même qu'il menace ou gronde, on sent encore sous la rudesse de la voix l'accent ému d'un cœur paternel; on ne saurait mettre dans la conduite des âmes par la parole plus d'expérience, de bon sens et de charité (1).... »

Cette affectueuse et touchante sympathie, cette

1. P. Jacquinet. — *Des prédicateurs du XVIIe siècle, avant Bossuet*, p. 142.

bonté compatissante qu'il avait pour ses semblables ne lui permit jamais de s'élever au-dessus d'eux ; au contraire il pratiqua sincèrement l'humilité chrétienne, admirable vertu qui trouve ordinairement si peu de place chez l'orateur applaudi ; jamais une pensée d'orgueil n'altéra la source de son zèle et ne corrompit le fruit de ses éloquentes prédications. Ne parlant de lui-même que pour s'accuser et pour se condamner, il croyait de bonne foi et publiait partout, comme saint Paul et saint François, qu'il était le plus grand pécheur du monde. « Je lui ay ouy souvent parler de tous les prédicateurs, qu'ils preschoient mieux que lui, et il y a différence, disoit-il, entre eux et moy, comme entre un rhétoricien et un cinquième. Il n'y a rien en moy que misère et que péché (1). »

En véritable disciple du maître qui nous invite, à son exemple, à pratiquer la douceur et l'humilité, le P. Lejeune ne rechercha dans le ministère de la parole ni les satisfactions de la vanité, ni les applaudissements des hommes ; il ne voulait d'autre gloire que celle de Jésus-Christ ; son esprit n'était appliqué qu'aux grandeurs de Jésus-Christ et à ses propres misères. « Il

1. P. Ruben, *Panégyrique du P. Lejeune*, p. 131-132.

faut, répétait-il toujours, qu'il croisse, et que je sois diminué, qu'il règne et que je sois détruit. »

Dans le cours de ses prédications, il ne prenait jamais le premier rang avec ses confrères ; et lorsque le succès d'une mission était assuré, il se retirait modestement, laissant à ses coopérateurs le soin de couronner leurs travaux, et la consolation d'en recueillir la gloire. Ayant appris un jour qu'un peintre célèbre avait fait son portrait, l'humble missionnaire en conçut une si vive douleur, qu'il employa tour à tour les plaintes, les larmes, les prières pour décider le peintre à détruire l'original, avant qu'il en eût donné aucune copie.

Enfin n'a-t-il pas trahi le fond de ses sentiments dans les paroles et les sages avis qu'il adressait aux jeunes prédicateurs, et dont il était le premier sans doute à profiter : « Il est bon de vous appliquer incontinent après la prédication à vous humilier devant Dieu des fautes que vous avez commises, et à lire quelque livre, ou à quelque autre bon emploi, pour éviter la vaine joie qui peut remplir votre esprit quand vous vous imaginez d'avoir bien fait, ou la tristesse déréglée, quand vous pensez avoir mal réussi (1). »

1. *Avis aux jeunes prédicateurs*, Tome I.

Sans avoir la pensée de faire ici un complet panégyrique de notre saint missionnaire, je ne puis me défendre de parler encore de son obéissance, aimable compagne de son humilité, étant toujours prêt à tout faire et à tout quitter, à tout entreprendre et à tout laisser, quand il fallait obéir ; — de sa patience et de sa résignation au milieu des souffrances, des privations, des contrariétés et des persécutions qu'il eut à subir si fréquemment ; — de son amour de la pauvreté, et de tous ceux qui en portent les livrées ; c'est à dessein qu'il avait choisi et qu'il chérissait la maison de l'Oratoire de Limoges : elle était la plus petite, la plus pauvre et la plus conforme à son esprit d'abnégation, il aimait à se dépouiller de tout ce qu'il avait afin de pourvoir aux besoins de ceux qui ne possédaient rien. « Combien de fois l'avons-nous veu plus travaillé de la faim des pauvres que de la sienne propre, et se réduire luy-même non-seulement à l'indigence, mais presque à l'extrémité pour le vivre et le vêtement, afin de donner la nourriture et les habits à ceux qui en manquoient. » Enfin, ne se réservant rien, il a toujours abandonné aux malheureux les modestes honoraires de ses avents et de ses carêmes, et tout ce qu'il a pu retirer de l'impression de ses livres. Mais la charité qui animait ce cœur si compatissant ne pouvait se contenter de ces dons généreux ; pour se satisfaire, elle se dévouait et se prodiguait jusqu'à l'héroïsme ; se rappelant les paroles du Sauveur : « Ce que vous avez fait au moindre de mes frères, c'est à moi que vous l'avez fait, » ce saint homme traitait les pauvres avec un soin merveilleux : il les invitait avec douceur, il leur parlait avec respect, il les embrassait avec tendresse ; il leur donnait à laver les mains, et les mettait toujours à la première place avec son humilité ordinaire ; il augmentait pour l'amour d'eux son petit ordinaire, lorsqu'il les assemblait pendant le carême, leur donnant du poisson ces jours-là, au lieu qu'il se contentait les autres jours de manger des légumes ou des aliments plus communs (1)....

Ces vertus admirables trouvaient leur appui et leur aliment dans la piété la plus tendre envers Notre-Seigneur Jésus-Christ et la très-Sainte-Vierge ; il ne prononçait jamais leurs noms bénis qu'avec une profonde vénération, et les yeux mouillés de larmes ; lorsqu'on lisait quelque récit des souffrances de

---

1. Il trouva le secret de soulager les pauvres même après sa mort ; il fondait dans toutes les paroisses où il prêchait une société dite « des Dames de la charité » qui secouraient les malheureux et veillaient aussi à la conversion des pécheurs. Ces pieuses réunions se sont perpétuées jusqu'à nos jours ; elles se sont propagées dans bien des diocèses, et partout elles s'inspirent de la charité généreuse de leur saint fondateur.

martyrs qui ont donné leur vie pour le Fils, ou de la fidélité des vierges qui ont imité la pureté de la Mère, il en ressentait l'impression la plus vive, au point que la simple lecture du martyrologe qui se fait après le dîner lui faisait pousser des sanglots, l'obligeait d'interrompre son repas, pour laisser couler ses larmes, en présence de toute la communauté, et quelqu'effort qu'il fît pour cacher sa pieuse émotion ; ainsi le feu de l'amour qui le consumait au dedans se faisait jour au dehors par les mouvements spontanés d'admiration et de religieuse tendresse.

La dévotion qu'il avait pour la Sainte-Vierge a éclaté surtout dans les panégyriques qu'il a prononcés à sa gloire ; il y publie ses grandeurs avec l'accent de la piété filiale, et l'enthousiasme du serviteur le plus fidèle ; mais à tout propos, et dans ses autres sermons où il traite des sujets si variés, il a trouvé le moyen d'adresser quelques mots d'éloges à la Mère de Dieu; l'amour dont son cœur était rempli le rendait merveilleusement fécond en pensées nobles et délicates pour l'honorer et la faire honorer : il ne commençait jamais un sermon sans la nommer, et sans lui donner quelque titre glorieux, lui marquant ainsi sa confiance et sa foi.

Le P. Lejeune parcourut sa longue carrière, toujours fidèle à lui-même, et sans laisser affaiblir en lui la pratique de ces belles vertus dont je viens d'esquisser l'histoire ; il a laissé le souvenir et l'image d'une vie irréprochable, relevée et embellie par les plus riches effusions de la grâce divine ; cette vie est digne non-seulement de servir de modèle à ceux qui se consacrent à l'apostolat de la parole, mais d'être un objet d'édification pour les âmes qui cherchent la perfection de leur état. Les contemporains du P. Lejeune lui ont décerné à l'envi les témoignages les plus flatteurs de leur admiration : — « c'était, dit Lampiner (1), un homme d'une grande sainteté ; » — « imitateur de saint Vincent Ferrier, disent les mémoires sur la ville de Poligny (2), il parcourut les provinces pour y prêcher les vérités évangéliques. » — L'historien (3) de l'Église de Besançon a loué la sainteté de sa vie et l'onction de ses discours. Mais nul n'en a parlé avec plus d'admiration que le savant P. Lami dans un de ses ouvrages (4) : « Il (le P. Lejeune) faisait avant que de dire, et comme il savait que la semence de la parole ne peut germer dans les âmes si elles ne sont arrosées de la grâce, il adressait con-

---

1. *Mss.* déjà cité.
2. Ouvrage déjà cité.
3. Dunod., tome I.
4. *Entretiens sur les sciences*, XVIIe entretien.

tinuellement ses vœux à Dieu pour l'obtenir. Il priait beaucoup plus qu'il n'étudiait, il convertissait plus de pécheurs par les austérités de sa vie pénitente que par la force de ses prédications. »

« Le P. Lami, dit à son tour l'abbé Goujet (1), loue avec profusion le P. Lejeune, de sa congrégation. Je suis charmé et édifié du portrait qu'il en fait ; c'était un autre François de Sales ; il prêchait autant par ses vertus que par ses paroles..... »

Et maintenant qu'on se représente cet homme apostolique montant dans la chaire chrétienne où l'a précédé le renom de sa sainteté ; à son aspect le souvenir en devient plus vif ; son maintien grave et recueilli, ses joues creusées de rides par les macérations et les fatigues, ses yeux, malgré le voile qui les couvre, brillants encore dans leur orbite, en un mot, sa personne tout entière, image vivante des plus pures vertus, frappent la foule d'une admiration respectueuse : chacun lui fait comme une auréole de sainteté ; il ouvre la bouche et déjà son accent pénétré trahit le profond sentiment des vérités qu'il annonce ; ces vérités il les avait méditées, il s'en était nourri durant les longues heures de son oraison, et puis la veille

1. *Bibliothèque française*, tome II, 3ᵉ partie.

encore, il se faisait lire son sermon pour l'apprendre, et cette lecture le touchait si vivement qu'il fondait en larmes, larmes touchantes qui étaient les prémices de celles qu'il allait faire répandre aux autres.

Quelle profonde impression devait faire sur les peuples accourus pour l'entendre, la voix d'un prédicateur si saint, si convaincu et si éloquent ! Qui pouvait résister à l'autorité d'un si grand exemple, et d'une parole si persuasive ? Dieu seul peut apprécier le bien que fit en France le zèle d'un si parfait missionnaire ; il suffirait souvent d'un homme de cette trempe pour sanctifier un grand pays ; daigne la Providence susciter parmi nous de pareils apôtres afin de combattre l'esprit d'orgueil et de sensualité qui nous envahit !

Le profond respect que le P. Lejeune inspirait à la foule éclatait souvent en de touchantes manifestations. Quand il sortait d'un pays qu'il avait évangélisé, les peuples accouraient en foule pour l'accompagner ; on avait de la peine à empêcher qu'ils ne l'enlevassent et le portassent eux-mêmes ; on lui faisait toucher des chapelets, on baisait le pan de son habit ; les uns demandaient à Dieu de le faire vivre, les autres de le laisser mourir », ou qu'il ne meure jamais, ou qu'il meure parmi nous... » !

Scènes touchantes et glorieuses et qui rappelaient les pacifiques triomphes que les premiers chrétiens nouvellement convertis décernaient à leurs apôtres et à leurs pasteurs.

Accablé d'années et d'infirmités, le saint missionnaire ne pouvait se lasser de prêcher. Il tomba malade près de Limoges, pendant les exercices d'une mission, et il fut ramené dans la ville, à la maison de l'Oratoire (1671) (1). La maladie dura dix-neuf mois ; durant cette longue épreuve, ce qui le tourmentait c'étaient moins les souffrances physiques et les langueurs de la vieillesse que l'impuissance où il était de se faire entendre et de prêcher ; alors le saint homme faisait rassembler dans sa chambre les petits enfants, et de sa couche de douleur, il leur expliquait les vérités du catéchisme (2) ; le zèle de l'apôtre ne devait s'éteindre qu'avec la vie. Il vit approcher la mort avec la calme sérénité d'une âme innocente ; non qu'il ne crût et qu'il ne répétât, en sa candeur ingénue, qu'il était un bien grand pécheur ; mais ce sentiment qui, à cette heure solennelle, fait le désespoir des âmes perverses, ne troublait point son repos ; il s'abandonnait à Dieu de tout son cœur, se

1. Tabaraud, *Vie du P. Lejeune*, p. 22.
2. *Ibid.*

reposant avec une confiance invincible sur la bonté et la miséricorde de Notre-Seigneur Jésus-Christ qu'il avait tant aimé et pour qui il avait tant souffert ; il ne cessa de parler et de s'occuper de son doux maître, durant sa maladie, et les dernières recommandations qu'il adressa à ses pieux confrères furent de redoubler de zèle pour le faire connaître et aimer de tous (1). Cet homme de Dieu mourut, ainsi qu'il l'avait désiré, un vendredi, après avoir dit son office et avoir reçu le saint Sacrement (2), le 19 du mois d'août 1672, à l'âge de 80 ans. A peine la nouvelle de sa mort se fut-elle répandue dans la ville, que le peuple se porta en foule dans la maison de l'Oratoire, pour vénérer les restes de ce saint personnage ; on fut obligé d'étayer le plancher de l'appartement où il était exposé, dans la crainte qu'il ne s'écroulât sous le poids de la multitude (3) ; on mit en pièces ses habits ; chacun voulait emporter un objet qui eût appartenu à celui qu'on regardait comme un saint (4) ; le vénérable évêque de Limoges, Mgr de Lafayette, vint rendre son hommage à la mémoire du défunt, et

---

1. Ruben, *Panégyrique du P. Lejeune,* 3ᵉ partie.
2. Id.
3. Tabaraud, *Vie du P. Lejeune,* p. 24-26.
4. *Vie mss. du P. Lejeune.*

baisa respectueusement ses pieds et ses mains (1); quelque temps après, le P. Ruben prononça l'oraison funèbre du saint missionnaire (2).

1. *Vie mss. du P. Lejeune.*
2. On avait entamé son projet de canonisation à la fin du siècle dernier, mais il fut interrompu pendant la révolution, et n'a plus été repris depuis.

CHAPITRE IV.

Le P. Lejeune et les Prédicateurs contemporains ; — mauvais goût qui règne dans la chaire au commencement du XVIIe siècle ; — érudition déplacée, citations profanes, abus du bel esprit ; — les premiers réformateurs de la chaire ; — ils parlent avec plus de dignité ; — le P. Lejeune compte parmi eux ; — ses qualités et ses défauts (1).

On sait que l'éloquence religieuse ne fut pas, au commencement du XVIIe siècle, ce qu'elle parut plus tard dans la bouche de Bossuet et de Bourdaloue ; elle était alors pleine de mauvais goût et de pé-

1. Je n'ai pas la prétention, dans ce chapitre, d'écrire une histoire complète de la prédication pendant le XVIIe siècle ; ce serait un travail trop long, évidemment en dehors de mon sujet ; je ne veux présenter qu'un tableau rapide de l'éloquence religieuse à l'époque qui nous occupe uniquement, pour faire mieux connaître le genre oratoire du P. Lejeune ; je ne croirais pas peindre assez fidèlement ce prédicateur si je ne le faisais revivre au milieu de ses contemporains ; mais une esquisse historique suffira ; ceux qui voudraient savoir à fond l'histoire de la Prédication avant Bossuet consulteront avec fruit les auteurs de nos jours qui l'ont spécialement étudiée. Je citerai entre autres l'abbé Adrien Lézat dans son livre intitulé : *La Prédication sous Henri IV*, M. Jacquinet, dont j'ai cité l'ouvrage *sur les Prédicateurs du XVIIe siècle avant Bossuet,* et enfin l'abbé Victor Vaillant dans ses belles études sur les *Sermons* de Bossuet.

dantisme. Les prédicateurs étalaient avec complaisance dans leurs discours les citations profanes et les recherches du bel esprit ; à ce vain luxe d'érudition ils mêlaient souvent une métaphysique incompréhensible et les arides distinctions de l'école. La Bruyère écrivait vers 1687 : « Il y a moins d'un siècle qu'un livre français était un certain nombre de pages latines où l'on découvrait quelques lignes ou quelques mots en notre langue. Les passages, les traits, les citations n'en étaient pas restés là. Ovide et Catulle achevaient de décider des mariages et des testaments, et venaient avec les Pandectes au secours de la veuve et des pupilles : le sacré et le profane ne se quittaient pas ; ils s'étaient glissés ensemble jusque dans la chaire ; saint Cyrille, Horace, saint Cyprien, Lucrèce parlaient alternativement ; les poëtes étaient de l'avis de saint Augustin et de tous les Pères. On parlait latin et longtemps devant des femmes et des marguilliers ; on a parlé grec, il fallait savoir prodigieusement pour prêcher si mal (1). » Joignez à ce témoignage le sévère jugement que Massillon portait sur cette bizarre éloquence, dans son Discours

1. *De la Chaire*, ch. XV.

de réception à l'Académie Française : « La chaire, disait-il, semblait disputer de bouffonnerie avec le théâtre, ou de sécheresse avec l'école ; et le prédicateur croyait avoir rempli le ministère le plus sérieux de la religion quand il avait déshonoré la majesté de la parole sainte en y mêlant ou des termes barbares qu'on n'entendait pas, ou des plaisanteries qu'on n'aurait dû jamais entendre. »

Un des prédicateurs les plus renommés de cette époque, fut le P. Cotton : « C'était, dit le président Gramond, l'orateur le plus éloquent de son siècle, le religieux le plus désintéressé.... Il était très-savant, et sa science ne le cédait qu'à sa sainteté (1). » Ce missionnaire avait évangélisé, vers 1620, les provinces du Midi : de retour à Paris, il prêcha, avec le plus grand succès, dans l'église de Saint-Gervais.

Le passage suivant nous donnera une idée de l'éloquence de ce prédicateur ; il est tiré de la méditation seizième sur la Mort : « La faulx que la Mort tient d'une main signifie qu'elle taille et tranche les herbes grandes et petites, grosses et menues in-

---

1. *Hist. Galliæ*, p. 678.

différemment, sans choix et sans égard. De là le dire du poëte :

> *Mixta senum ac juvenum densantur funera.*

« Et ailleurs :

> *Mors et fugacem persequitur virum ;*
> *Nec parcit imbellis juventæ,*
> *Poplitibus timidoque tergo.*

« Et de rechef :

> *Omnes eodem cogimur : omnium*
> *Versatur urna ; serius, ocyus,*
> *Sors exitura, et nos in æternum.*
> *Exilium impositura cymbæ.*

« Le susmentionné poëte et historiographe l'a exposé en autres termes :

> La vie est un flambeau, un peu d'air qui soupire,
> La fait fondre et couler, la souffle et la détruit.
> A l'un jusques au bout de la mèche elle tire,
> Et outre le milieu à l'autre elle ne luit.
> Cette vie est un arbre, et les fruits sont les hommes ;
> L'un tombe de soi-même, et l'autre est abattu ;
> Il se dépouille enfin des feuilles et des pommes,
> Avec le même temps qui l'en a revêtu.
> La vie que tu vois n'est qu'une comédie,
> Où l'un fait le Cesar et l'autre l'Arlequin ;
> Mais la mort la finit toujours en tragedie,
> Et ne distingue pas l'empereur du faquin.

« Il est très-vrai ce que disoit Homère :

> Οὐδέν ἀκιδνότερον υαῖα τρέφει ἀνθρώποιο.

la terre ne nourrit rien de si fresle que l'homme : il a l'ophthalmie ès yeux, la surdité aux oreilles, l'obstruction au flairer, l'esquinance au gosier, la chiragre ès mains, la podagre ès pieds, la fiebvre étique au cœur, la phtysie aux poumons, les épilepsies, les apoplexies, les léthargies, les fiebvres tierces, quartes, continues, pestilentielles, et tant d'autres maux qui sont en plus grand nombre, sans comparaison, que les os, nerfs, muscles, veines, artères, tendons, et que tout ce qui est des parties de notre corps, s'il est vrai que les chirurgiens ophthalmistes ont remarqué plus de trois cents sortes de maux qui peuvent survenir à la prunelle de l'œil. C'est pourquoi quelques-uns des anciens ont écrit que la nature avoit été marâtre à l'homme, et mère aux autres animaux. »

A cet excès ridicule de citations profanes, les prédicateurs de cette époque joignaient un autre défaut : en général, paraît-il, ils embrassaient dans leurs sermons une matière trop étendue : il fallait, pour l'ordonner, établir de vastes divisions, qui se partageaient à leur tour en subdivisions et énumérations de tout genre : « Les prédicateurs anciens aimaient avec excès les divisions, et leurs discours en étaient si remplis qu'ils ressemblaient à ces corps atténués de maigreur, dont on peut compter tous les os et tous les nerfs au travers de la peau. Quelquefois ils divisaient un sermon en douze parties ; mais ordinairement ils le divisaient en trois ou quatre, et ils subdivisaient chaque partie en trois autres, et chacune de ces trois dernières en plusieurs autres, et ainsi presque à l'infini. Ils se servaient assez souvent de dialogisme, mais quelquefois avec si peu de jugement qu'un d'entre eux, faisant parler la Vierge avec Notre-Seigneur, faisait alléguer à la Vierge les lois de Justinien, et à Notre-Seigneur les lois d'Aristote (1). »

Ainsi, pour citer encore un exemple : « Le Père Cotton prêche sur neuf genres de péchés qu'on commet tous les jours, et qui nous sont inconnus ; ils obligent à restitution, quand on y coopère selon le tout, ce que les docteurs appellent *in solidum.* Chacun, ajoute-t-il, se les peut faire expliquer ; ils sont compris dans ces vers :

Jussio, consilium, consensus, palpo, recursus,
Mutus, participans, non obstans, non manifestans (2). »

Tel était, au commencement du xviie siècle, le langage des prédicateurs, de ceux-là mêmes qui jouirent de la plus grande célébrité (3).

1. *Journal des Savants*, 26 may, 1666.
2. Douzième méditation sur la dénaturée nature du péché.
3. A ces défauts on peut en joindre d'autres : les prédicateurs

L'éloquence religieuse changea ensuite de caractère, sans acquérir plus de dignité ; les orateurs sacrés continuèrent d'humilier la parole sainte, en lui prêtant les ornements les plus frivoles : on invoqua moins souvent, il est vrai, l'autorité des auteurs païens ; mais à l'érudition profane, l'on fit succéder les fleurs de la rhétorique et les pointes de l'épigramme : « Depuis trente années, disait La Bruyère, on prête l'oreille aux rhéteurs, aux déclamateurs, et aux énumérateurs ; on court ceux qui peignent en grand ou en mininiature. Il n'y a pas longtemps qu'ils avaient des chutes, ou des transitions ingénieuses, quelquefois même si vives et si aiguës, qu'elles pouvaient passer pour épigrammatiques ils les ont adoucies, je l'avoue, et ce ne sont plus que des madrigaux (1). »

Un jour, le P. Rapin assistait au sermon d'un prédicateur qui prêchait sur les souffrances avec beaucoup de grâce ; pendant le discours, les dames levaient les yeux au ciel et se disaient : « Que cela est

---

répandaient dans leurs discours une multitude d'idées empruntées des erreurs et des préjugés du temps sur la physique, sur l'histoire naturelle, sur l'astronomie, sur l'astrologie, sur l'alchimie, car alors on prodiguait tout. Voir Thomas, *Essai sur les Éloges,* tome II, p. 63.

1. Chap. XV, *de la Chaire.*

joli ! qu'il prêche agréablement ! J'en fus indigné, ajoute le Père : on le trouvait agréable dans un sujet où il devait être terrible, et il ne donnait que du plaisir dans un discours où il ne devait donner que de la douleur et de la componction (1). »

Fénelon n'a-t-il pas voulu peindre, au commencement de ses Dialogues sur l'éloquence, l'un de ces prédicateurs adonnés à une si ridicule afféterie ? « A.... Eh bien ! Monsieur, vous venez donc d'entendre le sermon où vous vouliez me mener tantôt ? Pour moi, je me suis contenté du prédicateur de notre paroisse. — B.... Je suis charmé du mien ; vous avez bien perdu, Monsieur, de n'y être pas... — A... Mais puisque j'ai tant perdu, et que vous, plein de ce beau sermon, vous pouvez, Monsieur, me dédommager, de grâce, dites-nous quelque chose de ce que vous avez retenu.... — B.... Voici le texte : *Cinerem tanquam panem manducabam* : je mangeais la cendre comme mon pain. Peut-on trouver un texte plus ingénieux pour le jour des cendres? Le prédicateur a montré que, selon ce passage, la cendre doit être aujourd'hui la nourriture de nos âmes ; puis il a enchâssé dans son

---

1. Rapin, *Réflexions sur l'éloquence de la chaire*, XXIII.

avant-propos, le plus agréablement du monde, l'histoire d'Artémise sur les cendres de son époux. Sa chute, à son *Ave Maria*, a été pleine d'art. Sa division était heureuse.... Il a repris cette division en plusieurs manières, et chaque fois il donnait un nouveau lustre à ses antithèses. Le reste du discours n'était ni moins poli, ni moins brillant.... Chaque période finissait par quelque trait surprenant.... — A.... Sur votre rapport, je conclus que c'était là un méchant sermon.... A quel propos faire l'agréable dans un sujet si effrayant, et amuser l'auditeur par le récit profane de la douleur d'Artémise, lorsqu'il faudrait donner des images terribles de la mort?.... Vous voyez un homme qui entreprend d'abord de vous éblouir, qui vous débite trois épigrammes ou trois énigmes, qui les tourne et les retourne avec subtilité. Vous croyez voir des tours de passe-passe (1). »

Ainsi vers le milieu du dix-septième siècle, la

---

1. *Dialogues sur l'Éloquence.* — On sait que cet ouvrage appartient à la jeunesse de Fénelon (Villemain, *Notice sur Fénelon*). — Le même auteur dit encore : « A. La lecture des bons et des mauvais orateurs vous formera un goût plus sûr que les règles ; cependant il est aisé de vous satisfaire, en vous rapportant quelques exemples. Je n'en prendrai point dans notre siècle, quoiqu'il soit fertile en faux ornements. » IIe *Dialogue*.

plupart des orateurs sacrés prodiguaient sans mesure dans leurs sermons les figures, les antithèses, les faux ornements, comme leurs devanciers avaient abusé de l'érudition profane.

Cependant quelques prédicateurs firent entendre, à la même époque, des accents plus nobles et plus purs ; ils s'efforcèrent de purifier l'éloquence religieuse des défauts qui la dégradaient ; je ne parle pas de Bossuet, ni de Bourdaloue, qui créèrent les véritables modèles du genre ; d'autres, avant eux, avaient essayé de rendre à la chaire chrétienne la dignité qui lui convient : Lingendes, Sénault, Biroat, Texier parlaient déjà un langage plus conforme à la simplicité de l'Évangile : ils recherchaient moins avidement dans leurs discours ces figures exagérées et ces pointes ridicules dont la plupart de leurs contemporains se montraient si ambitieux ; leurs sermons témoignent d'un véritable progrès dans la prédication, progrès qui est d'ailleurs attesté par un auteur de l'époque, critique estimable et capable de l'apprécier : Balzac écrivait vers 1643 : « Cet ami, dont je vous parle, juge de tous les prédicateurs par deux ou trois charlatans qu'il a ouis, et s'imagine que toutes les prédications commencent ou par *ce vaillant capitaine Agésilaüs,* ou par *le savant philosophe*

Socrate, ou par *Pline en son Histoire naturelle,* ou par *Pausanias in Arcadicis.* Il m'allègue perpétuellement le *buon per la predica,* et le *riservate questo per la predica* du cardinal Hippolyte d'Est, quand quelque bel esprit de ses familiers disait devant lui quelque impertinence. Il n'oublie pas le *mortalium ineptissimus, excepto uno Panigarola ;* il paraphrase et commente ces préceptes qu'un vieux docteur donnait à un jeune bachelier : *percute cathedram fortiter, respice crucifixum torvis oculis et nihil dic ad propositum, et bene prædicabis.* Je lui réponds qu'il n'est pas juste de considérer les choses dans la corruption où elles étaient tombées, puisqu'elles ont été remises dans leur première pureté, et que la réformation est venue dans le désordre (1). »

Sans doute, la réforme de l'éloquence religieuse ne fut pas, à l'époque où Balzac écrivait, aussi complète qu'il paraît le croire ; mais ne peut-on pas conclure de son témoignage qu'un véritable progrès s'était manifesté dans le langage de quelques prédicateurs ?

---

1. *Lettres de Balzac,* liv. XI, lett. XVI. Cette lettre est adressée au Président Ménard ; l'auteur y parle d'un homme qui, après avoir entendu de mauvais orateurs, a pris le parti de ne plus aller au sermon.

Ceux que je viens de citer ont reçu le titre de réformateurs de la chaire, et ils méritent ce titre à plusieurs égards. Toutefois les traces de mauvais goût n'ont pas entièrement disparu de leurs œuvres : le mélange du sacré et du profane, le luxe d'une science déplacée et les subtilités de l'école s'y retrouvent parfois altérant le caractère de la parole sainte.

Citons d'abord le plus célèbre d'entre eux, le Père Lingendes, dont l'éloquence fut souvent vive et entraînante, et qui joignait le pathétique au raisonnement; est-il exempt de tout reproche? son érudition est-elle toujours sage et mesurée? Lisons, pour en juger, le passage suivant que j'emprunte à son premier sermon : l'orateur y traite de la pensée de la mort ; il établit, en commençant, qu'il n'y a pas une nation sur la terre, qui, par une louable coutume, ne s'en propose le souvenir en différentes manières : « Au commencement du monde, dit-il, Dieu revêtit les hommes de peaux, comme dit Proclus en saint Épiphane, afin qu'ils y fussent renfermés comme dans un tombeau. Cette représentation et cette mémoire de la mort s'étend si loin que je la trouve partout.

« Premièrement, dans les plus glorieuses et les plus illustres actions du monde, comme par exemple, dans le couronnement des empereurs;

car Pierre Damien, rapportant les particularités de cette cérémonie qui se faisait chez les Grecs, dit qu'après qu'on avait mis la couronne sur la tête de l'empereur, lorsqu'il tenait son sceptre en main... un homme se présentait à lui, tenant en une main un vase d'os de morts et de cendres, et dans l'autre, des étoupes où l'on mettait le feu en sa présence, et qui étaient brûlées en un moment.

« 2° Je la trouve dans les superbes triomphes de Rome ; car, comme dit saint Jérôme, il y avait toujours près du victorieux un homme pour lui répéter de temps en temps : Souvenez-vous que vous êtes mortel.

« 3° Ne paraît-elle pas dans ces festins de l'ancienne Égypte, où l'on plaçait à la vue de tous ceux qui s'y trouvaient un squelette de bois, et quelquefois d'argent, et pendant qu'ils mangeaient, ils entendaient de temps en temps une voix qui leur disait : Bois, mange, et considère que tu « seras ainsi quelque jour ? »

« Nous lisons de Domitien qu'il avait coutume de manger dans une certaine chambre d'or, et que du plancher de cette chambre, pendait un crâne d'homme, afin que tous ceux qui y entraient songeassent à la mort : c'est de quoi sans doute le poëte Martial a voulu parler lorsqu'il a dit :

Ipse jubet mortis te meminisse Deus.

« Quelques-uns disent que de ce lieu on pouvait aisément voir le tombeau d'Auguste, qui faisait songer à la mort. Sénèque raconte (Ép. 12) d'un certain Pacuvius, gouverneur de Syrie, que passant de la salle où il soupait dans sa chambre, il faisait chanter en musique ces deux mots : Il a vécu, il a vécu. Il se divertissait ainsi tous les jours, et Sénèque ajoute : Faisons pour un bon motif ce que cet homme faisait par folie.

« 4° Je remarque cette image de la mort dans les sacrifices et dans les mystères de la religion ; car les prêtres de l'ancienne loi, dit Philon, dans son Livre des Songes, étant près de sacrifier, se purifiaient avec de l'eau et de la cendre, afin que ces choses les fissent souvenir de ce qu'ils étaient.

« 5° On la voit chez les nations les plus voluptueuses, comme parmi les Sybarites, dans les festins desquels on faisait paraître une image de la mort, que l'on mettait devant les yeux de ceux qui avaient été invités.

« 6° Chez les peuples les plus sauvages et les plus barbares, qui avaient coutume de boire dans les crânes des morts, afin de s'avertir les uns les autres, qu'ils devaient bientôt être de même.

« 7° Chez les philosophes, qui faisaient une profession particulière d'aimer la véritable sagesse, et qui ont appelé leur philosophie une méditation de la mort. »

On le voit, le P. Lingendes sacrifie encore au goût de l'époque : il mêle inconsidérément les noms de Proclus, de Domitien, de Martial, de Sénèque, à ceux de Pierre Damien et de saint Jérôme, et associe les traits de l'antiquité païenne à ceux de l'histoire sacrée : ces défauts, il est vrai, deviennent plus rares dans ses derniers Sermons : il profitait, comme tout le monde, des progrès du bon goût et des admirables modèles que le génie des grands hommes créait dans tous les genres.

Je ferai au P. Lingendes un autre reproche : il ne connaît qu'à demi l'art de recueillir la science d'autrui et de la fondre habilement avec ses propres pensées ; de là ces longues et sèches citations, empruntées aux Pères et aux écrivains ecclésiastiques (1), qui arrêtent l'élan naturel des idées et font ressem-

1. Voir, entre autres, le Sermon pour le lundi après le troisième dimanche de Carême, où ce défaut frappe les yeux, colonne 213 et suiv., édit. Migne.

bler souvent le discours à une proposition théologique ; de là ces discussions savantes, ces questions subtiles traitées gravement au milieu d'un sermon, dont le moindre défaut est de ne tenir à l'idée principale que par un lien factice.

Je pourrais relever aussi quelques abus dans les panégyriques du P. Sénault et dans les sermons du P. Biroat : le premier, parlant un jour de l'existence des démons et de leur action sur les esprits, s'appuyait sur des descriptions poétiques empruntées à Lucain (1) ; le second conserva le goût de ces formes arides, de ces partitions méticuleuses, où s'était consumé le dernier âge de la scholastique, et que la chaire lui avait empruntées : il divise invariablement ses discours en trois parties ; chacune de ces trois parties se subdivise invariablement à son tour en trois autres parties. Quelle que soit la nature du sujet, il doit forcément s'emboîter dans les compartiments de cette méthode (2).

Tel est le caractère des prédicateurs qui, au xviie siècle, occupent un rang intermédiaire : ils parlent avec plus de convenance que leurs prédécesseurs et la plupart

1. *Panégyrique de saint Simon et de saint Jude.*
2. Il est facile de s'en convaincre en lisant les Sermons qui ont pour titre : « Condamnation du monde par le mystère de « l'Incarnation. »

de leurs contemporains ; néanmoins leur éloquence est encore entachée de nombreux défauts. Le P. Lejeune eut le même goût et les mêmes penchants ; comme eux, il céda au mal de l'époque : il n'exclut pas toujours des plus graves sujets les témoignages d'orateurs et de poëtes anciens, et souvent il prélude au développement du discours par des avant-propos superflus et d'arides discussions empruntées à l'école ; mais comme eux aussi, il s'efforça de dégager la parole sacrée des liens impurs dont on l'avait enveloppée : son rare bon sens et son humilité sincère l'avertissaient de la puérile vanité de tous ces ornements d'emprunt qui l'avilissaient au lieu de l'embellir, et il protestait contre cette affectation si opposée au devoir du ministre de Jésus-Christ : « Vous n'entrerez en chaire, dit-il dans ses avis aux jeunes prédicateurs, que pour prêcher la parole de Dieu... Il en faut donc bannir toutes sortes de fables et autres sciences profanes. »

Ailleurs, s'adressant à des prêtres réunis pour l'entendre, il leur parlait en ces mots : « Saint Paul prêchait avec beaucoup d'assiduité et de diligence: *Nihil substraxerim utilium, quominus annuntiarem vobis, et docerem vos publice, et per domos ;* ce mot taxe d'imprudence ceux qui laissent la source d'eau vive pour chercher des marais fangeux, ceux qui, en preschant, remplissent leurs discours d'un fatras de rhapsodies tirées des auteurs prophanes, ou de je ne sçai quels autres livres, qui ne sont propres qu'à contenter la vanité des prédicateurs et la curiosité des auditeurs.... (1) »

Écoutez ces autres paroles non moins significatives : « *Venite filii*, venez au sermon, non pour syndiquer les gestes et les paroles, non pour y apprendre à bien parler, mais pour y apprendre la vertu..... Ce seroit une folie de s'adresser à un advocat pour l'entendre parler de la guerre, à un médecin de la chicane du palais, à un cavalier de la médecine, ce n'est pas leur métier ; de penser moissonner du bled en une vigne, cueillir des raisins en un champ ; ainsi c'est folie d'attendre autre chose du prédicateur que la parole de Dieu ; ce n'est pas sa profession de débiter des curiositez de philosophie, ou autre doctrine prophane (2). »

Le P. Lejeune ne blâmait pas seulement dans la bouche des orateurs sacrés l'abus de la science profane, mais encore les vains prestiges et les fausses délicatesses du langage : Il se plaint que plusieurs

1. *Sermon XVI*, 2e point, tome IX.
2. *Sermon V*, Conclusion, tome VII, p. 142.

ne prêchent pas la parole de Dieu ; « c'est la parole des hommes qu'ils débitent, des marguerites françaises, des rhapsodies, des phrases recueillies çà et là, agencées avec bonne grâce, des recherches curieuses (1). »

Le P. Lejeune bannit en effet sévèrement de ses discours les pointes et les jeux d'esprit ; il n'en fut pas ainsi des textes profanes et des digressions spéculatives qu'il y introduisit avec trop peu de ménagement. J'avoue qu'il est difficile de concilier ce goût d'extrême simplicité qui paraît en maint endroit de ses œuvres avec le luxe d'érudition qu'il semble parfois encore rechercher si mal à propos. Comment expliquer ce blâme sévère qu'il inflige à plusieurs de ses contemporains, lorsqu'il n'est pas lui-même tout à fait exempt de ce mauvais goût dont leurs œuvres sont infectées ? Notre prédicateur cédait-il, à son insu, à la coutume de l'époque, ne pouvant s'y soustraire entièrement ? Puisait-il un peu inconsidérément dans ces compilations indigestes, connues sous le nom de *Po-*

---

1. *Sermon V,* t. VII, p. 126. Il semble quelque part vouloir aussi rejeter de l'exorde les longueurs inutiles ; il commence un de ses sermons par ces brusques paroles : « Pour ne pas perdre le temps en des avant-propos et préludes superflus, j'entre d'abord au sujet que j'ai proposé, et je vais vous faire voir... » *Sermon LX,* tome VI.

lyanthea (1), vastes répertoires où sont enfouis pêle-mêle les sentiments de différents auteurs sur des sujets variés de littérature et de morale, et que tout le monde consultait à l'envi, l'écrivain pour ses études, le magistrat pour ses harangues, et le prédicateur pour ses sermons? Ou enfin voulait-il donner plus de poids à ses paroles, en les autorisant par de savantes citations? Le P. Lamy me semble exprimer ce dernier sentiment dans ses ingénieux *Entretiens*, et il invoque, pour le fortifier, le témoignage même du P. Lejeune ; voici comment il en parle : « Il (le P. Lejeune) ne dit rien qui ne soit à la portée du peuple, si ce n'est que pour réveiller son attention, et s'acquérir quelque estime autant qu'il est nécessaire, pour le tenir appliqué, il cite quelque passage latin, et authorise ce qu'il avance. Le peuple, dit-il dans les avis qu'il donne aux jeunes prédicateurs, n'écouteroit pas avec plaisir s'il ne croioit que celui qui lui parle est sçavant, et il ne le croiroit pas sçavant s'il ne parloit quelquefois latin. C'est ainsi que ce prédicateur apostolique recherche l'estime par rapport à l'utilité de son auditoire (2). »

---

1. *Polyanthea, in libros XX dispertita, opus præclarum suavissimis floribus celebriorum sententiarum cum græcarum, tum latinarum, refertum*, Francofurti, 1617.

2. VIIe Entretien, p. 361.

Quoi qu'il en soit, le P. Lejeune, malgré les taches qui déparent son œuvre, doit être compté parmi les réformateurs de la chaire, c'est-à-dire parmi ces prédicateurs qui s'efforcèrent de rendre à l'éloquence religieuse sa sainte et noble simplicité. Mais, qu'on le remarque ! il mérite d'occuper dans leurs rangs une place distincte ; le P. Lejeune se détache de leur groupe par la piquante vivacité de son langage : c'est le style qui donne à ses Sermons un caractère vraiment original. S'il eût vécu à la fin du dix-septième siècle, sous l'empire de l'éloquence si belle et si régulière des Bourdaloue et des Massillon, il eût été remarquable encore par les formes pittoresques et saillantes de sa parole. Je me réserve de faire connaître cette élocution douée des grâces un peu naïves de notre vieil idiome, et toutefois forte et animée, capable enfin de se prêter à tous les mouvements de l'orateur populaire.

CHAPITRE V

Sermons du P. Lejeune ; — deux hommes en lui, le catéchiste familier et le missionnaire ; — il est considéré d'abord comme prédicateur catéchiste ; — méthode des prédicateurs en général, et celle du P. Lejeune en particulier ; — quels sujets il embrasse ; — comment il les divise ; — de quelle manière il les développe.

Lorsque les *Sermons* du P. Lejeune parurent, ils furent lus et recherchés avec avidité ; « les supérieurs et directeurs de séminaire ne se sont pas contentés de les faire lire publiquement, mais ils ont publié partout qu'ils n'avaient pas de livres plus forts et plus efficaces à donner à ceux qui voulaient sincèrement revenir à Dieu..... Il ne faut pas s'étonner si le débit en est si grand, et si on les imprime dans les meilleures villes du royaume ; les pays étrangers en ont donné des traductions, pour n'être pas privés de ce trésor ; et ces livres sont d'autant plus remarquables que leur auteur ne les conseillait jamais à personne, à cause de son humilité (1). »

1. Ruben, *Panégyrique du P. Lejeune*, 3ᵉ partie, pp. 188 et 193.

Ces sermons si célèbres autrefois ont jusqu'à nos jours maintenu leur vogue et leur renommée; on ne se contente pas de les lire, à titre de curiosité comme on le fait de leurs pareils, appartenant à un âge écoulé, dont ils reproduisent l'esprit et les mœurs; ils ne sont pas seulement un sujet d'études historiques ou d'admiration littéraires; mais ils offrent encore une source inépuisable, dont on veut profiter, et un modèle tout pratique de prédication, que les ministres de l'Évangile ont à cœur d'imiter.

Pour ma part, je ne crois pas qu'il existe un meilleur cours d'instructions religieuses que celui qui est connu sous le nom de *Missionnaire de l'Oratoire* (1); aucun autre ne peut lui être comparé ni pour la sagesse de la méthode, ni pour la richesse des pensées; c'est une sorte de catéchisme développé, mais avec une telle ampleur de doctrine et une si aimable familiarité de ton, que les sermons qui le composent semblent atteindre la perfection du genre; prenez la peine de supprimer les superfluités ou les bizarreries de langage que j'ai déjà signalées, et vous trouverez une mine abondante, une mine d'or que vous exploiterez avec le plus grand fruit et sans l'épuiser jamais.

1. Les *Sermons du P. Lejeune* ont été publiés sous ce titre.

Il y a en effet deux hommes dans le P. Lejeune : le catéchiste ingénieux, populaire, expliquant aux fidèles les éléments de la plus pure doctrine, et le missionnaire véhément, frappant à coups redoublés à la porte des cœurs, pour en ouvrir l'accès. L'un ne nuit point à l'autre, et l'illustre prédicateur s'acquitte admirablement de ce double rôle ; je voudrais, pour le faire connaître tout entier, le considérer sous ce double aspect ; examinons d'abord sa manière d'enseigner au peuple les vérités chrétiennes, sa méthode, la source où il puise les pensées des discours, et enfin les ingénieux procédés dont il use pour faire pénétrer la vérité dans les âmes. Il a dit lui-même de ses sermons que « ce ne sont point des pièces d'éloquence où la doctrine et la politesse règnent ; ce sont des discours simples et familiers, propres à instruire le peuple et à lui donner les plus communes notions de la religion et de la morale chrétienne (1). » Dans un autre chapitre, j'étudierai plus particulièrement les qualités du missionnaire.

Quand, par l'étude des grands orateurs de la chaire, on s'est pénétré de ce que l'éloquence religieuse a de plus parfait, peut-être n'est-il pas sans utilité de

1. *Lettre* à Mgr de Colbert, évêque de Luçon.

connaître les procédés d'un art moins étendu, de cet art qui a pour objet l'enseignement méthodique de la doctrine, qui partage et distribue régulièrement la parole sacrée, comme le pain de chaque jour, à tous les membres de la famille chrétienne. Le prédicateur n'est pas toujours appelé à élever la voix dans les circonstances solennelles, en présence des souverains et des grands du monde ; le plus souvent il s'adresse à la foule, c'est-à-dire à un auditoire mêlé confusément de sages et d'ignorants, où il y a plus encore de ceux-ci que de ceux-là. Ne doit-il pas alors adopter une méthode plus simple et plus accessible.

J'exposerai d'abord la méthode des prédicateurs en général, et celle du P. Lejeune en particulier : je montrerai ensuite comment ce dernier choisit les sujets de ses discours, comment il les divise, et enfin de quelle manière il les développe.

§ I. *Méthode des prédicateurs en général.*

La méthode chez un prédicateur consiste, si je ne me trompe, dans le choix du sujet, dans la manière de l'envisager, de le préciser, de le diviser, en un mot dans le plan du discours. Le choix et l'ordre des idées sont la première condition de toute œuvre sérieuse ; l'éloquence sacrée n'est point affranchie de cette règle importante ; les prédicateurs doivent au contraire s'y conformer avec soin, dans l'intérêt même de leur mission ; mais en cela chacun a un genre particulier ; et dans la chaire, pas plus qu'ailleurs, l'on n'est tenu à une exacte uniformité. Les orateurs sacrés n'ont pas toujours employé la même méthode, cela se conçoit : on n'a pas toujours parlé en présence d'un même auditoire, et ce ne sont pas toujours les mêmes hommes qui ont annoncé la parole de Dieu. Ainsi les Pères de l'Église, s'attachant plus particulièrement à expliquer le sens des Saintes Écritures, ont mis dans leurs commentaires plus d'abondance et de variété que d'ensemble ; les prédicateurs du moyen âge furent plus réglés : on établit alors l'usage des divisions ; néanmoins les discours de cette époque sont loin encore de pouvoir servir de modèles ; la chaire comme l'école abusait de la logique ; ce ne fut que peu à peu que l'emploi excessif des formes catégoriques disparut pour faire place à la méthode plus simple et tout aussi rigoureuse qui prévalut. J'ajoute, pour être juste, que cette éloquence de mauvais goût fit quelque bien : elle introduisit dans le discours plus d'ordre et d'arrangement ; à travers ce luxe de divisions et de subdivisions de toute espèce, vous pouvez suivre une idée générale qui anime le discours entier. Ce n'est point encore un sermon que vous lisez, c'est, si vous voulez, un traité, une œuvre didactique, mais où règne pourtant une idée principale, une même pensée qui a ses divisions, ses subdivisions, un ordre régulier de développements, et des conclusions naturelles, assorties au principe. Quand l'art se fut perfectionné, le sermon reçut sa véritable forme, la forme qu'il a conservée depuis ; le genre fut fixé, le cadre du discours fut restreint ; le sujet plus simple se développa dans des proportions plus justes et plus raisonnables ; enfin des divisions convenables, établies sans artifice, apportaient une lumière nouvelle aux paroles de l'orateur.

Ce double caractère de simplicité et d'unité, je le retrouve dans les œuvres de nos meilleurs prédicateurs ; et il est très-apparent dans celles que nous étudions.

§ II. *Quels sujets embrasse le P. Lejeune?*

Ce qui vous frappe, en lisant, le *Missionnaire de l'Oratoire*, c'est la précision, la netteté de chaque sujet : le titre seul du discours vous en avertit : le P. Lejeune embrasse peu ; il choisit un point de doctrine, de morale, simple, unique, et bien déterminé ; rarement il traite des questions générales ; il se borne à un détail, à une circonstance particulière. Un pareil procédé n'est point l'effet de l'ignorance ou de la faiblesse d'esprit ; notre prédicateur est remarquable au contraire par l'étendue de sa science et la fécondité de son imagination ; mais ce que les autres font avec ensemble, il le fait par parties séparées et successivement. Je me le figure, au moment où il trace le plan des discours qu'il doit prêcher dans une station : profondément versé dans la science de la religion, familiarisé avec elle, il ouvre devant lui le trésor de ses connaissances ; il passe en revue les éléments divers de la doctrine sacrée ; examinant ensuite de plus près la matière qu'il veut traiter, il l'étudie en détail ; il suit pas à pas les différentes parties qui la composent, et, choisissant les points essentiels, il fait de chacun d'eux le sujet d'un sermon.

Le P. Lejeune ne songe point à rassembler sous un titre général et complexe des éléments nombreux et cherchés au loin : l'effort de son esprit tend plutôt à analyser une matière composée, à en isoler les parties, pour les traiter séparément l'une après l'autre, et sous un titre spécial. Ne soyez point surpris de rencontrer dans le recueil de ses œuvres plusieurs sermons appartenant à un même ordre d'idées : souvent un sujet qui serait pour d'autres le thème d'un seul discours devient pour lui la matière de plusieurs; et comme ces compositions, conçues dans un cadre si restreint, sont disposées dans une suite régulière, un prédicateur qui voudrait traiter une proposition générale trouverait au besoin dans quelques-unes d'elles les divisions toutes faites, et en les ajoutant l'une à l'autre, il aurait le dessin entier de son discours,

Quelle que soit (1) la vérité que l'orateur expose, je trouve partout le même procédé : parlant de Dieu et de ses perfections, il explique une à une ces perfections divines ; ainsi il traite successivement de la grandeur de Dieu, de son éternité, de son immensité, de son indépendance, de sa pureté et enfin de sa

---

1. Prenons un des sujets les plus communément traités en chaire, la Pénitence, et voyons comment le P. Lejeune l'envisage ; ce sujet est développé dans le premier volume en 25 Sermons consécutifs; plus loin je trouve 13 nouveaux discours sur la même matière, appartenant à une autre série d'instructions: l'orateur suit la même marche aux deux endroits ; il commence par exposer les idées les plus générales, puis il descend au détail et à la pratique. Voici, du reste, comment sont distribués les Sermons de la première série. Après avoir démontré que l'innocence est la voie la plus assurée pour arriver au salut (*Sermon V*), le prédicateur prouve dans le discours suivant que la vertu de pénitence est absolument nécessaire à ceux qui ont perdu l'innocence (*VI*). Mais qu'est-ce que la Pénitence ? le P. Lejeune répond à cette question, en quatre discours: Essence et nature de cette vertu (*VII*); — marques et propriétés

justice. Il insiste davantage sur cette dernière, et il y consacre quinze sermons. Il semble que la méthode du P. Lejeune devait se refuser au développement de ces vérités, qui, par leur hauteur, se prêtent peu à une exposition facile et populaire ; mais le prédicateur sait les abaisser à l'intelligence de son auditoire, et les mettre à la portée de tous par la naïve familiarité de son langage.

Telle n'est point, on le sent bien, la manière de nos grands prédicateurs : ils donnent généralement plus d'étendue à leurs plans, et embrassent dans un seul discours un plus grand nombre de considéra-

de la vraie pénitence (*VIII*) ; — trois premières marques de la fausse pénitence (*IX*) ; — trois dernières marques de la fausse pénitence (*X*); puis il examine quel est l'objet de cette vertu (*XI*), dans quel temps il faut l'exercer (qu'il ne faut pas remettre le temps de la pénitence au temps à venir (*XII*), — qu'il ne faut pas remettre la pénitence à l'heure de la mort (*XIII*), — qu'il ne faut pas remettre la pénitence à la dernière maladie (*XIV*); — combien doit durer cet exercice (*XV*) ; — quels sont les obstacles qui s'opposent à cette pratique (Aveuglement d'esprit (*XVI*), — endurcissement de cœur (*XVII*). Après avoir donné ces explications générales, le prédicateur en vient aux actes mêmes de la vertu de pénitence : il la considère en tant que sacrement ; ici encore, le P. Lejeune s'applique à mettre en tout son jour chacune des parties de son sujet, en les développant séparément, même celles qui ne sembleraient pas suffire à un seul discours ; il consacre un Sermon particulier à la contrition (*XIX*), — à l'examen de conscience (*XX*), — au bon propos (*XXI*), — à la fuite des occasions (*XXII*), — à la confession (*XXIII*), — à la satisfaction (*XXIV*), — à l'absolution (*XXV*).

tions ; ils épuisent un sujet et ne remettent point à une autre prédication la suite ou la fin de son développement : toutes les pensées que la réflexion leur suggère, appartenant à l'idée principale qu'ils veulent traiter, ils les attirent, les enchaînent pour en faire un tout admirable d'unité. Ce n'est pas que ces grands esprits n'aient produit plusieurs discours sur la même matière; mais ils la considèrent en chacun d'eux dans un sens différent : ils changent de perspective, si je puis m'exprimer ainsi, et un nouvel ordre de choses se présente à leurs yeux. Bourdaloue (1) offre de nombreux modèles de ces conceptions plus larges dans l'ensemble et plus fécondes dans le détail ; il était doué au plus haut point de ces deux qualités auxquelles Pascal (2) ajoutait tant de prix : l'étendue et la justesse : par l'une il se rend maître du domaine de son sujet, il en saisit les parties les plus obscures et les plus détournées, celles mêmes qui à première vue ne semblent lui appartenir que par un rapport imaginaire ; par l'autre il juge chacun de ces éléments avec une rigoureuse exactitude ; il les dispose,

1. « Quand vous verrez Bourdaloue traiter trois fois un même sujet, et trois fois inventer une combinaison nouvelle de raisonnements et de preuves, vous reconnaîtrez le vrai génie de l'orateur. » Villemain, *Discours d'ouverture*, 1823.
2. *Pensées diverses de Philosophie et de Littérature*, Art. X.

il les range sans confusion, sans embarras, les met en lumière, et leur communique quelque chose de cette force pénétrante qu'a toute vérité quand elle est à sa place, en sorte que chez lui la fécondité ne nuit pas à l'unité, ni l'abondance à la clarté.

Sans doute les sujets qu'a traités le P. Lejeune se retrouvent dans les sermons de cet orateur illustre ; seulement là ils sont plus circonstanciés, plus détaillés ; ici ils sont combinés, si je puis ainsi parler, avec d'autres idées, sur un plan plus étendu, et enfermés dans des catégories plus générales. Lisez le sermon de Bourdaloue sur les caractères de la vraie pénitence (1); suivez attentivement chacune des considérations que l'orateur vous présente ; et vous verrez comme ce discours est plein, comme les enseignements y sont pressés : tout y est dit sur la vraie pénitence, et rien n'a échappé à la compréhension du prédicateur ; mais c'est une abondance et une plénitude sans longueur et sans confusion. Si le P. Lejeune avait conçu un plan pareil à celui de Bourdaloue, je suis presque certain qu'il ne l'eût pas réalisé dans un seul discours. Voyez comment il a lui-même parlé des qualités de la pénitence (2) : il y a consacré trois

1. *IVe dimanche de l'Avent (IIe)*.
2. *Voir ci-dessus*, note 1, p. 79.

sermons consécutifs ; les idées qu'il développe sont au fond les mêmes que dans Bourdaloue ; toutefois leur disposition est un peu différente, et il m'a été difficile d'établir un parallèle parfait entre les discours des deux orateurs ; il me suffit de constater que la matière qui a été coulée, pour ainsi dire, d'un seul jet, par l'artifice savant de Bourdaloue, a été travaillée à plusieurs reprises par le P. Lejeune, pour être plus commodément et plus utilement présentée à ses auditeurs.

Massillon (1) a plus de simplicité dans ses plans que Bourdaloue ; néanmoins sa méthode diffère encore de celle du P. Lejeune ; il est facile de le constater en lisant son beau sermon sur la confession ; il y a renfermé toutes les parties du sacrement de pénitence, et nous avons vu que le P. Lejeune

---

1. « Un critique très-fin a dit de lui : Le plan des Sermons de Massillon est mesquin, mais les bas-reliefs sont superbes. » (Joubert.) — « Je sais de plus que les hommes du métier, et qui ont fait une étude approfondie des orateurs de la chaire, mettent Bourdaloue fort au-dessus de Massillon, pour l'ordonnance et pour le dessin des ensembles. Toutefois j'avoue que les plans des Sermons de Massillon ne me paraissent point particulièrement mesquins ; ils sont fort simples, et en ces matières, c'est peut-être ce qui convient le mieux : le mérite principal et le plus touchant consiste dans l'abondance du développement qui fertilise. » Sainte-Beuve, *Causeries du lundi*. — Massillon, tome IX.

consacre un sermon particulier à chacune d'elles (1).

Je crois inutile de produire d'autres exemples ; la différence que je viens de signaler se fait aisément sentir ; qu'y a-t-il en cela d'étonnant? dira-t-on : le genre des uns est un genre solennel, tandis que l'éloquence du missionnaire est naturellement plus simple ; la distinction des genres explique la distinction des méthodes, à quoi bon faire ressortir cette différence? Il m'a semblé qu'il n'était pas sans utilité de la signaler. N'y a-t-il pas en réalité quelque confusion dans les genres ? Je me suis demandé bien des fois si les combinaisons de Bourdaloue, par exemple, si sa manière de parler en une seule fois d'une vérité souvent complexe, et de changer toujours d'objet, n'étaient pas un peu imitées dans les sermons faits à dessein pour être le modèle et la source de la prédication populaire. N'existe-t-il pas des recueils de prônes, d'homélies, où ces sortes de compositions offrent une grande analogie avec les discours du genre solennel, où chaque sermon embrasse un sujet différent, où enfin aucun lien ne rattache l'une à l'autre ces leçons familières de religion et de morale ?

L'ordonnance du discours, chez Bourdaloue, c'est-

---

1. *Voir ci-dessus*, page 75.

à-dire, cette marche de front, régulière, progressive, cette ligne de raisonnements invincibles, unis par d'indestructibles anneaux, est assurément excellente, mais en son lieu. Marmontel a distingué trois sortes d'auditoires : la cour, le monde, et le peuple, et il a cherché à fixer le genre d'éloquence qui leur convenait respectivement (1). Je conçois qu'en présence de la cour, ou d'un auditoire éclairé, un sermon de Bourdaloue produisît le plus grand effet : « Il m'a souvent ôté la respiration, disait madame de Sévigné, en parlant de ce prédicateur illustre, par l'extrême attention avec laquelle on est pendu à la force et à la justesse de ses discours, et je ne respirais que quand il lui plaisait de finir. » Qui peut suivre, en effet, jusqu'au bout cette rigoureuse logique, et entrer dans ces convaincantes raisons, en sera à la fin comme accablé. Encore faut-il dans le prédicateur un génie capable de mettre en pratique cette puissante méthode : c'est par la netteté saisissante du raisonnement, l'ordre des idées et la clarté du langage qu'il doit soulager l'attention longtemps soutenue de l'auditoire. « L'ordre, a dit excellemment Fénelon, est ce qu'il y a de plus rare dans les opé-

---

1. *Éléments de Littérature*, au mot *Chaire.* — *Œuv. comp.*, p. 222.

rations de l'esprit : quand l'ordre, la justesse, la force et la véhémence se trouvent réunis, le discours est parfait. *Mais il faut avoir tout vu, tout pénétré, tout embrassé, pour savoir la place précise de chaque mot; c'est ce qu'un déclamateur livré à son imagination et sans science ne peut discerner* (1). »

Le prédicateur qui se trouve en présence d'un auditoire populaire doit, ce semble, employer un autre procédé : ne présenter qu'une seule idée, la mettre en tout son jour, moins par le raisonnement que par de vives images, la développer avec cet art naturel de l'homme qui cause librement : telle est la méthode qui convient à des auditeurs peu accoutumés à tendre longtemps leur esprit et à prêter une sérieuse attention à des sujets étendus. Le genre du P. Lejeune trouve ici toute son application.

Si j'en croyais même un judicieux critique, il faudrait prêcher ainsi non-seulement au peuple mais un peu à tout le monde : « Il me semble, dit La Bruyère, qu'un prédicateur devrait faire choix dans chaque discours d'une vérité unique, mais capable, terrible ou instructive, la manier à fond et l'épuiser;

---

1. Fénelon, *Lettre à l'Académie*.

abandonner toutes ces divisions si recherchées, si retournées, si remaniées et si différenciées ; ne point supposer ce qui est faux : je veux dire que le grand ou le beau monde sait sa religion ou ses devoirs ; et ne pas appréhender de faire ou à ces bonnes têtes ou à ces esprits si raffinés des catéchismes : ce temps si long que l'on use à composer un long ouvrage, l'employer à se rendre si maître de sa matière, que le tour et les expressions naissent dans l'action et coulent de source (1). »

Et les paroles suivantes de Fénelon n'expriment-elles pas le même sentiment ? « Tout le discours est un, il se réduit à une seule proposition mise au plus grand jour par des tours variés. Cette unité de dessin fait qu'on voit d'un seul coup d'œil l'ouvrage entier, comme on voit de la place publique d'une ville toutes les rues et toutes les portes, quand toutes les rues sont droites, égales en symétrie. Le discours est la proposition développée ; la proposition est le discours en abrégé :

Denique sit quodvis simplex duntaxat et unum (2). »

Le même auteur se plaint encore qu'il n'y a que la religion qu'on n'enseigne point par principes et

1. Chap. XV, *De la Chaire*.
2. *Lettre à l'Académie*.

avec méthode : « Les fidèles, dit-il, n'ont pour instruction que des sermons vagues et détachés », et il voudrait « qu'un prédicateur expliquât, assidûment et de suite, le détail des Évangiles et des mystères (1). »

§ III. *Des divisions dans les discours du P. Lejeune.*

Un sermon un peu long a besoin d'être divisé : la matière l'exige impérieusement ; vous ne pouvez composer un discours de quelque étendue sans y admettre des considérations qui, tout en se rapportant à l'idée principale, ont entre elles de sensibles différences; ces différences le partagent naturellement. Les divisions bien faites soulagent le prédicateur ; elles servent à l'éclairer dans sa marche, et empêchent la confusion de ses idées ; l'auditeur y trouve aussi son avantage, il suit sans peine le fil du raisonnement, et peut mieux dès lors se pénétrer des vérités dont on l'instruit. Si le sujet que vous traitez n'est qu'un point, pour ainsi dire, il ne demande pas des divisions compliquées ; cela se conçoit : vous n'avez devant vous qu'un même ordre, qu'une même famille d'idées, qu'une série de détails de la même nuance ; il ne

---

1. *Dialogues sur l'Éloquence*, IIIe, passim.

s'agit plus précisément de classer, de créer des catégories distinctes, mais plutôt de distribuer sagement, raisonnablement votre manière ; de marquer à chaque chose sa place et son rang ; tel est le cas du P. Lejeune : il s'attache ordinairement à un sujet fort restreint, dont il détermine parfaitement le contour ; quel sera le genre de ses divisions, sinon la simplicité même ? C'est, en d'autres termes, l'ordre et la disposition naturelle des pensées, que la réflexion produit, dans un cadre unique, c'est un arrangement facile, qui s'est fait presque de lui-même sous l'œil de l'esprit et où rien ne sent le travail ni l'artifice. Si le prédicateur établit une division, c'est moins pour les besoins ou l'agrément du sujet, que pour soulager sa mémoire : « La méthode qui est gardée en ces sermons, dit-il lui-même, est pour aider la mémoire, et non pour user d'artifice ; car j'ay remarqué que le mouvement du Saint-Esprit joint à une éloquence naturelle et naïve persuade mieux que la rhétorique artificielle (1). » Cet aveu ne semble-t-il pas échappé à la plume de Fénelon, tant il paraît exprimer les sentiments de l'illustre critique ? Il existe entre Fénelon et le P. Lejeune une certaine confor-

---

1. *Avis aux jeunes Prédicateurs.*

mité de goût. Quelle élévation dans leurs vues, et quel désintéressement dans leurs œuvres ! Quel amour du sublime familier et du beau simple ils ont porté dans l'éloquence ! La lecture des Sermons du P. Lejeune m'a souvent rappelé à l'esprit les ingénieux aperçus de Fénelon. Je ne veux pas assurément mettre en parallèle l'élocution défectueuse de l'humble missionnaire et la langue si pure de l'auteur de Télémaque ; mais on sait combien d'idées neuves et hardies se trouvent mêlées, dans les œuvres didactiques du célèbre écrivain, aux plus sages préceptes sur l'art oratoire : les Dialogues sur l'Éloquence, la Lettre admirable à l'Académie renferment les plus utiles leçons pour former l'orateur quel qu'il soit, et pour diriger le prédicateur dans l'exercice de la parole sainte. Il m'a semblé que ces leçons et ces préceptes trouvaient souvent leur application dans les pages de notre sermonnaire. Ce que Fénelon recommande surtout à l'homme chargé de porter la parole en public, c'est l'ordre dans le discours : « Quiconque, dit-il éloquemment, ne sent pas la beauté et la force de cette unité et de cet ordre n'a encore rien vu au grand jour ; il n'a vu que des ombres dans la caverne de Platon (1). » L'amour

1. *Lettre à l'Académie.*

de cette rare qualité le pousse même jusqu'à proscrire les divisions dans les sermons : « B. Puisque vous aimez tant l'ordre, dit un de ses interlocuteurs, les divisions ne vous déplaisent pas. A. Je suis bien éloigné de les approuver. B. Pourquoi donc? ne mettent-elles pas l'ordre dans le discours? A. D'ordinaire elles y en mettent un qui n'est qu'apparent. De plus elles dessèchent et gênent le discours; elles le coupent en deux ou trois parties qui interrompent l'action de l'orateur, et l'effet qu'elle doit produire : il n'y a plus d'unité véritable ; ce sont deux ou trois discours différents qui ne sont unis que par un lien arbitraire (1). »

Il ne m'appartient pas de critiquer ici la théorie de ce grand écrivain, qui pourra paraître excessive. Quoi qu'il en soit de la vérité de ce sentiment, je suis persuadé que si Fénelon avait eu à juger la méthode du P. Lejeune, il n'eût point blâmé la manière dont il établit son plan. On ne peut dire en effet que chez lui *les divisions nuisent à l'unité* du discours, ni que ces divisions sont *deux ou trois discours différents, unis par un lien arbitraire.* Si le P. Lejeune promet une division en commençant, rarement il la fait sentir dans le cours du sermon ; le plus souvent

1. *Dialogues sur l'Éloquence,* IIe.

il passe d'une partie à l'autre sans s'arrêter, sans même avertir l'auditeur qu'il aborde un nouvel ordre de considérations, tant la succession des idées est naturelle, tant le discours entier coule comme de source !

Vous trouvez, après l'invocation à la Vierge, une idée sommaire du sermon (*idœa sermonis*) où est indiqué le plan de l'orateur ; cette sorte de canevas est un peu rédigé à la manière de l'époque, avec l'appareil scolastique : il semble souvent que le P. Lejeune va procéder comme un théologien, c'est-à-dire prouver une vérité par le témoignage de l'Ecriture Sainte, des Pères et de la raison : Entrez, pour bien juger sa méthode, dans le fond du sujet qu'il traite, et vous verrez qu'il se développe largement, aisément, abondamment, à l'aide de tournures faciles et liantes, et de transitions heureuses ; il faut se souvenir que la forme du canevas n'existait réellement que dans la mémoire du prédicateur. « Le P. Lejeune, dit Tabaraud, possédait l'art de faire apercevoir la liaison de toutes les parties du discours de son sujet, d'en tirer des leçons de conduite, et de montrer qu'elles ont leur fondement sur la foi et sur les plus hauts mystères. » — « On remarque, dit-il encore dans ses Sermons, la régularité du plan, et une simplicité qui n'exclut point une certaine élévation (1). »

L'ordre qu'il a suivi n'est pas le même partout ; il est facile de le comprendre : chaque sujet a ses propriétés et ses exceptions ; ce qui ne permet pas d'appliquer toujours le même plan, un plan invariable et uniforme. Essayons pourtant de donner une idée du procédé du P. Lejeune, en donnant quelques exemples : le plan de tous ses sermons se réduit, en général, à l'exposé d'un principe ou d'un fait, et aux conséquences qui en découlent ; il commence par donner un enseignement positif, d'où il tire une moralité solide. Dans les sermons qui tendent plus directement à agir sur la volonté, la méthode est la même : les leçons de conduite reposent toujours sur une vérité dogmatique. Le témoignage de Tabaraud, que j'ai cité plus haut, vient à l'appui de ce que j'avance.

Si l'idée principale n'exige pas une longue exposition, elle devient le sujet du premier point avec les preuves qui servent à la fortifier ; puis le prédicateur en fait l'application dans un second point ou dans la conclusion aux mœurs et à la pratique ; lisez le Sermon qui traite de la spiritualité de l'âme : il établit

---

1. *Vie du P. Lejeune, préface*, p. III. — Voir la *Biographie universelle*, Art. P. Lejeune.

cette vérité importante dans un seul point, et il s'élève dans la conclusion contre ceux qui méprisent l'âme du prochain, et qui ne s'occupent point de la leur (1).

Ailleurs, la moralité commence au second point : par exemple, l'orateur, voulant montrer que le péché offense la grandeur de Dieu, cherche en premier lieu à donner une idée des perfections divines : cette connaissance étant établie, il fait voir, dans le deuxième point, toute la malice du péché, et « il faudroit, dit-il en terminant, déplorer ce mal par les larmes les plus abondantes : » c'est là la conclusion (2).

Ordinairement les raisons qui accompagnent le principe posé dès le commencement ne peuvent être renfermées dans une seule division, et se développent dans deux ou trois points : ainsi l'importance du salut (3) est prouvée par deux sortes de raisonnements ; l'un se tire du côté de Dieu, — c'est le premier point ; l'autre du côté de notre âme, — c'est le deuxième point ; le sermon se termine par un vif exposé des conséquences pratiques qui découlent de ces enseignements.

1. Tome I.
2. Id.
3. Id.

Ce dernier procédé est habituel au P. Lejeune ; mais quelle que soit la nature du sujet qu'il traite, il fait briller tout d'abord une vérité doctrinale, instructive, en qui reposent l'unité et la force du discours ; pour bien en juger, il faut lire attentivement le début, et avoir soin de se placer au point d'où il faut regarder ; vous verrez que toutes les pensées du discours suivent une direction unique, celle qui leur est imprimée dès le commencement ; en tête paraît l'idée générale, à laquelle les autres se rapportent, où l'on monte, d'où l'on descend, et qui trouve enfin son application pratique dans la conclusion.

Quelquefois le prédicateur, en exposant cette vérité fondamentale, la rattache à un fait historique ; j'aime cet enseignement rendu sensible et popularisé par les récits de l'Écriture et par les Traditions sacrées : tantôt je découvre la nature de la foi et le mérite de son sacrifice dans l'obéissance d'Abraham ; tantôt j'entrevois la grandeur de Dieu dans l'œuvre merveilleuse de la création, ou sa justice, quand elle s'exerce sur le premier homme, sur le fratricide Caïn, sur la ville de Sodome, et enfin sur la personne elle-même du Sauveur; ailleurs la vertu et la puissance de la prière me sont tout d'abord représentées par l'exemple de l'humble Chananéenne... Fénelon a remarqué qu'une des beautés de Platon est de mettre d'ordinaire dans le commencement de ses ouvrages de morale des histoires et des traditions qui sont comme le fondement de toute la suite du discours. Cette méthode, ajoute-t-il, convient bien davantage à ceux qui prêchent la religion ; car tout y est tradition, tout y est histoire, tout y est antiquité (1). » Il est à regretter que le P. Lejeune ne l'ait pas toujours mise en pratique.

A propos des divisions qu'il établit, j'ai tenu à faire remarquer la manière dont il procède en chaque sujet, son point de départ, la marche qu'il imprime au discours, et le but où il tend : sa méthode, qui unit si étroitement la morale au dogme, a été diversement observée par les autres prédicateurs : ils s'en sont rapprochés ou éloignés, suivant les circonstances au milieu desquelles ils ont été appelés à vivre, ou selon le goût personnel qui les entraînait.

Massillon recommandait, dit-on, l'étude de notre sermonnaire aux prêtres chargés du ministère évangélique, et il en a lui-même profité (2) ; il y a puisé des matériaux pour la composition de ses discours ;

---

1. *Dialogues sur l'Éloquence*, II°.
2. « Massillon n'était que huit jours à composer un sermon. Cette grande facilité lui venait de l'étude qu'il avait faite de

il est facile de le montrer par des exemples : ce n'est pas à dire que ce prédicateur célèbre commît des plagiats ; il imitait, comme font tous les grands écrivains, avec un esprit créateur : il s'appropriait les pensées d'autrui, les tranformait, leur donnait son empreinte et en faisait ainsi une œuvre personnelle.

Mais si Massillon a profité des sermons du P. Lejeune, si, plus d'une fois, il s'est inspiré de ce prédicateur si original et si fécond, il n'a pas adopté sa manière de prêcher ; on ne doit pas confondre le genre de ces deux orateurs, qui ont entre eux de sensibles différences.

Massillon s'applique principalement à découvrir ces malheureux prétextes que l'amour-propre trop ingénieux ne manque jamais de suggérer pour secouer le joug de la loi, et, après les avoir découverts, il en fait sentir avec force l'illusion.

Le P. Lejeune établit d'abord les principes dans une lumineuse exposition ; il les fortifie par les raisons les plus solides, mais s'il procède un peu en théologien, il parle toujours en orateur.

L'un part de l'observation morale, et suit dans ses

---

ceux du P. Lejeune de l'Oratoire. Ce sermonnaire, disait Massillon, est un excellent répertoire pour un prédicateur, et j'en ai profité. » *Histoire des Rév. de la Républ. des Lettres*, tom. II. — *Voir la note IV, à la fin.*

discours la direction que cette étude lui a donnée : il médite son sujet toujours en regard du cœur humain, et il le traite d'après les résultats de cette vue comparative.

L'autre s'attache avant tout à expliquer les maximes générales ; il envisage son sujet en lui-même, indépendamment de toute considération pratique, sauf à faire ensuite l'application des principes établis.

Le premier, supposant dans l'auditoire la connaissance des vérités essentielles, ou les établissant en deux mots, cherche les raisons par lesquelles, chacun en particulier, sans contester l'existence de la loi, ni la nécessité de lui obéir, se met dans le cas de la dispense ; il cherche, il trouve la source de ces raisons dans les passions humaines que nous voulons servir au prix même de notre salut, et, s'élevant contre ces passions qui nous trompent, il semble dire à ses auditeurs : Cessez d'être vicieux, et vous cesserez d'opposer de vains prétextes à l'observation de vos devoirs.

Le second procède, au contraire, comme si ceux qui l'écoutent ignoraient les principes fondamentaux, ou leur étaient opposés ; il les instruit avec soin, et donne à sa parole une tournure familière pour faire pénétrer plus facilement dans les âmes la lumière de la vérité, sans oublier pourtant de détruire les préjugés qui en arrêteraient l'efficacité.

Massillon a l'éloquence du cœur; il lui fait sentir le charme et la beauté de la vertu par les plus aimables peintures; il le détourne au contraire du vice, en le montrant triste et odieux.

Le P. Lejeune fait voir la nécessité pour l'homme raisonnable d'obéir à Dieu, et de se soumettre au joug de la loi; mais cette nécessité devient douce et facile, ce joug devient léger à qui consent de le subir.

Ces deux méthodes offrent les plus grands avantages; cependant elles peuvent avoir leur excès : si, prenant comme Massillon votre point de départ dans l'étude du cœur humain, vous perdez de vue les principes qui fixent et qui sanctionnent les devoirs, vous ne ferez plus que des peintures de mœurs; vous serez un observateur exact, un habile moraliste, vous ne serez plus un prédicateur; et l'histoire l'a bien prouvé : après Massillon, les orateurs de la chaire voulurent apparemment marcher sur ses traces; mais les circonstances, le goût dominant de l'époque les éloignèrent de ces vérités fondamentales qu'il n'avait, lui, jamais oubliées : « La chaire, dit le cardinal Maury, descendit de sa haute région à une morale purement humaine... Au lieu de tableaux oratoires, on faisait des portraits (1). » Marmontel engageait les prédicateurs à prêcher la morale, et quelle morale ? on devait, selon lui, inspirer aux hommes, la bonté, l'indulgence, la bienveillance mutuelle, la bienfaisance active, la tempérance, l'équité, la bonne foi, l'amour de l'ordre et la paix... (2) » On ne suivit que trop cette fausse direction : « S'accommodant au goût de l'auditoire, les orateurs sacrés fuyaient tout ce qui se rapprochait du dogme et des principes positifs de la religion... La religion n'était employée que comme un accessoire (3). »

Si au contraire, en suivant la méthode du P. Lejeune, vous vous tenez exclusivement à l'enseignement doctrinal, sans étudier les dispositions morales de vos auditeurs, sans consulter leurs sentiments et leurs passions, il vous sera difficile de leur faire

---

1. *Essai sur l'Éloquence de la chaire*, chap. XXIV. « L'ancienne et belle manière, dit-il encore, des grands maîtres qui avaient créé une école si révérée et si illustre fut remplacée par le bel esprit, par le philosophisme, par le mauvais goût... par la manie de réduire toute la morale à la bienfaisance, mot nouveau, dont on fit, pour ainsi dire, le sobriquet de la charité. On s'efforça de traiter philosophiquement les sujets chrétiens, et chrétiennement les sujets philosophiques, en les ralliant ou en les suspendant le mieux qu'on put à l'étendard de la religion. » *Ib., id.*

2. *Éléments de Littérature, Chaire.* — Œuv. comp., p. 226.

3. Barante, *Tableau de la Littérature au XVIIIe siècle*, édit. Charpentier, p. 217.

goûter les fruits de cet enseignement, et de les amener au but que vous vous proposez, c'est-à-dire à le leur faire pratiquer. Parmi les prédicateurs contemporains du P. Lejeune, quelques-uns tombèrent dans cet excès, et ceux-là ont mérité le reproche d'avoir introduit dans leurs discours la sécheresse et les subtilités de l'école plutôt que les mouvements d'une véritable éloquence.

§ IV. *Comment le P. Lejeune développe le sujet de ses discours.*

J'ai essayé de montrer le tissu, l'enchaînement des idées dans les sermons du P. Lejeune ; en d'autres termes, j'ai tâché de saisir le plan primitif, tel que l'auteur le conçoit généralement ; mais cette esquisse a été revêtue de lumière et de couleur ; ce premier dessin a reçu les développements de tout genre que l'orateur donne à sa pensée: c'est cette extension, cette amplification des parties du discours que je dois considérer maintenant pour compléter mon travail. Je ne ferais connaître l'orateur qu'à demi si je n'ajoutais à l'exposition de sa méthode dans le choix et la disposition des sujets un aperçu sur la manière dont il les développe.

L'éloquence sacrée a deux sources principales de

développements : l'Écriture Sainte et les Pères ; les prédicateurs vraiment dignes de ce nom y ont toujours abondamment puisé. Dans les premiers siècles de l'Église, ceux qui étaient chargés du ministère de la parole s'attachaient à expliquer le texte des Saintes Écritures ; insensiblement on prit la coutume de ne plus suivre toutes les paroles de l'Évangile ; on n'en produisit plus qu'un seul endroit, qu'on nomme le texte du discours ; mais pour bien faire entendre la force de ce texte, il faut expliquer les paroles qui le précèdent et celles qui le suivent, et mettre également à profit les passages qui ailleurs renferment les mêmes vérités (1). En un mot, si l'orateur sacré n'est plus assujetti à donner une explication suivie du texte des Saintes Écritures, il est toujours nécessaire qu'il en prenne l'esprit, le style et les figures, et que ses discours en donnent l'intelligence et le goût. « Il « n'en faudrait pas davantage, dit Fénelon, pour être éloquent ; car ce serait imiter le plus parfait modèle d'éloquence (2). »

Le P. Lejeune, dans la composition de ses Sermons, s'est toujours largement inspiré de la Sainte Écriture ; il y a peu de prédicateurs qui en fassent, comme lui,

1. Fénelon, *Dialogues sur l'Éloquence*, IIIe, vers la fin.
2. *Dialogues sur l'Éloquence*, IIIe, vers la fin.

un usage aussi fréquent ; on sent qu'il l'avait longuement méditée, et qu'il s'y était enrichi de la plus pure doctrine. Il ne se contente pas de citer les textes les plus connus ; il en produit mille autres, non moins expressifs, mais plus cachés, et qu'il a su, explorateur habile et expérimenté, noter au passage, et dont il rehausse son sujet. L'Écriture n'est point pour lui un ornement accidentel ; il ne la cite point après coup, ou par bienséance ; elle est l'âme de ses discours quel qu'en soit le sujet. Je comparerais volontiers le célèbre oratorien à ce docteur dont parle l'Évangile, parfaitement instruit de ce qui regarde le royaume des cieux, qui est semblable à un père de famille puisant dans son trésor des choses anciennes et nouvelles, pour les distribuer à ses enfants, selon leurs besoins (1). « Un seul passage de la Sainte Bible, dit-il lui-même, a plus de force sur l'esprit des chrétiens que cent raisonnements humains ; ne craignez donc pas de la prescher toute pure (2). » Et ailleurs : « Quand vous preschez par raisonnemens humains, quelque puissans et emphatiques qu'ils soient, les auditeurs peuvent y parer par d'autres raisonnemens ; quand vous avez l'Écriture en main,

---

1. *Saint Matthieu*, chap. XIII, v. 52.
2. *Avis aux jeunes prédicateurs.*

il n'y a point de chrétien qui puisse y résister (1). »
En terminant une mission, il disait à ses auditeurs
avec une certaine confiance : «... Priez Dieu quelquefois pour celuy qui a eu l'honneur de vous annoncer la parole de Dieu en cette mission. Je suis
assuré de l'avoir fait avec beaucoup de vérité, car
j'ai tiré de l'Écriture Sainte, des Saints Pères et des
Conciles ce que je vous ai presché (2). »

Il mêlait dans son style les figures simples et touchantes de la nouvelle loi et le langage poétique, enflammé, de l'ancienne ; voulait-il instruire ? il puisait
dans le Nouveau Testament les comparaisons familières, les naïves et gracieuses paraboles ; fallait-il
émouvoir l'auditoire par un langage plus véhément ?
il empruntait alors les paroles des prophètes. Il aimait à s'inspirer du Psalmiste et du prophète Jérémie,
qui lui prêtaient leurs accents sublimes, leurs magnifiques images soit pour publier la gloire du Très-Haut, soit pour peindre les joies intimes de l'âme qui
vit en paix avec Dieu, ou ses tristesses et sa désolation quand elle en est abandonnée.

On sait quelles ressources offrent au prédicateur
les écrits des Saints Pères : ces grands hommes sont

1. *Sermon XV*, tome IX, 2° point, F.
2. *Sermon LXXVII*, tome II, conclusion.

avant tout les interprètes éclairés, éloquents, du sens des Écritures; de plus, leur génie naturellement élevé, s'appliquait sans cesse à de profondes méditations, et découvrait à travers les ombres mêmes de la foi et des mystères de magnifiques et sublimes aperçus. On trouve dans leurs ouvrages une foule de pensées admirables, de jugements exquis, de sages réflexions, souvent développés avec une simplicité toute populaire. Le P. Lejeune a puisé abondamment à cette source; mais il cite de préférence saint Augustin, « qui, doué de l'esprit de sapience et d'un entendement tout de feu, va toujours à la source et au premier principe de toutes choses »; saint Jean Chrysostôme qui lui fournit de hautes et solides pensées, de nobles et gracieuses images; saint Thomas, « dont la profonde et salutaire doctrine lui sert de flambeau dans tous ses discours. » Il recommande la lecture de leurs ouvrages aux jeunes prédicateurs; et il indique même quelque part les endroits de ces livres que l'on doit consulter de préférence.

L'érudition du P. Lejeune présente un caractère remarquable et vraiment original, que je tiens à faire ressortir : on n'a pas oublié la manière dont il détermine la matière de ses Sermons; on sait qu'il n'embrasse point un sujet dans sa plénitude, et qu'il ne cherche point à le présenter sous son aspect le plus flatteur. Apôtre d'une vérité souvent inconnue, il veut l'enseigner sous toutes ses faces, et peu à peu ; il s'attache à un détail, et il n'est point rebuté par l'exiguïté, le dirai-je? par l'ingratitude du sujet. Que de fois, en effet, craignant de lasser un auditoire, dont il comprend à merveille l'intelligence et la capacité, et renonçant à de nouveaux sujets de développements, il s'arrête, et remet au lendemain la suite du discours; cependant il fallait nourrir, féconder ces quelques éléments, ailleurs souvent oubliés, et formant ici le fond même de son instruction. Il fallait remplir dignement, éloquemment, ce cadre si restreint, en un mot revêtir d'une chair substantielle et colorée ces formes étroites et raccourcies. Le P. Lejeune n'a jamais failli à sa méthode : toujours neuf, abondant, original, il suffit à tous les sujets, même les plus pauvres en apparence; il trouve dans les trésors de son érudition de quoi les enrichir et les développer magnifiquement.

Rien sans doute n'est petit dans ses enseignements; tous ces détails dont il veut nous instruire ont leur importance et leur grandeur; toutefois on n'en juge point ainsi au premier aspect : pour les voir, pour les comprendre dans leur valeur respective, dans les rapports qui les unissent à de sublimes vérités, avec ce rayonnement divin qui les environne, il faut réunir les lumières éparses dans les Saintes Écritures et dans les ouvrages des Saints Pères qui les rehaussent et les illuminent, assembler tous ces rayons comme en un faisceau, et regarder ensuite à travers ce prisme éclatant.

Le vrai mérite des Sermons de ce prédicateur est de présenter les plus humbles vérités au milieu des enseignements pressés de l'Écriture et des Pères, et de les montrer ainsi dans toute leur beauté.

J'ai indiqué le trésor où puisa le P. Lejeune pour enrichir ses pensées, et pour donner à ses discours de la force et de la dignité; mais ce ne sont point là les seules ressources qu'il sut mettre en usage; il connut l'art ingénieux de l'amplification; ce moyen puissant lui servit à étendre sa matière, à l'orner, et à l'éclairer dans toutes ses parties.

Il ne suffit pas à l'auditeur de comprendre et de voir; il faut que la vérité s'insinue et entre profondément dans son âme, pour qu'elle y agisse avec plus d'empire; la réflexion produit cet excellent effet : par elle, l'homme s'applique à considérer plus attentivement l'objet qu'il a en vue; il le tourne et le retourne dans son esprit, qui en reçoit à la fin comme la vive empreinte ; mais comme tout le monde n'a pas l'habitude de la réflexion, l'éloquence vient au secours de ceux qui n'en ont pas l'usage ; elle fait elle-même le raisonnement, et le fait goûter de ceux qu'elle veut persuader ; et ici encore il faut venir en aide à la plupart des auditeurs ; pour que l'on demeure convaincu des raisons produites par celui qui vous parle, il est nécessaire d'en saisir jusqu'au bout la force et l'enchaînement ; or cette contention d'esprit, cette attention soutenue n'est que le partage du petit nombre. L'orateur populaire devra donc varier ses discours, et changer par intervalle la forme de ses raisonnements ; semblable à un général d'armée, qui tantôt range ses troupes dans un déploiement régulier, et tantôt les dispose en colonne d'attaque, il doit lui aussi rompre la ligne uniforme de ses arguments, pour les présenter dans un ordre plus incisif ; le discours fait alors sentir sa pointe à l'auditeur le moins appliqué.

Le P. Lejeune excelle à diversifier son langage et à donner à ses pensées cette action pénétrante qui ouvre l'accès de l'esprit et du cœur. Il épuise tous les modes d'amplification fournis par la rhétorique. Tantôt il a recours à l'énumération des parties : voici un exemple qui montrera combien ce tour devient fécond sous sa plume.

Un philosophe aura bientôt dit que l'amour des richesses est un sentiment qui trouble le cœur humain et le remplit d'inquiétude. Le prédicateur, s'attachant à décrire toutes les circonstances propres à faire ressortir cette pensée, s'exprime différemment : « Quand vous aymez les richesses, Jésus vous dit que vous aymez des espines... espines qui déchirent vostre pauvre cœur de mille soucys, inquiétudes et peines d'esprit. En quelques postures que vous vous mettiez, quoy que ce soit qui vous arrive, vous estes toujours dans les espines : quand vous aymez les biens, ou vous en auez, ou non : si vous n'en auez point, vous estes affligé de n'auoir ce que vous aymez; si vous en auez, vous estes toujours en crainte qu'on ne vous desrobe, qu'on ne vous trompe, qu'on ne vous fasse banqueroute; si vous gardez vostre argent, vous estes en peine de voir qu'il ne vous profite : si vous le mettez à profit, vous estes en peine de peur que vos débiteurs deuiennent insolvables : si l'année est mauvaise, vous estes triste parce que vous ne fairez si belle moisson et vendange que vous desireriez; si l'année est bonne, vous estes triste, parce que vous ne vendez si cher vostre bled et vostre vin, comme vous souhaiteriez : si vous n'avez point d'enfant, vous estes fasché de n'avoir personne à qui laisser vos moïens ; si vous en auez, il vous est fascheux de desbourser pour eux, et de despenser ce que vous aymez...... »

« Quel profit tirez-vous de vos biens ? fort peu, ou point du tout. Vous espérez en recueillir quelque repos et contentement, et cela n'arriue point : vous n'estes jamais content de ce que vous auez ; vous estes toujours affamé et à gueule béante après la nouvelle proye ; vous ne regardez jamais d'où vous venez, mais où vous allez. Vous n'estimez ce que vous auez, mais ce que vous désirez avoir... (1) »

Tantôt l'orateur nous présente un premier objet qui, quoique inférieur aux autres, ne laisse pas d'être considérable ; de là il monte à un autre objet plus important, même à un troisième ; c'est une sorte de gradation qui nous élève de deux ou plusieurs degrés et nous conduit à ce qu'il y a de plus excessif (2).

Mais le P. Lejeune amplifie le plus souvent par les

---

1. *Sermon LXVII*, tome VIII, p. 466.
2. *Sermon XXVII*, tome I, p. 528. On peut voir un exemple fort remarquable de ce genre d'amplification au Sermon LXXXIV, tome III, p. 119 et suivantes : De l'amour que Jésus-Christ nous a témoigné dans l'Eucharistie.

comparaisons (1) ou par les contraires, c'est-à-dire en faisant ressortir vivement des rapports d'analogie ou des oppositions sensibles ; ce mode d'amplification est admirable pour présenter les objets avec force et pour les mettre dans tout leur jour ; il donne à l'auditeur un exercice très-agréable ; son esprit va et revient de l'un à l'autre tableau, les compare, juge de leur différence ou de leur similitude avec d'autant plus de facilité que la ressemblance ou le contraste les font paraître davantage ; il se pénètre ainsi sans effort des vérités dont on veut le convaincre.

Voici, par exemple, les ingénieuses comparaisons qu'imagine l'orateur pour venger la Providence des reproches que les hommes lui adressent, sous l'impression des maux qui les affligent :

«S'il est expédient pour la beauté et la commodité de l'univers, qu'il y ait tant de diversité de fortunes ; pourquoi est-ce que les bonnes n'arrivent pas aux

---

1. Il y a dans les Sermons du P. Lejeune, comme du reste chez les autres orateurs, deux genres de comparaisons : les unes servent d'ornement au discours, les autres sont employées à titre d'arguments. Cette différence a été signalée par Quintilien : « Præclare vero ad inferendam lucem repertæ sunt similitudines ; quarum aliæ quæ probationis gratia inter argumenta ponuntur, aliæ ad exprimendam rerum imaginem composita, quod est hujus loci (ornatus) propositum. » *Inst. orat.*, lib. VIII, cap. 3.

bons, et les mauvaises aux mauvais ? Pourquoi est-ce que cet homme de bien, qui aimeroit mieux mourir que de commettre un péché mortel est toujours dans les maladies, dans la pauvreté, dans les souffrances et dans les afflictions ? Si vostre enfant n'avoit jamais veu de vin ni de confitures, il murmureroit contre vous, quand vous mettez votre vendange sous le pressoir, ou des cerises sur le feu pour les confire ; il diroit en soy-même : à quoy pense mon père ? est-il endormy, ou est-il hors de soy ? Voilà de si beaux raisins ; il a eu tant de peine à travailler toute l'année pour les faire croître en sa vigne ; voilà de si belles cerises, si fraîches, si bonnes, si douces, si vermeilles et si agréables à la veüe et au goût, et il écrase ces beaux raisins sous le pressoir ; et il flétrit ces belles cerises sur le feu dans une chaudière : ne vaudroit-il pas mieux pendre ces beaux raisins au plancher, nous en mangerions toute l'année ; — et néanmoins cet enfant auroit tort, ce seroient des pensées d'enfant, car il ne considéreroit pas que ces fruits se pourriroient au plancher : au lieu que de ces raisins, écrasez dans le pressoir, on fait du vin pour toute la famille ; et que de ces cerises mises sur le feu, on fait des confitures pour lui réjouir le cœur et lui rafraîchir la bouche quand il sera malade. »

« Quand vous dites : ô que c'est dommage qu'un tel homme de bien soit si longtemps dans les afflictions et qu'il meure de si bonne heure ; ceux qui ne servent de rien au monde ne peuvent mourir, et ceux qui en valent dix mille meurent presque tous en leur jeunesse. Ainsi les payens disoient autrefois : oh ! que c'est grand dommage qu'une si belle fille, Agnès, Agathe, Cécile, Suzanne, soient décapitées et meurent à la fleur de l'âge ! La religion chrétienne est bien impertinente de leur enseigner de livrer aux tourments une si belle créature, et à la mort une vie si précieuse. Ces payens étoient des enfants ; ils ne considéroient pas que Dieu mettoit ces saintes vierges sous le pressoir des tourments, afin de faire de leur sang vn vin pour abreuver les fidesles, et pour cimenter l'Église : car combien y a-t-il de gens qui ne croiroient pas la religion catholique si elle n'estoit scellée par le sang et le tesmoignage des martyrs ? Vous murmurez de ce que cet homme de bien est mis au feu d'une si cuisante maladie, au lieu qu'il mériteroit d'estre élevé dans les honneurs et les plus hautes charges de la République ; vous estes un enfant, vous ne considérés pas que s'il estoit en santé et dans la dignité, peut-estre il se pourriroit et perdroit sa probité, comme les raisins au plancher se pourrissent ; au lieu que, dans l'affliction, il est tout confit au sucre de la dévotion…. (1) »

Enfin on trouve dans les Sermons qui nous occupent un grand nombre d'exemples, de paraboles, d'allégories : ce genre de développements y est assez ordinaire ; une lecture suivie vous en convaincra aisément.

Tels sont, en partie, les moyens qu'emploie le P. Lejeune pour rendre ses discours plus clairs et plus persuasifs ; mais cette exagération de sentiments, d'idées et d'images ne contribue pas seulement à donner plus de force à ses preuves ; elle produit aussi un très-grand effet dans les mouvements pathétiques de l'orateur : je veux dire qu'elle rend ses discours plus solides et plus touchants.

1. *Sermon de la Providence de Dieu,* 2ᵉ point, t. V.

CHAPITRE VI

Suite du chapitre précédent ; — élévation et simplicité du P. Lejeune ; — il aborde et explique tous les sujets ; — Dieu et l'homme ; — les vérités surnaturelles : l'Incarnation, les Sacrements, Baptême et Eucharistie ; — effets de cette prédication.

Je continue d'étudier dans le P. Lejeune le prédicateur familier distribuant chaque jour au peuple chrétien le pain de la parole. Il me sera facile de confirmer par des citations nouvelles les jugements portés sur lui et de faire ressortir une fois de plus les qualités qui le distinguent.

Le P. Lejeune aborde hardiment tous les sujets qui composent le symbole ; il ne croit pas que l'intelligence du peuple doive être fermée aux vérités religieuses d'un ordre élevé ; à ses yeux, il y a toujours moyen de les rendre accessibles aux esprits les plus modestes. Bossuet a fait un ouvrage admirable sur la Connaissance de Dieu et de soi-même, où il s'efforce tout à la fois et de pénétrer l'essence divine, pour nous dévoiler quelques-uns de ses profonds mystères, et de révéler l'homme à lui-même, par une étude anatomique de tout son être. Eh bien ! le P. Lejeune fera connaître aussi Dieu et l'homme, mais à sa manière ; lisez les sermons où il nous parle des perfections divines (1), de la création du corps humain, de la spiritualité de l'âme, etc., etc., et vous verrez sous quelles formes attrayantes et familières il sait traiter ces hautes questions.

Rien n'échappe à sa perspicacité, comme aussi rien ne résiste, si je puis parler ainsi, à la souplesse de son esprit ; on ne sait ce qu'il faut le plus admirer, ou des profondes vérités qu'il expose, ou de l'art infini avec lequel il les tourne en images communes ; toute la théologie est là, théologie de l'Écriture et des Pères, mise à la portée de tous, sans rien perdre de sa sublimité.

Le prédicateur toutefois n'a pas la prétention de nous faire connaître Dieu tel qu'il est; au contraire il constate tout d'abord l'impuissance où l'homme se trouve d'en parler dignement, et la nécessité pour lui de recourir à un langage bas et grossier ; mais Dieu se contente, en sa bonté, de ce langage si imparfait qu'il puisse être :

« Supposons qu'il y ayt un petit garçon, le fils d'un paysan, qui ne soyt jamais sorty de son village,

1. L'orateur se plaint avec raison que ces sujets soient trop rarement traités en chaire. *Sermon XVI*, t. V, *sur la Pureté de Dieu*.

et qui n'ayt jamais veu de noblesse que le seigneur de sa paroisse qui est un baron : quand on luy parleroit de Paris, on ne pourroit le luy représenter autrement qu'en luy disant que c'est un grand village, parce qu'il ne scait ce que c'est qu'une ville, une cité ni un bourg, il n'en a jamais veu ; et quand il parleroit du Roy, il l'appelleroit le baron du grand village, parce qu'il ne connoît pas de plus grand seigneur qu'un baron, ni d'aultre demeure que le village ; il appresteroit à rire à tous ceux qui l'entendroient parler de la sorte. Si le Roy d'avanture passoit par là, n'est-il pas vray qu'il se montreroit débonnaire au dernier point, s'il daignoit parler à ce petit garçon, et si pour s'accomoder à sa bassesse, il disoit : Mon fils, je suis le baron du grand village ; quand vous serez devenu plus grand, venez-moy trouver à Paris, je vous donnerois tout ce que vous voudrez. — Nous sommes comme ce petit garçon et nous parlons comme luy, et les Anges se moqueroient de nous s'ils n'avoient appris de leur maistre à être compatissants et débonnaires pour les hommes. Quand nous parlons de leur demeure, nous l'appelons le royaume des cieux, parce que nous n'avons rien de plus riche et de plus spacieux qu'un royaume. Et quand nous parlons de Dieu, nous l'appelons le Roy des Roys, le

Roy du Ciel, parce que nous n'avons rien veu de plus grand, de plus noble, de plus excellent qu'un Roy ; et Dieu montre sa bonté extrême en ce qu'il daigne nous parler et tenir notre langage grossier ; en son Écriture, il appelle comme nous le paradis un grand royaume ; il se qualifie le Roy du Ciel, et il nous dit en l'Évangile : « Quand vous serez devenus grands en piété, en vertu, en saincteté et en perfection, vous viendrez en mon paradis, où vous mangerez et boirez à souhait dans mon royaume et à ma table.» Il montre en cela sa douceur, voulant bien condescendre et s'accomoder à notre ignorance ; mais notre langage ne laisse pas d'être grossier, bas et ridicule (1)... »

Nous pouvons cependant arriver « à quelque petite, mais bien petite et bien faible connoissance des perfections divines » ; et, par exemple, on y parvient « par voie de causalité et d'éminence ; » le prédicateur explique avec sa clarté ordinaire ces différents raisonnements, véritables « énigmes » pour la plupart des hommes ; je détache quelques extraits qui donneront une idée de son argumentation :

« Saint Paul marque la première voye escrivant aux Romains : Il est vray, dit-il, que Dieu est invisible

---

1. *Sermon XXVI*, tome I.

parce qu'il est un pur esprit ; mais les créatures visibles sont des miroirs fidèles et assurés, où depuis le commencement du monde les hommes qui sont des créatures intelligentes peuvent contempler et descouvrir ses perfections invisibles. On connoit la cause par ses effets, l'ouvrier par ses ouvrages, l'architecte par le bastiment qu'il dresse, le peintre par l'image qu'il forme, et le Créateur par ses créatures.... »

Jetant alors un rapide regard sur le monde, il y découvre les signes éclatants qui nous font voir la sagesse et la bonté du Créateur ; « s'il est vray, dit-il, que personne ne donne ce qu'il n'a pas, nous devons conclure par une conséquence infaillible que les perfections que nous admirons et aimons tant parmy les créatures sont toutes en l'estre de Dieu, comme en la mer toutes les rivières, au soleil toutes les lumières, au centre toutes les lignes, en la source tous les ruisseaux, en un mot, en la cause tous les effets (1).... »

Nous ne connaissons pas seulement les perfections divines par voie de causalité, mais encore par voie d'éminence : « Toutes les perfections sont en Dieu avec éminence, c'est-à-dire d'une manière plus

---

1. *Sermon XXVI*, tome I.

noble, plus excellente, plus parfaite et plus relevée sans comparaison qu'elles ne le sont aux créatures : aux créatures elles ne le sont que par emprunt, en Dieu elles sont par essence ; aux créatures elles sont très-impures et très-imparfaites, en Dieu elles sont très-pures, très-parfaites, et très-accomplies ; aux créatures elles sont bornées, en Dieu elles sont infinies, c'est-à-dire que les créatures n'ont de beauté, de bonté, de force, de sagesse et de richesse qu'autant qu'il plaît au Créateur de leur en donner. Vous rudoyez votre fille parce qu'elle n'est pas si belle que vous le souhaiteriez ; vous avez aversion de votre cadet, parce qu'il n'a pas tant de santé, ny tant d'esprit que vous voudriez : qu'y ferez-vous ? Ils en ont autant qu'il a pleu à Dieu de leur en donner.... Mais Dieu a des perfections autant qu'il en veut, autant qu'on en peut souhaiter, autant qu'on en peut concevoir et encore plus ; parce qu'il les a de soy-même, sans les mandier hors de soy (1). »

L'orateur ne se contente pas de nous faire connaître en général ces perfections adorables, il veut encore nous parler de chacune d'elles en particulier ; rien de plus ingénieux que les procédés qu'il emploie pour les esquisser à nos yeux ; il y a dans son langage

---

1. *Sermon XXVI*, tome I.

peu de locutions abstraites, et si quelqu'une lui vient à l'esprit, il l'éclaircit bien vite par de populaires explications ; les termes dont il se sert sont de l'usage le plus fréquent, comme les objets de ses comparaisons. Voulant nous donner une idée de la puissance de Dieu, il établit une sorte de gradation, qui nous élève de degré en degré jusqu'à l'infini :

« Par sa puissance, Dieu pourroit créer un monde qui seroit si vaste et si admirable, que chaque grain de sable qui y seroit seroit aussi grand et aussi parfait que ce monde qui est devant nos yeux. Pensez combien grand seroit ce monde qui auroit autant de cieux, de soleils, de lunes, de mers et de terres qu'il y a de grains de sables en tout l'univers ; et après qu'il auroit fait le monde, il en pourroit faire un troisième en comparaison duquel le second qu'il auroit créé ne seroit que comme un grain de sable ; et après ce troisième un quatrième, un cinquième, et aussy consécutivement en aussy grand nombre qu'il y a d'atosmes en l'air et de feuilles d'arbres sur la terre. Quand il auroit fait le grand nombre de mondes, il pourroit dire : tout ce que j'ay fait n'est qu'un jev, un essay, un prélude de ce que je veux faire ; puis il pourroit faire mille fois davantage, puis encore mille fois plus, et ainsy jusqu'à l'infiny. »

A ces développements lumineux qui frappent les hommes les plus ignorants et leur font aimer la vérité, le prédicateur ne manque jamais d'ajouter les réflexions morales qui en découlent, montrant par là combien une belle et salutaire doctrine porte d'elle-même à la vertu. Ainsi à propos de l'éternité de Dieu dont il nous entretient, il dira : « Les ambitieux du monde, pour éterniser leur mémoire, font graver leur épitaphe et le narré de leurs exploits sur une lame d'airin ; les anciens, voulant exprimer l'excellence d'un orateur, disoient que ses discours méritoient d'être écrits sur le cèdre, bois incorruptible. Voyez si vos vertus ne doivent pas être plus parfaites ; toutes les bonnes pensées que vous avez, toutes les paroles édifiantes que vous dites, toutes les actions méritoires que vous faites, sont escrites et gravées, non pas sur l'airin, non sur du cèdre, mais en l'estre de Dieu, estre incorruptible, immortel et d'éternelle durée (1). »

Vous rencontrez à chaque pas, dans les Sermons du P. Lejeune, au milieu de l'enseignement le plus pur et le plus élevé, quelqu'une de ces pensées inattendues, originales et fécondes, qui prêtent singulièrement à l'édification et au bien des âmes. Mais avec

1. Sermon XIV, t. V.

lui nous apprenons aussi à connaître l'homme dans la création et la conservation de son être, dans les nobles qualités de son âme ; si l'habile structure du corps humain démontre une fois de plus la sagesse et la puissance du créateur, l'excellence de l'âme atteste sa supériorité sur le corps ; rien de plus instructif et de plus saisissant que cette populaire anatomie de l'homme, mise ainsi à la portée de tous. La spiritualité et l'immortalité de l'âme sont des vérités essentielles, servant de base et de sanction à la morale ; toutefois il semble plus difficile de les faire entendre au commun des esprits; mais le P. Lejeune a des réponses merveilleuses pour les rendre sensibles et les faire toucher au doigt. Le voile impénétrable qui nous cache la vie à venir excite parfois en nous une curiosité inquiète ; nous voudrions pénétrer le mystère qui nous saisit par son obscurité ; le prédicateur console notre foi par une frappante analogie, qu'il redouble et qu'il prolonge avec les traits les plus heureux, et chaque rapport nouveau qu'il découvre confirme cette vérité, que le séjour de l'immortalité est plus souhaitable que celui de la terre.

« Supposons, dit-il, qu'il y ayt un enfant qui ayt l'usage de raison dans le sein de sa mère, et qu'il y ayt communication de pensées et commerce de parole intérieure entre l'âme de cet enfant et celle de sa mère; la mère diroit à son enfant: Mon fils, le lieu où vous estes maintenant, n'est qu'une prison ; mais vous n'y serez pas longtemps, vous en sortirez quelque jour, et vous entrerez en un lieu qui sera beaucoup plus grand, plus spacieux, plus beau, plus commode, plus agréable sans comparaison que le lieu où vous estes : maintenant vous estes logé à l'étroit, et en ténèbres, dans un cachot; après votre naissance, vous serez au large et en la lumière... Vous vous proménerez dans des salles, des jardins, dans des prairies spacieuses : maintenant vous estes tout seul, vous ne communiquez avec personne qu'avec moy; après votre naissance, vous deviendrez grand, vous serez en compagnie, vous converserez avec vos frères, qui sont nez avant vous; maintenant vous ne faites rien sinon que vous croissez, et vous vous nourrissez imparfaitement, sans plaisir, sans sentiment, sans mouvement; après votre naissance, vous aurez l'usage de vos sens, vous verrez un soleil qui est au ciel, de belles fleurs qui sont en des parterres, vous entendrez des musiques harmonieuses, vous sentirez des parfums.... Si la mère disoit toutes ces choses à son fils, il n'en croiroit rien, il ne voudroit pas sortir de son cachot, il diroit qu'il n'est rien tel que de vivre au séjour où il est, que la demeure dont on luy parle est incertaine et douteuse ; il appelleroit mort ce que nous appelons vie ; il ne pourroit comprendre et on ne pourroit luy bien expliquer ce que c'est que la lumière, le soleil, les fleurs, les prairies, et comme tout cela est fait, parce qu'il n'a rien vu de semblable ; il penseroit que tout ce que sa mère luy en dit n'est que fable et amusement : néanmoins nous voyons que c'est la pure vérité, et quand l'expérience ne le feroit pas voir, on le luy pourroit montrer par raison évidente, s'il avoit tant soit peu de jugement ; on luy pourroit dire : Si vous deviez toujours demeurer dans les entrailles de vostre mère, à quel propos, est-ce que la nature qui ne fait rien en vain, vous formeroit ces membres ? S'il n'y avoit point de lumière, de soleil, de fleurs, de viande, de quoy vous serviroient les sens que la nature vous donne pour jouyr de ces objets ? De quoy vous serviroient vos pieds, vostre langue, vos yeux et vos oreilles, si vous ne deviez jamais cheminer, parler, voir, ny écouter ?

« L'Église qui est vostre mère vous dit pareille

ment : Ce monde n'est qu'une prison, bien estroite à comparaison du ciel, au sortir de laquelle vous serez reçu au ciel empyrée, qui est infiniment plus grand, plus beau et plus délicieux que la terre ; vous aurez la conversation des anges et des êtres bienheureux, vous aurez la lumière de la gloire, vous contemplerez Dieu en son essence, vous jouyrez de luy, vous l'aimerez et le posséderez parfaictement. Cependant vous n'en croyez rien, et vous dites : Qu'est-ce que le ciel, les anges, la lumière de la gloire, et l'essence de Dieu ? Vous vous imaginez que ce sont des contes, et néanmoins c'est la vérité mesme : et encore qu'on ne puisse pas bien expliquer ce que c'est, parce qu'il n'y a rien en ce monde qui en approche tant soit peu, cela ne laisse pas d'estre vray ; et si vous aviez un grain de bon jugement, on vous pourroit montrer par de puissantes raisons que cela est. Car vous avez un entendement qui a pour objet les choses purement spirituelles.... une volonté qui ne se remplit d'aucune chose bornée, une inclination qui tend à une vie éternelle et permanente : cependant il n'y a point d'objet purement spirituel en ce monde, point de créature infinie, point de vie éternelle ; puis donc que la nature et la grâce ne font rien d'inutile, et qu'elles vous ont donné cet entendement, cette volonté, cette inclination, il faut qu'il y ait pour vous une autre demeure que ce monde, un séjour auquel vos puissances puissent trouver leur propre objet (1). »

Mais c'est quand il nous parle des mystères de la foi, de la grâce divine, ou de l'excellence des sacrements que notre prédicateur se montre tout pénétré de la sublime théologie de l'Écriture et des Pères ; il est alors en plein surnaturel ; il s'y enfonce pour le contempler à plaisir; il nous découvre ses merveilles cachées, ses splendeurs inconnues; les Pères de l'Église qui avaient profondément médité sur tous ces grands sujets ont fait des réflexions admirables de justesse et d'élévation; le P. Lejeune s'en fait l'interprète et l'écho, tout en leur donnant ce tour incisif qui est le cachet de son esprit.

Vous ne trouverez pas chez lui ces lieux communs que tout le monde répète de bouche ni ces banalités dont on redit l'invariable formule ; l'enseignement qu'il nous donne est cette parole de vie qui se rajeunit et se purifie sans cesse, en se nourrissant de la séve antique, et en s'abreuvant aux sources sacrées.

Lisez ses beaux sermons sur le mystère de l'Incarnation; quelle opulence de doctrine ! et en même

1. *Sermon XXXIII*, tome VI, p. 775.

temps quelle clarté populaire dans le langage ! Comme en nous parlant de ce profond mystère, le P. Lejeune sait étaler à nos yeux toute sa magnificence ! Il ne nous offre, bien entendu, ni une froide exposition, ni une démonstration syllogistique du dogme ; mais la vérité une fois admise il la fait étinceler dans son éclat le plus radieux ; on reconnaît bien là le disciple de Bérulle, si profondément versé dans la théologie du Verbe : « Personne, disait le P. de Suffren, n'a mieux connu Jésus-Christ et ses mystères et n'en a parlé d'une manière plus sublime que M. de Bérulle ; » et pourtant je me demande si le disciple ne fut pas plus éloquent que le maître. Bérulle, si exact et si étendu dans ses belles considérations, fatigue quelquefois l'esprit par ses formules abstraites trop souvent répétées ; le P. Lejeune, au contraire, mettant à profit les richesses de la théologie, sait les faire valoir en orateur ; il envisage son sujet par le côté qui nous intéresse le plus et sans cesser d'être exact, il nous instruit toujours et nous édifie.

Il y a peu de sermons assurément où la pensée de Jésus-Christ ne lui vienne à l'esprit, et ne lui suggère quelque réflexion touchante ; mais je signalerai surtout ceux qui ont pour titre : « *Des œuvres appropriées à la personne du Fils ;* — *Pourquoy le Verbe divin s'est faict chair ;* — *Que Jésus est le vray messie ;* — *Des opprobres du Fils de Dieu en sa passion...* » Là, comme toujours, de vives images viennent charmer l'esprit, en mettant à sa portée, pour ainsi dire, tout ce qu'il peut savoir des conseils de la sagesse divine ; veut-il nous peindre l'union ineffable de la nature humaine et de la nature divine, le prédicateur nous dira : « Il n'y a point de si petit jurisconsulte qui ne sache qu'un arbre transplanté d'un lieu en un autre, s'il y a pris racine, n'est plus au premier maistre du fond ; mais qu'il appartient au maistre du second d'autant que par la nourriture qu'il prend en sa nouvelle terre, il devient en quelque sorte un autre arbre, encore que ce soit la mesme tige, la mesme substance, la mesme âme en son genre et en son espèce, et que comme tel il demeure chargé des mesmes fruits et des mesmes feuilles.... Ainsi la nature humaine du Sauveur est une plante céleste, un arbre transplanté ; la sainte Humanité a esté tirée du fond naturel de la personne humaine qui la debvoit porter et soutenir, elle a esté heureusement transplantée dans le fond propre de l'estre divin et personnel pour y subsister et vivre à jamais.... »

Le prédicateur se demande ensuite pourquoi le Verbe ne s'est pas contenté « d'espouser l'âme qui est spirituelle, mais a espousé la chair, et cela avec tant d'affection, que parlant de cette alliance saint Jean ne parle que de la chair, *verbum caro factum est ;* » et il répond que le Verbe divin s'est fait chair pour rendre à Dieu une complète adoration, et en second lieu pour nous élever et nous anoblir; écoutons le magnifique développement qu'il donne à sa réponse :

« Le corps de l'homme contenant en soy tous les éléments, et le Fils de Dieu ayant pris un corps humain, en se prosternant devant Dieu au jardin des Olives, et ailleurs, il adoroit Dieu d'un hommage infini au nom des hommes, des éléments et de toutes les créatures corporelles; ô mon Sauveur, que vous aviez bien sujet de dire, *Ego honorifico patrem et vos inhonorastis me,* que n'ay-je ici vn livre d'or pur ou de diamant le plus précieux pour y écrire cette vérité ! Supposons qu'un prince souverain vienne trouver le Roy, et que pour luy faire la révérence, il se prosterne en terre au pied de son trône, et qu'il demeure devant luy en cette posture vne heure ou vn jour entier, tousjours collé à terre, ne seroit-ce pas bien s'humilier, et ce Roy n'en seroit-il pas bien honoré? C'est ce que le Fils de Dieu fait à son Père, non durant une heure, un jour ou une année, mais seize cents ans et ce qu'il fera durant toute l'estendue des siècles.....

« Saint Ambroise, et après luy saint Augustin, expliquant ces paroles du Psalme 98, *adorate scabellum pedum ejus*, tous deux presque en même temps disent que l'escabeau des pieds de Dieu c'est la terre, et que cette terre qui est l'escabeau adorable de ses pieds, c'est proprement le corps précieux de la sainte humanité qui est formé de terre comme le nostre. Le Fils de Dieu prenant un corps est en continuelle humiliation devant son Père, il est tousjours vni à cette terre, tousjours attaché à ce marchepied, et ainsi il adore Dieu très-parfaitement, non par des actions passagères, mais par un estat establi et permanent qui durera toute l'éternité comme le mystère de l'Incarnation et de l'vnion hypostatique... Il y a plus à méditer à cela qu'à dire, il y a plus à admirer qu'à méditer; pour l'admirer dignement, il faudroit des cœurs de séraphin et des siècles éternels ; et après cela nous serions paresseux ou honteux de nous humilier devant Dieu, de luy rendre les hommages que nous luy devons, de fléchir les deux genoux en terre, d'aller la teste nüe après le Saint-Sacrement ! »

Ce que j'aime dans l'enseignement du P. Lejeune, c'est la part faite à la piété ; les religieux sentiments de son cœur, on vient de le voir, percent et se font jour, ici par une réflexion édifiante, là par une recommandation salutaire ; ailleurs c'est une invocation, une prière que le prédicateur adresse à Dieu, à la suite d'un raisonnement, ou d'une pressante exhortation, comme un vif témoignage de sa foi et de son amour ; sa parole n'est pas seulement la lumière qui éclaire, mais encore l'urne sacrée d'où s'épanchent le parfum suave de la piété, la bonne odeur de Jésus-Christ.

Il faut lire également ses sermons sur les Sacrements ; quel magnifique tissu de vérités qui se déduisent les unes des autres comme les anneaux d'une chaîne d'or ! quels rapports sublimes entre le ciel et la terre, entre Dieu et l'homme !

« Le principal effet du baptême, dit-il, c'est qu'il nous lie très-heureusement aux trois personnes de la très-sainte Trinité d'une liaison et relation toute particulière, exprimée en ces paroles, au nom du Père et du Fils et du Saint-Esprit ; il nous fait enfants adoptifs du Père, membres de Jésus son fils, et sanctuaire du Saint-Esprit ; mais parce que je serois trop long de traiter tout ceci en un sermon, je le diviseray en trois, et me contenteray de parler aujourdhuy de la filiation que nous avons au regard du Père :

« Saint Jean nous en faict considérer l'excellence ; voyez quelle charité Dieu a exercée en notre endroict, que nous soyons appelés et même que nous soyons en effet les enfants de Dieu : c'est un honneur d'estre le fils d'un comte, et encore plus le fils d'un marquis, et encore davantage le fils d'un duc, d'un prince, d'un roy : quel honneur donc, quel admirable bonheur, quelle dignité incomparable d'estre faict enfant du Roy des roys... »

« Saint Chrysostôme expliquant ces paroles du chapitre Ier de saint Jean, où il est dit que le Fils de Dieu ayant fait l'honneur aux hommes de venir en ce monde pour leur salut, ceux de sa nation qui avoient plus d'intérêt de luy faire bon accueil l'ont méconnu et méprisé, « *in propria venit et sui eum non receperunt* », se demande d'où vient que l'Évangéliste ne parle pas des châtiments qu'ils ont reçeus pour un tel mépris ; il semble qu'il devoit rapporter ou du moins toucher en passant le sac de Jérusalem, la désolation du peuple juif ; il rapporte la plus grande punition qu'ils ont reçeue et qu'ils pourroient recevoir : ils sont privez de cet honneur incomparable que nous avons reçeu d'être faits les enfants de Dieu : *quotquot autem receperunt eum, dedit eis potestatem filios Dei fieri.* »

Grand honneur que nous procure le saint baptême, et ensuite quel magnifique apanage ! « La Foi nous enseigne en premier lieu que Dieu est le Père de Notre-Seigneur Jésus-Christ par nature, que Jésus est enfant de Dieu par nature, et en second lieu que tous ceux qui ont reçeu la grâce dans le baptême sont enfants de Dieu par adoption..... » Dieu le Père dit de vous comme de son fils, « *hic est filius meus dilectus, in quo mihi bene complacui...* » c'est-à-dire il a pour vous un amour de bienveillance, *dilectus*, un amour de complaisance, *complacui....* Par cet amour il vous prépare, il vous procure le plus grand bien qu'il est possible de faire ou de souhaiter à quelqu'un, un bien inestimable, infini, incompréhensible, même bien qu'il se veut à luy-même..... *Si filii et hæredes*, dit saint Paul, la conséquence est très-bonne et bien tirée ; car il y a cette différence entre la filiation naturelle et l'adoption que vous pouvez être enfant de quelqu'un par nature sans être son héritier, votre père vous peut donner une légitime convenable, ou même vous exhéréder dans certains cas : mais vous ne sauriez être fils adoptif de quelqu'un sans être son héritier, c'est une condition essentielle à l'adoption.

« Jésus dira aux prédestinés : « Venez, les bienaymés de mon Père, venez prendre possession de vostre héritage. » Qu'est-ce qu'un héritage ? Qu'est-ce que l'hoirie de quelqu'un ? C'est ce qui le fait riche et opulent ; les propres richesses de Dieu, ce n'est pas de l'or, ni de l'argent, du bétail, des prez, des vignes, ou autres biens de la terre ; autrement il ne seroit riche de toute éternité, il ne seroit opulent que depuis six mille ans ; ses vrayes richesses sont les biens du ciel, sa divine essence, sa possession et jouissance de ses adorables perfections (1). »

Cette éloquente prédication des vérités surnaturelles n'éclaire pas seulement l'esprit, mais encore elle élève l'âme chrétienne par le sentiment des grandeurs nouvelles dont elle est revêtue ; c'est une sorte de ravissement qui nous enlève aux vanités du monde, et nous porte à aimer les dons magnifiques que Dieu nous a faits. A mon humble avis, le ministère de la parole sainte ne profite pas assez de ces précieuses ressources : sans doute on prêche la doctrine surnaturelle, mais il me semble que bien souvent on se contente de l'effleurer ; on récite la lettre d'une sorte de langage convenu et à l'usage de tous, ce qui dispense d'en dire davantage ; mais rarement on en pénètre l'esprit,

---

1. *Sermons sur le Baptême,* tome VI, passim.

et on en savoure le suc divin ; sous prétexte que c'est là un enseignement mystique, et au-dessus de la portée commune, on glisse, pour ainsi dire, sur les grandes et substantielles vérités, pour en venir à l'application pratique, où l'on est plus à l'aise, mais aussi où l'on est moins fort.

Pourquoi n'imiterions-nous pas le langage du P. Lejeune, tout à la fois si solide et si onctueux, où sous des formes saisissantes toujours et accessibles au commun des auditeurs s'étale et surabonde la plus ravissante doctrine ? prenez en main, si vous voulez, ses sermons sur l'Eucharistie ; ce sont là, j'ose dire, de vrais chefs-d'œuvre de théologie affective ; la science des Pères et de l'Écriture s'y trouve concentrée, sous un foyer de lumières ; jamais peut-être ce dogme divin n'inspira à un prédicateur de plus hautes pensées et une pratique plus pieuse ; l'enseignement qu'il nous présente semble nous étonner tout d'abord par ses hardiesses, je dirai presque par ses témérités — tant les pensées de Dieu diffèrent de celles de l'homme ! — mais on sent bien vite qu'il ne renferme que d'incontestables vérités, pleines de lumières, de consolations et d'espérances. Je n'ai que l'embarras du choix pour détacher quelques citations :

« Saint Chrysostôme et les autres Pères nous enseignent que le Fils de Dieu instituant ce sacrement n'a pas fait seulement une imitation, mais une extension, un supplément et une consommation de son Incarnation ; car en l'incarnation, il se lie et s'unit à la nature humaine, mais c'est à une nature singulière, non à chacun de nous ; il espouse une nature semblable à la nostre, et non la nostre en particulier ; il s'allie à notre famille, et non à notre personne ; nous avons affinité avec luy et non pas consanguinité : mais par l'Eucharistie il espouse nostre propre nature en particulier, il s'allie à nostre personne, nous avons affinité et consanguinité avec luy.... »

Et plus loin n'admirez-vous pas cette magnifique et imposante image ? «... Les anciens disoient que Jupiter avoit une chaisne d'or si merveilleuse et si puissante que par elle il pourroit enlever la terre et la joindre à la plus haute sphère du ciel, liant par ses chaisnons les dieux aux hommes et les hommes aux dieux : le Dieu des dieux a permis ces pensées en l'esprit des anciens, comme des ombres de nos véritez, des étincelles de nos lumières, des présages de nos mystères pour les préparer à la créance de la foy.... Disons, nous, qu'il y a une chaisne rare, admirable, précieuse et excédant toute valeur, par laquelle le Père éternel lie et conjoint dès cette vie le corps mortel et terrestre des hommes à l'essence supresme de la Divinité : chaisne composée de trois chaisnons entez et attachez l'un à l'autre ; le premier, c'est la résidence essentielle et substantielle de la Divinité du Père en la personne du Fils par la génération éternelle ; l'autre, c'est la résidence substantielle et personnelle du Fils de Dieu dans le corps de Jésus-Christ, en l'Incarnation ; le troisième est la résidence substantielle et corporelle du corps déifié de Jésus-Christ dans les nostres par l'Eucharistie ; ainsi par certains degrez et échelons, nous sommes unis à l'essence même de Dieu, dès ceste vie, de ceste sacrée et inviolable chaisne en laquelle consiste le nœud et le principal ressort de la religion chrestienne... »

Ailleurs le P. Lejeune nous parle du bonheur que procure aux hommes la sainte Eucharistie : « Vous scavez que les Pères ont coutume de comparer les paroles de la consécration aux paroles de la création : si vous eussiez esté quand Dieu créa le monde, vous eussiez veu que la parole de Dieu fit un grand changement, vous eussiez veu que la terre qui auparavant estoit en friche, nue et déserte, fut tellement ornée et embellie qu'elle disputoit en beauté et alloit quasi de pair avec le ciel : car si en peu de temps le firmament fut émaillé d'une belle variété d'estoiles, qui sont comme les fleurs du ciel, la terre fut fort ornée d'une agréable bigarrure et diversité de fleurs, qui sont comme les astres de ce bas élément. Ainsy, dit sainct Chrysostôme, ces paroles de Jésus : « cecy est mon Corps », font un si grand changement sur la terre qu'elles la font devenir un ciel aussy sainct, aussy riche, aussy divin que le ciel empyrée. Et comme dans les Louvres et les palais des rois, ce qu'il y a de plus noble et excellent, digne d'arrester nos yeux, ce ne sont pas les murs bien lambrissez, ni les planchers dorez, mais la personne du roy assise en son trosne ; ainsi dans le ciel ce qu'il y a de plus beau, de plus illustre et relevé, qui arreste les yeux des saincts et ravit leur esprit, ce n'est pas le soleil, la lune, les astres, mais Jésus assis en son trosne et en la gloire de son Père. — Or, je vous montre tout le même spectacle en terre ; il est vray qu'il y a dans le ciel plus de lumières, de connoissance et de joie ; mais on ne possède pas Dieu plus réellement et véritablement, plus substantiellement et personnellement que nous le possédons en terre par la saincte Eucharistie. »

Il faudrait encore citer le passage où le P. Lejeune fait le commentaire le plus éloquent du beau mot de saint Bernard : « *amor triumphat de Deo.* »

« Si l'amour folâtre est si hardy, si puissant, si généreux, combien plus l'amour très-pur, très-sainct et très-divin, mais très-ardent et très-cordial de Jésus envers les hommes : « *aquæ multæ non potuerunt exstinguere charitatem, nec flumina obruent illam* ; » que de vents, que de vagues, que d'orages s'opposoient à cet amour, et il a passé au travers ; que de pensées contraires, que de puissantes raisons, que de considérations, que de réflexions sur les intérests de son honneur se présentoient à l'Esprit de Jésus pour rompre ce dessein, et en empescher l'exécution, et il les a toutes supprimées. L'amour envers les hommes a eu plus d'ascendant sur son esprit, plus de pouvoir sur ses affections que le zèle de sa gloire — *amor triumphat de Deo*, dit saint Bernard ; il y a eu un saint combat, un heureux conflit en son cœur divin entre le zèle qu'il a pour sa gloire et l'amour qu'il a pour les hommes.... »

Et l'orateur se met à nous raconter sous une forme dramatique tous les incidents de ce débat mémorable, qui se termine enfin par le triomphe complet de l'amour....

« Bref, Jésus ferme les yeux à toutes les considérations de ses intérêts, de son honneur, de sa grandeur et du zèle qu'il pourroit avoir de sa gloire ; il s'expose à mille humiliations, mille injures, mille outrages ou indignitez qu'il reçoit des hypocrites, des infidèles, des mauvais prestres pour contenter son amour et avoir cette bonté de se joindre à une âme choisie, et de converser avec elle ; quel effort d'amour, quel transport, quel admirable et incompréhensible charité (1) ! »

En montrant dans leur radieuse beauté les mystères de notre foi, en découvrant à nos yeux ces perspectives éclatantes, le prédicateur trouve une force incomparable pour nous prêcher ensuite une sainte morale, et réveiller dans les cœurs la piété endormie. Ces communications divines dont il nous entretient, quelle autorité ne lui donnent-elles pas pour faire le procès de notre ingratitude et de notre lâcheté. Le P. Lejeune profite admirablement de cet avantage; au sortir de ce grave et pieux enseignement, les applications pratiques lui viennent naturellement à la bouche et il les fait toujours avec une justesse d'à-propos, et cette piquante familiarité que déjà nous avons admirées en lui.

1. *Sermons sur l'Eucharistie,* tome VI, passim.

CHAPITRE VII

Le P. Lejeune considéré comme missionnaire ; — sainte liberté de l'apôtre ; — enseignement pratique ; — moraliste pénétrant, le P. Lejeune dévoile les vices du cœur humain ; — peinture de mœurs ; — le moraliste se fait directeur et médecin des âmes ; — conseils affectueux ; — dialectique et véhémence de l'orateur.

Le P. Lejeune est plus connu comme missionnaire : on sait qu'il a consacré sa vie entière aux saints exercices des missions ; et c'est là que la plupart de ses sermons ont été prononcés ; je voudrais maintenant l'étudier par ce côté de sa vie apostolique, et montrer les admirables qualités qu'il a déployées dans ce genre de prédication ; nous le retrouverons, tel que nous l'avons déjà connu, instructif et édifiant, populaire et méthodique ; mais avec plus de hardiesse, de chaleur et de mouvement.

Le prêtre qui habituellement exerce le saint ministère dans les paroisses, tout en instruisant les fidèles, est tenu à une grande réserve et à une grande circonspection dans ses paroles ; la plus petite allusion sortie de sa bouche, même involontairement, ne cause-t-elle pas souvent de fâcheux ombrages? En prêchant la loi de Dieu, pour peu qu'il entre dans le détail des mœurs, il est bien vite soupçonné de faire la leçon à telle personne connue du pays.

Mais le missionnaire n'éprouve point ces embarras; sa qualité d'étranger le dispense d'une trop grande réserve ; il peut suivre tout son zèle et expliquer librement les préceptes de la morale, et les devoirs qu'elle renferme ; ne connaissant personne, on ne lui suppose guère la pensée de blesser qui que ce soit. Les missions ont surtout l'avantage de faire entendre aux hommes la vérité tout entière, et de les rappeler franchement au sentiment de leurs devoirs; l'expérience a prouvé qu'il est d'une indispensable nécessité de procurer aux populations chrétiennes ces salutaires prédications.

Le P. Lejeune fut le vrai modèle du missionnaire. Donnant peu aux délicatesses du monde, il parlait avec une entière indépendance : « Il n'a jamais eu d'autre ennemi que le seul ennemi de Jésus-Christ, savoir le mensonge et le péché. Il lui a fait aussi une cruelle guerre ; il l'a attaqué partout, aussi bien lorsqu'il était revêtu de la pourpre, que lorsqu'il se cachait sous les haillons. Il a fait trembler les plus grands de la cour; je l'y ai vu remplir de frayeur les lieutenants du roy et des gouverneurs de province; et il a porté la parole de Dieu avec la même fermeté à la face des cours souveraines, qu'il la portoit dans les moindres paroisses de notre diocèse (1). »

Il bravait pour prêcher la loi de Jésus-Christ, l'orgueil de la puissance comme les ombrages tumultueux de la foule; il ne craignait même pas d'offenser certaines délicatesses de l'art dont on s'exagère peut-être les convenances; ainsi en expliquant les préceptes du décalogue il parlait fortement, clairement, hardiment, ne reculant pas devant les plus humbles détails de la vie, s'ils devaient porter plus de lumière dans les consciences; écoutez les avis qu'il donne aux jeunes prédicateurs, et dont il faisait sa propre règle : « En chaque sermon que vous composez, regardez toujours quel profit en pourra tirer un artisan, une servante...., mais surtout faites en sorte qu'il n'y ait personne qui n'en puisse retirer quelque bien (2). »

« Peut-être, en achevant de s'épurer par un dernier progrès de dignité et de décence, la morale de la chaire, au xviie siècle est-elle devenue un peu

1. Ruben, *Panégyrique du P. Lejeune*, 2e partie, p. 158.
2. *Avis aux jeunes prédicateurs.*

trop sobre de cette espèce de leçons. Avec une admirable sagacité, avec une incomparable délicatesse, elle a scruté les mystères de la nature humaine corrompue ; elle a observé d'un profond regard les différents états de l'homme intérieur, tel que l'a fait le péché, tel que la grâce essaye de le refaire, ses passions, ses remords, ses combats, et a tracé de ses grandeurs et de ses misères des peintures d'une vérité immortelle ; elle s'est livrée à cette étude avec l'inflexible austérité et la généreuse ardeur de l'esprit chrétien : mais c'est l'homme, c'est le cœur humain qu'elle étudie et qu'elle juge, bien plus que la société humaine considérée dans la diversité de ses états, dans la variété multiple de ses travers, de ses désordres et de ses scandales. Aussi sévère, aussi chrétien, et à coup sûr non moins éloquent que l'antique homélie, le sermon, dans sa forme nouvelle, eut moins de variété, de liberté et d'abandon : il fut moins familier, plus général et par conséquent moins immédiatement pratique. Les nouvelles gloires de la chaire, un Bossuet, un Bourdaloue, avaient pour ordinaire auditoire la cour elle-même, ou la brillante élite d'une société polie. Cet enseignement qui creusait les vérités les plus importantes de la théologie morale, et cherchait dans l'analyse des moindres fibres du cœur le secret de nos erreurs et de nos misères, cet enseignement offrait à un tel choix d'esprits cultivés et délicats un intérêt inépuisable : par ses pressants avis, par ses réprimandes austères et tout évangéliques, mais ordinairement appliquées d'une main discrète et rapide au détail de la vie, aux devoirs des diverses conditions, il effrayait, il touchait sans assaut trop direct, sans trop rude secousse, ce monde élégant et fier, cette aristocratie amoureuse des bienséances et dominée, jusqu'au milieu des épanchements de la foi, par ses préjugés de naissance et de fortune. A Dieu ne plaise que je veuille accuser de timide réserve ou de complaisance habile les glorieux maîtres de la chaire régénérée, dignes héritiers des Chrysostôme et des Augustin ! Ce qu'il est permis de regretter c'est que ce genre et cette forme de prédication qui ne pouvait se placer en toute circonstance et dans tous les milieux avec la même convenance et le même succès, et qui, moins que tout autre, peut-être s'accommodait des talents médiocres, se soit accrédité et propagé dans la seconde moitié du xviie siècle, au point de régner à peu près exclusivement dans les chaires et ait passé comme un modèle unique ou peu s'en faut aux âges suivants. Fénelon, à la fin du siècle se plaignait de voir le sermon relevé, méthodique et abstrait usurper la place de l'instruction pratique et populaire. Les réclamations si sensées du grand évêque trouvèrent peu d'écho. Cet empire trop uniforme du même genre a survécu même à la destruction de l'ancienne société. A peine, de nos jours, a-t-on commencé de s'en affranchir. Que de sermons j'ai entendus, dont le premier et principal défaut était de ne point s'appliquer et de ne point convenir aux auditeurs auxquels ils étaient adressés, et de passer, comme on dit, par-dessus leurs têtes ! Que de fois j'ai entendu de bons prêtres, en mission dans un des quartiers populeux de notre grande ville, traiter noblement et méthodiquement des origines de la concupiscence ou de l'aveuglement spirituel, devant un auditoire surtout composé de femmes, de pauvres femmes, servantes, ouvrières, sans leur dire un mot, un seul mot des épreuves de leur humble et pénible vie, sans leur parler d'elles-mêmes (1). »

Ces lignes que j'emprunte à un auteur déjà cité, et qui ont été écrites à propos du P. Lejeune, sont de la plus juste critique ; ne fait-on pas souvent de la morale transcendante quand il ne faudrait qu'une morale toute

---

1. Jacquinet, *Études sur les prédicateurs avant Bossuet.*

pratique? Qui ne sait combien les plus grossières illusions nous sont naturelles, et que bien vite le sentiment de nos plus communs devoirs s'altère et s'efface de nos cœurs? Tenir en éveil la conscience de chacun, rappeler aux grands et aux petits, aux riches et aux pauvres, tout comme si on les ignorait, les préceptes de la loi de Dieu, montrer en quels cas nous leur sommes rebelles, dans la diversité des temps, des âges et des conditions, telle est la méthode fort simple, et à bien des égards fort judicieuse que suit le P. Lejeune.

Quoi de plus instructif que les sermons qui ont pour titre : « Du devoir des pères envers leurs enfants, de l'affection déréglée des pères et mères envers leurs enfants, du devoir des maîtres et des serviteurs ; des inimitiez, de l'intempérance; de l'avarice et du larcin; de la restitution ; des procez (1) »! on y trouve, au prix de quelques banalités inévitables, l'enseignement le plus utile et le plus fructueux ; dans cet exposé tout familier de nos devoirs, plein de franchise et d'à-propos, chacun reçoit son compte, et peut prendre sa leçon. Un sujet bien rarement traité en chaire et sur lequel pourtant l'Écriture sainte donne le plus d'instruc-

---

1. Ces différents sermons sont contenus dans les tomes II et VIII.

tions, c'est le devoir réciproque du maître et du serviteur (1); par crainte sans doute de tomber dans le lieu commun, ou d'exciter de vaines susceptibilités, on évite d'en parler; ou si on le fait, c'est par manière d'acquit et sans développements; mais cette matière si grave ne pouvait échapper à notre prédicateur d'ordinaire si vigilant et si attentif aux intérêts spirituels de son auditoire ; voyez comme il instruit et maîtres et serviteurs de leurs mutuelles obligations ; la morale qu'il leur prêche n'est point une sèche nomenclature de préceptes telle qu'un exact philosophe pourrait la donner, ni moins encore un ordre de considérations humanitaires comme un niveleur social saurait le rêver; là, comme toujours, c'est l'Évangile qu'il nous prêche, c'est-à-dire la parole même de Jésus-Christ, mettant toutes choses à leur place et selon le plan divin élevant la condition des uns sans abaisser celle des autres. Ainsi aux maîtres il rappellera dans un langage énergique que l'homme qui est obligé de les servir n'est pourtant ni un *esclave*, ni un *forçat*, ni une *bête*, mais qu'il est leur frère, que dis-je, le frère même de Jésus-Christ, enfant d'un même

---

1. *Sermon LIV,* tome II, *Du devoir des maîtres envers leurs serviteurs,* p. 315 et 317 ; le P. Lejeune indique, entre autres passages de l'Écriture la lettre éloquente de saint Paul à Philémon.

père, appelé à la même gloire, et cohéritier du même royaume ; il leur fera clairement entendre que ces « pauvres serviteurs humiliés partout, rebutés et méprisés partout, et traités comme les balayures de la maison » font ici-bas une assez rude pénitence sans qu'il faille y ajouter d'autres mortifications ; il y a donc pour les maîtres de graves devoirs à remplir ; et ici le P. Lejeune, toujours fidèle à sa mission, ne s'en tient pas aux considérations générales, mais il énumère avec une éloquente familiarité, les offices de justice et de charité dont ils sont redevables à leurs domestiques.

« Si vous avez pour eux de l'affection et de la charité, vous prendrez soin pour les instruire ou les faire instruire en la connaissance, amour et crainte de Dieu, de les envoyer au sermon, vos servantes aux Vrsulines, ou bien à vostre confesseur, pour leur apprendre les mystères de la Trinité, de l'Incarnation, de l'Eucharistie et les Commandements de Dieu, comme ils doivent se confesser et prier Dieu soir et matin, *qui misericordiam habet, docet et erudit quasi pastor gregem suum.* »

Et ailleurs : « Il faut que le travail et l'employ que vous leur donnez soit mesuré et proportionné aux forces, aux talents, à la portée et capacité de chacun ; que les gages que vous leur payez soient correspondants au travail, à la diligence et au temps qu'ils ont employé à vostre service : ne pensez pas estre excusé devant Dieu de ne pas leur payer le salaire convenable et proportionné à leur travail, sur ce qu'ils sont pauvres et abandonnez, et qu'ils ne sauraient où aller si vous ne les recueilliez ?... Pensez-vous être impuny si vous traitez votre domestique comme un esclave, si vous ne lui tenez pas ce que vous avez promis, si vous l'empeschez par menace ou par autre voye d'aller servir un autre maistre où il trouverait mieux son compte ? Quand un mercenaire a fait une journée pour vous, si vous attendez jusqu'au lendemain, contre sa volonté, à lui payer dix sols qu'il a gagnez, Dieu dit que c'est un péché qui crie vengeance contre vous, et qu'il exaucera cette clameur. Vous différez vn, deux, trois ans de donner des gages à votre servante.... et vous pensez être innocent ? Illusion grossière que cela (1). »

C'est en entrant dans de si pratiques détails que le P. Lejeune éclairait la conscience de ses auditeurs, et n'y laissait debout aucun de ces préjugés funestes que la morale chrétienne s'efforce de combattre ; le

---

1. *Sermon LIV*, t. II, *Du devoir des maistres envers leurs serviteurs*, passim.

prédicateur achevait ensuite de les confondre par de vives et éloquentes apostrophes :

« Vos serviteurs, s'écriait-il, iront en Paradis avant vous, et quand ils y seront, vous reclamerez leur secours, mais si vous les avez maltraitez, Dieu ne permettra pas qu'ils vous assistent, comme il ne permit pas que Lazare favorisât d'une goutte d'eau le riche qui avait dédaigné de lui donner des miettes de pain ; ce n'est pas moy qui dis ceci pour flatter vos serviteurs, c'est Jésus-Christ mesme qui vous en advertit et qui vous donne cet advis salutaire ; gagnez les bonnes grâces de vos serviteurs et des pauvres, afin qu'après vostre vie, ils vous reçoivent aux tabernacles éternels. »

En effet le P. Lejeune, en tenant aux maîtres ce hardi langage, n'entendait point flatter les serviteurs ; car eux aussi ont des graves devoirs à remplir, et le prédicateur les expose dans leur juste rigueur ; détails abondants, applications pratiques, il n'oublie rien pour instruire les chrétiens modestes réduits à l'humble condition de domestiques ; mais ce qui me touche le plus, c'est quand il leur parle de consolations et d'espérances ; la belle éloquence de saint Paul a passé par là et inspiré de son souffle ce langage si onctueux et si touchant dont je voudrais donner une idée :

« Dieu, leur dit-il, est la fin et la récompense de votre travail, *erit merces operi tuo* ; il n'y a genre de vie où l'on puisse faire son salut plus aisément que celuy-là. Quand un jeune homme ou une fille se veulent donner à Dieu, et prendre un genre de vie pour le servir, on fait tant de prières et de consultes pour connoistre à quel estat Dieu les appelle ; si vous estes serviteur ou servante, vous estes certain que Dieu vous a mis en ce genre de vie, et que sa volonté est que vous y demeuriez. Il arrive souvent que ce n'est pas Dieu qui vous a appelés aux grandeurs ni aux richesses, mais que c'est vostre présomption, vostre avarice, ou l'ambition de vos parents ou de vos ancêtres... Mais à la servitude, à la bassesse et à l'humiliation, c'est ordinairement Dieu qui vous y appelle, et cela par providence, par prédestination, par désir et intention de vous sauver....: En un mot il n'y a point d'estat dans le monde où vous puissiez vous rendre plus agréable à Dieu, c'est la voye la plus assurée, la plus droite et la plus aisée pour vous acheminer au ciel (1). »

Le P. Lejeune a des instructions pour tous les rangs et toutes les conditions : hommes et femmes,

---

1. *Sermon LV*, tome II, *Du devoir des serviteurs envers leurs maitres*.

gens de robe ou d'épée, financiers, gentilshommes, marchands et fermiers, n'ont qu'à ouvrir les yeux pour voir leurs vices signalés et démasqués sans pitié; quand le prédicateur se trouvait en présence de ces abus scandaleux, qui n'étaient pas si rares dans cette société bouleversée, il les reprochait énergiquement à leurs auteurs, quels qu'ils fussent; ainsi il ne se gênait pas pour flétrir « la rapacité des gabeleurs, la vénalité des juges et advocats, l'orgueil des gentils-hommes, les fraudes et piperies des marchands, le luxe des femmes. » Il a même traité ces différents sujets dans des sermons particuliers, tels que ceux-ci : « *Des péchés qui se commettent au palais* (1), *du péché le plus ordinaire aux femmes* (2), *du devoir des pasteurs dans l'église* (3). »

Assurément je ne conseillerais aujourd'hui à personne de suivre cet exemple; une telle liberté offrirait bien du péril; ces attaques préméditées pour ainsi dire, et dirigées uniquement contre une certaine classe de personnes exciteraient sans doute de vives colères. Il y aurait à relever aussi en ces peintures de mœurs — quand on parle du P. Lejeune il faut nécessairement

---

1. *Sermon LXV*, tome II.
2. *Sermon LXVI*, tome VIII. — *Sermon LXI*, t. II.
3. *Sermon XV*, tome IX.

faire quelques réserves — plus d'un trait de mauvais goût, des trivialités même, des locutions peu séantes ; mais tout à côté que d'admirables observations, que de jugements exquis, quels vivants portraits, maintenant encore tout frappants de ressemblance et de vérité, dont les prédicateurs tireront grand profit, pour détruire les mêmes abus, qu'on retrouve hélas ! à toutes les époques et dans tous les auditoires !

Une fois cependant le hardi prédicateur, malgré sa franchise habituelle, sembla hésiter ; ayant à parler « contre les bals, danses ou comédies (1), » il examina longtemps s'il traiterait un pareil sujet ; « plusieurs raisons, dit-il, très-bonnes en apparence, se sont présentées à mon imagination pour me dissuader de cette entreprise : entreprendre de détourner les hommes des divertissements mondains qui sont en usage depuis tant de siècles.... c'est me rendre désagréable, ennuyeux, importun et odieux à mes auditeurs..... en second lieu c'est entreprendre l'impossible, c'est perdre mon temps et ma peine, c'est voguer contre vent et marée ; les gens du monde sont tous résolus ; les prédicateurs ont beau cryer, on n'en fera ni plus ni moins... »

1. *Sermon LXII*, tome II.

Ces raisons sont fort bonnes sans doute; mais la conscience parle, et l'on doit compte à Dieu, si on ne prêche la vérité; or le P. Lejeune est incapable de rester sourd à la voix du devoir, pas plus que d'entrer en composition avec l'esprit du monde; il dira donc la vérité et la vérité tout entière; ai-je besoin d'ajouter qu'il condamne hautement « ces divertissements mondains » aidé du témoignage des saints Pères et des aveux de l'expérience.

« Mais quel péché y a-t-il d'aller au bal, de hanter les compagnies, de se masquer, d'aller à la comédie? »

« Oui, répond l'éloquent moraliste; admettons que ce soient là choses indifférentes; mais qui dira, lorsque tant de causes les rendent mauvaises, qu'il y ait des cas où aucune d'elles ne se rencontre pour les vicier? »

« — Cependant mon confesseur m'absout et me permet la communion?

« — Et moi, s'écrie l'orateur, je demanderai à ce confesseur s'il oserait dire en public ce qu'il vous dit à l'oreille.... — Et si vous étiez si téméraire de vous confesser sans vous accuser de ces fautes, le seriez-vous assez jusqu'au point que vous voulussiez mourir sans en faire l'aveu? Oseriez-vous mourir au sortir d'un bal, sans vous confesser (1)?.... »

C'est par de telles raisons, et comme prises sur le fait que le P. Lejeune défendait sa thèse, et s'efforçait de détruire les prétextes avec lesquels le monde justifie ses plaisirs; et chacun en tirait, comme lui, l'inévitable conclusion qu'il fallait fuir ces joies dangereuses pour se sanctifier; cette morale paraîtra sévère à ceux qui liront les chapitres de « l'*Introduction à la vie dévote* » où saint François de Sales traite (2) le même sujet; le saint évêque s'y montre en apparence plus doux et plus accommodant; mais n'oublions pas qu'il s'adresse à une âme dévote, ferme dans sa foi, soucieuse de son salut, et moins accessible peut-être à tous les périls qu'on lui signale ; tandis que le P. Lejeune parle à la foule ignorante et passionnée, toujours avide de jeux et de plaisirs, se laissant entraîner aisément dans le tourbillon, et faisant bon marché des tentations qui la sollicitent de toutes parts; n'oublions pas surtout que le prédicateur ne fait que reproduire les invectives éloquentes des saints Pères; il s'appuie constamment sur leur

---

1. *Sermon LXII*, tome II, *Contre les bals, danses et autres divertissements mondains*.
2. *Des bals et des autres divertissements permis, mais dangereux*, chap. XXXIII et suivants.

témoignage, et répète leur libre et hardi langage (1); il faudrait savoir, avant de le condamner, si cette morale qui n'était pas trop rigoureuse, paraît-il, autrefois, l'est devenue depuis, par l'amélioration des mœurs et les progrès de la vertu....

Mais suivons jusqu'au bout cette parole tout apostolique ; quand le moraliste a rempli sa tâche, quand il a, pour ainsi dire, sondé la plaie, bien vite il y verse un baume salutaire ; j'aime dans le saint missionnaire ces charitables prévenances et ces soins affectueux ; par une touchante transformation, il se fait le médecin de l'âme, et le directeur des consciences ; son zèle lui inspire alors les conseils les plus sages, les instances les plus vives de recourir aux remèdes qui préparent la guérison spirituelle ; et ces remèdes, ces moyens, il les fait connaître, il les indique avec cette cordiale simplicité que nous lui connaissons, et qui va droit au but, sans trop se préoccuper si elle parle selon toutes les règles. Oh ! que l'on sent bien que le P. Lejeune n'est ni un artiste soucieux de sa gloire, ni un comédien attentif à son geste ; mais qu'au contraire c'est le véritable apôtre de Jésus-Christ, dévoré comme lui du désir de sauver les âmes, et s'inspi-

1. Bourdaloue, dans son beau *Sermon sur « les divertissements du monde »*, invoque les mêmes témoignages.

rant, pour arriver à son but, de l'ardeur de sa charité et des mouvements de l'esprit de Dieu, plus encore que des habiles procédés de l'art oratoire.

A ceux qui nourrissent des sentiments de haine ou des projets de vengeance, le saint homme rappellera les douces paroles du Sauveur : « *Ego autem dico vobis, diligite inimicos vestros. Orate pro persequentibus et calumniantibus vos. Benefacite his qui oderunt vos.* » Le Fils de Dieu arreste tous ces désordres par ce célèbre commandement qu'il nous fait : « Pour moy je vous dis, aimez vos ennemis. Priez pour ceux qui vous persécutent et calomnient. Faites du bien à ceux qui vous haïssent. » Pesons toutes ces paroles; il demande de nous pour nos ennemys le cœur, la bouche et la main ; aimez vos ennemys, il ne dit pas : laissez-les pour tels qu'ils sont, tenez-les pour indifférents, ne leur faites ni bien ni mal ; mais aimez-les, souhaitez-leur du bien, soyez bien aise quand il leur en arrive ; priez non-seulement pour ceux qui vous ont autrefois persécuté, mais pour ceux qui le font maintenant encore, et qui vous ruinent de réputation. Cela seroit beau et bien chrétien si vous entendiez quelquefois la messe, si vous disiez votre rosaire, ou si vous faisiez une neufvaine pour celui qui plaide contre vous injustement, comme le fit le

Bienheureux César de Bus ; on luy dit un jour qu'un méchant homme médisait de son sacré Ordre ; il a gagné cela sur moy, dit-il, qu'au lieu que je ne priais Dieu pour luy q'en général, je prieray pour luy tous les jours en particulier (1). »

Pour nous guérir de la passion de l'orgueil, il nous recommande de nous humilier en tout, comme le veut cette parole de l'Écriture « *humilia te in omnibus.* » Si le Saint-Esprit disait : « Agrandissez-vous, élevez-vous, enrichissez-vous, vous vous pourriez en excuser parce qu'il y a de la peine, on y trouve des difficultez, on y rencontre des oppositions, mais non pas à vouloir estre petit et s'humilier. Quand vous passez par une porte basse, il n'y a point de danger de vous baisser tant que vous pouvez, dit saint Bernard ; mais si peu que vous vous haussiez plus qu'il ne faut, vous vous choquez et en portez les marques; ainsi en ce qui est de l'âme, il n'y a point de danger de s'humilier tant qu'on peut. »

« Soyez humbles en vos pensées. Le P. Avila disoit que nous ne sommes pas bien humbles si nous n'appréhendons vivement ce que nous sommes de nous-mesmes en présence de Dieu : par la corruption de

---

1. *Sermon LVI*, 2° point, tome II des *Inimitiés*.

nostre nature nous ne sommes devant luy que comme un cadavre qui fourmille de vers... ; si vous le croyez fermement, humiliez-vous en vos paroles, puisque vous savez que vous n'estes rien ; si vous vous glorifiez, si vous désirez estre loué, c'est estre menteur et hypocrite. Humiliez-vous en vos actions, prenez toujours le dernier rang, c'est le Sauveur qui vous le dit, de quelque condition que vous soyez (1)... »

Ailleurs encore, au sujet de la colère, de l'intempérance, de la luxure, de la médisance.... vous retrouverez cette prévoyante sollicitude du prédicateur pour le bien des âmes; mais cette sorte d'hygiène morale, dont il nous suggère les sages procédés, puise sa vertu dans l'efficacité de la grâce : « Le souverain remède contre la colère et toutes les autres passions, c'est la grâce de Dieu; nous faisons une grande faute de ne pas y recourir assez souvent et assez fermement. Nostre Sauveur n'avoit pas besoin de prier puisqu'il estoit Dieu : et néanmoins pour nous donner exemple, estant proche de la Passion il disoit : Mon âme est à présent troublée, mon Père, sauvez-moi dès ceste heure. » Faites comme luy; quand vous sentez quelque émotion en vostre cœur,

1. *Sermon LXIII, Conclusion,* tome II, *De la luxure spirituelle qui est l'orgueil.*

demandez-luy secours contre la tentation, lumière et conduite en l'action que vous allez faire; donnez-vous à luy pour appaiser l'orage, reconnoissez que vous ne le pouvez de vous-mesme..... Et quand vous n'estes pas en la tentation, courtisez-le, priez-le, practiquez les vertus qui luy sont agréables, afin qu'il vous assiste quand vous serez attaqué (1).... »

Cette sorte de direction spirituelle est chère au pieux Oratorien; il la pratique en tout; il ne se contente pas de nous fournir les moyens de nous délivrer des passions, véritables chaînes de l'âme, qui l'alourdissent et l'empêchent d'agir; mais il se plaît aussi à lui montrer, une fois rendue à la liberté, la voie du devoir, et le meilleur mode d'exercices pour la pratique de la vertu; il ne s'agit pas, remarquez-le bien, de cette haute perfection à laquelle aspirent les âmes d'élite, et du chemin qui y conduit, mais tout simplement de cette vertu commune, à laquelle nous sommes tous tenus. Prenez par exemple le sermon de l'observation des dimanches; le prédicateur nous invite à sanctifier ce jour en nous occupant de pensées pieuses, d'œuvres de charité.

Le dimanche nous rappelle le moment où Dieu

---

1. *Sermon LVII*, tome II, *De la colère*.

commença de créer le monde ; l'homme fut la dernière créature sortie de ses mains, et c'est là une preuve de la grande affection qu'il a pour lui, car il l'a traité noblement et en grand seigneur : « Quand on prie à disner un villageois ou un bourgeois, on ne se met pas en peine de mettre la nappe ni d'assaisoner les viandes qu'après qu'il est venu en la maison : mais quand c'est un gentilhomme ou un prince, on accomode la chambre, on couvre la table, on appreste tout avant qu'il entre..... Dieu vous a traité dignement et en prince, il a orné le logis, il a préparé le festin, avant de vous faire entrer en la maison de ce monde ; vous devez donc, au jour de dimanche, employer du temps à considérer ses œuvres, le remercier de chacune distinctement et en particulier comme s'il les eust créés l'une après l'autre pour vous seul. »

« Les prémices du Sauveur en l'œuvre de la rédemption, sont pour le moins aussi dignes d'honneur et de reconnaissance que les prémices du Créateur en la production du monde. Ainsi une âme chrétienne peut employer utilement le temps de la messe et des vêpres à honorer les prémices et les premières actions de Jésus, luy disant : « Mon Sauveur j'adore le premier mouvement de vostre vie, divinement humaine, le premier battement de vostre cœur, la première effusion de vostre amour envers Dieu, envers la sainte Vierge ou envers nous (1).... »

Je ne puis qu'indiquer sommairement l'idée de ces touchantes réflexions ; mais si vous voulez en connaître tout le prix, suivez les pieux développements que le prédicateur leur donne ; et vous sentirez de quelle utilité peuvent être dans la chaire chrétienne des conseils si salutaires et si faciles à être mis en pratique.

Ailleurs enfin le P. Lejeune nous enseigne la meilleure méthode pour faire l'aumône, et qui consiste à la faire par soi-même : « Dieu veut, dit-il, que nous prenions part aux souffrances et aux afflictions d'autruy, par esprit de miséricorde et de compassion ; pour cela, il est très-utile de donner l'aumosne par vous-mesme, de visiter les pauvres, et d'entrer dans les prisons ; la vue des misères d'autruy vous touche le cœur et vous attendrit de compassion ; c'est le conseil que le Saint-Esprit nous donne, consolez vous-mesme en personne les affligez, approchez-vous de ceux qui pleurent ; ne soyez pas paresseux à soulager

---

1. *Sermon XLVIII*, tome II, *De l'observance du dimanche*, passim.

les malades ; car par ce moyen vous vous establirez en la charité..... »

« La nature a destiné un mesme sens à la vue et aux larmes, parce que nous pleurons plus aisément les misères que nous voyons nous-mesmes, que celles que nous entendons raconter, comme le Fils de Dieu pleura estant auprès du sépulcre de Lazare ; ainsi quand vous voyez un pauvre malade couché sur un peu de paille, en un grenier, exposé à tous les vents, avec trois ou quatre enfants tout nus, votre cœur en est attendri, et vous luy faites l'aumosne, comme saint Paul le recommande, avec des entrailles de miséricorde... *viscera misericordiæ* (1). »

Mais c'est dans la conversion des âmes que le talent d'un prédicateur paraît avec plus d'éclat : convertir les pécheurs ou seulement amener les fidèles à l'acte d'une vraie pénitence est pour eux un grand bien et pour lui un grand honneur ; c'est là, on peut le dire, le plus beau triomphe de l'éloquence sacrée ; aussi apporte-t-elle à cette tâche ses meilleures armes, ses plus fermes arguments et son plus touchant pathétique. La pénitence est le sujet le plus communément traité dans la chaire chrétienne, à cause de son extrême impor-

1. *Sermon LXIX*, tome II.

tance ; mais elle risquerait de devenir une matière usée et rebattue, si on n'en renouvelait la forme par des tours expressifs et inattendus ; le P. Lejeune l'a traitée à fond ; assurément il n'y a pas de prédicateur qui ait parlé de la pénitence avec tant d'abondance et de savoir ; il y est revenu à trois reprises différentes, sans se répéter jamais et toujours de manière à faire une impression nouvelle : il y a dans cette série de sermons une force de raisonnement, une fécondité de détails, une vigueur de ton, une chaleur de sentiments et de pensées qui font de la plupart d'entr'eux de vrais modèles du genre.

Le succès d'un discours dépend de la puissance des motifs ; quand il s'agit de remuer profondément les âmes, d'exciter leur mortelle langueur, et de les rappeler au sentiment de la vie spirituelle, avant tout il faut parler avec force et raisonner juste ; un raisonnement bien fait, bien apprêté, subjugue l'esprit le plus prévenu, en lui faisant vivement sentir la vérité.

Ne nous y trompons pas : sous cette apparente popularité de tours et d'expressions le P. Lejeune déploie une vigoureuse dialectique et les plus solides arguments ; tout lui est bon pour fortifier sa thèse ; nul plus que lui n'est habile à trouver des preuves, et des meilleures : textes sacrés, sciences profanes, leçons de l'histoire, données de l'expérience et du bon sens, lui offrent mille ressources qu'il sait mettre à profit, et dont il use dans l'intérêt de son argumentation avec une merveilleuse dextérité ; j'avoue que les récits qu'il nous présente, et les exemples qu'il nous propose ne sont pas toujours d'une authenticité parfaite ; mais que lui importe, si ces histoires, ou si vous voulez, ces paraboles contribuent à rendre sa pensée plus claire et plus incisive ? Qui voudra patiemment étudier les sermons de la pénitence y trouvera une riche moisson à recueillir, d'inépuisables ressources, qui alimenteront et fortifieront le discours.

Remarquez encore çà et là cette vivacité d'allures, cette originalité d'aperçus, qui rajeunissent et renouvellent une pensée devenue presque un lieu commun à force d'être répétée, par le tour imprévu que le prédicateur sait lui donner ; ainsi c'est une vérité bien souvent proclamée du haut de la chaire, « qu'il ne faut pas remettre la pénitence à la dernière maladie. » Le P. Lejeune la prêche à sa manière :

« *Tempus*, c'est maintenant le temps de bien faire l'acte de contrition ; le temps est le maître artisan des grands ouvrages ; un ouvrage ne peut être conduit à sa perfection qu'avec beaucoup de temps, ou par un maître bien expert. Hé ! quel ouvrage plus grand, plus important, plus difficile que de bien vous convertir, et d'un pécheur en faire un saint ? Comment le pourrez-vous faire en deux ou trois jours, ou peut-être en deux ou trois heures, qui vous resteront à vivre, ne l'ayant peut-être jamais fait ? La première fois qu'on fait quelque chose, on ne la fait pas bien, parce qu'on n'y est pas exercé. La première fois que vous chantastes, vous ne chantiez pas bien ; la première fois que vous escrivites, vous n'escrivites pas bien.... Et comment pourrez-vous faire l'acte de la vraye contrition en si peu de temps, n'y estant pas bien exercé ? Et ne l'ayant pas bien fait en vostre vie, ce sera alors la première fois que vous le ferez, il ne sera pas bien fait ; et ce sera néanmoins (1) la dernière, de laquelle dépendra vostre éternité !... »

Les meilleures raisons ne suffisent pas pour persuader, et surtout pour ébranler la volonté ; il faut encore frapper l'imagination, émouvoir le cœur par des peintures saisissantes et un langage passionné. Le prédicateur lui-même, « pour faire une impression durable, doit aider les esprits en touchant les pas-

---

1. *Sermon XIV*, tome I, *Conclusion*.

sions : les instructions sèches ne peuvent guère réussir (1). » Tous nos grands orateurs ont été véhéments : je ne parle pas seulement de Bossuet, « plus véhément que Cicéron et Démosthène (2). » Lisez les sermons de Bourdaloue, de ce prédicateur qui parle avec tant de force le langage de la raison, à qui même on a contesté le don de la sensibilité, et vous serez surpris de la vivacité de ses paroles : souvent son éloquence s'anime et s'échauffe, et il s'exprime alors avec une ardeur qui n'est plus de l'écrivain ni du théologien : « J'éprouvais, dit un critique spirituel, que sous la rigueur du raisonnement chez Bourdaloue, il se sent un feu, une ferveur et une passion comme chez Rousseau (pardon du choc de ces deux noms), sauf que celui-ci déclame souvent en raisonnant, et qu'avec l'autre on est dans la probité pure (3). » Enfin comment Massillon persuade-t-il ? N'est-ce pas par les profonds sentiments qu'il excite dans les âmes, soit en peignant les attraits de la vertu, soit en présentant à la conscience le tableau des vices qui la dégradent ou des crimes qui la souillent ?

L'éloquence de notre prédicateur ne pouvait être

1. Fénelon, *Dialogues sur l'Éloquence*, II°, *vers le milieu*.
2. D'Aguesseau.
3. Sainte-Beuve, *Causeries du lundi*, — Bourdaloue, tome IX.

dépourvue de chaleur et de mouvements pathétiques : le P. Lejeune a cette force, cette véhémence, cette âpreté austère, en un mot, ces vives qualités de l'apôtre et du missionnaire, dont Marmontel croyait trouver l'unique modèle dans le P. Brydayne (1). Il excelle dans l'art d'émouvoir les passions, celles du moins que doit ressentir un auditoire chrétien ; c'est

---

1. *Éléments de Littérature*, Chaire, p. 220, 226. — Ce prédicateur est digne des plus grands éloges ; il se distingue par une éloquence pathétique et pleine de mouvement ; les tableaux qu'il a tracés sur les fins dernières sont du plus grand effet ; mais le pathétique n'est pas la seule condition de l'éloquence, même de l'éloquence populaire ; avant de parler au cœur et à l'imagination, il faut éclairer l'esprit et le convaincre par de bonnes raisons : « Dans l'éloquence, tout consiste à ajouter à la preuve solide les moyens d'intéresser l'auditeur, et d'employer les passions pour le dessein qu'on se propose. » Fénelon, *Dialogue II*. C'est en cela que le P. Lejeune me paraît être si supérieur à Brydayne. Assurément je ne voudrais pas diminuer la gloire que ce dernier recueillit de ses merveilleux travaux ; mais peut-être pourrait-on dire que l'action fut dans Brydayne un grand moyen de persuasion : « Ces discours, disait le premier éditeur de ses œuvres, ne sont plus soutenus de cette voix tonnante, ils ne sont plus accompagnés de ces accents pathétiques qui, dans l'exposition des vérités terribles ou consolantes de la religion, subjuguaient et convertissaient les pécheurs les plus endurcis et donnaient aux âmes pieuses comme un avant-goût des célestes joies. » *Sermons de Brydayne, d'après les manuscrits*, 1825. — Voir ce qu'en dit le cardinal Maury dans son *Essai sur l'éloquence de la Chaire*, chap. XX.

Les Sermons de Brydayne ne comprennent pas cette immense variété de sujets qu'a traités le P. Lejeune ; ils forment un recueil peu important, entremêlé de fragments et de variantes ;

dans son cœur, dans son imagination (1) qu'il puise ces tours hardis et véhéments qui donnent à ses pensées des ailes de feu, et les jettent comme des traits brûlants dans l'âme de l'auditeur. Veut-il, par exemple, nous représenter l'étincelante colère du divin Juge chassant les réprouvés, et les livrant à la malédiction éternelle, il lui prête ces terribles paroles : « Quel tourbillon, quelle tempeste, quel éclat de tonnerre, quel torrent impétueux, quel rugissement de lion, sera cette voix, va-t'en au feu éternel, qui est préparé au diable et à ses anges; autant de paroles, autant de foudres et d'anathèmes : *ite maledicti in ignem æternum*, retire-toy d'icy, âme reprouvée, je te bannis à iamais de mon paradis et de ma grâce, va-t'en, brebis égarée, je ne seray plus ton pasteur; va-t'en, seruiteur rebelle, je ne seray plus ton doux maître; va-t'en, enfant dénaturé, je ne seray plus ton père; va-t'en, époux adultère, je ne seray plus ton époux; va-t'en, créature ingrate, tu n'auras

---

la célébrité du prédicateur ne souffrira point de ces lacunes; elle se perpétuera par le souvenir des pacifiques triomphes qu'obtint partout où elle se fit entendre la voix de sa populaire éloquence. — Il est plus d'un orateur qui doit sa renommée à l'admiration de ses contemporains, plus encore qu'aux monuments qui nous restent de son génie.

1. « Pour exciter les passions, il faut les peindre. » Fénelon, *Dialogue sur l'Éloquence*, II°, vers le milieu.

iamais aucune part à mon royaume, ny en mes délices, ny en mon amitié, ny en ma compagnie, ny en ma sauvegarde... Mon soleil ne brillera plus sur toy, ma terre ne te soutiendra plus, mon air ne te rafraischira plus, mon feu ne t'éclairera plus, mes créatures ne te serviront plus ; va-t'en, maudite, je te souhaite tout mal, je t'excommunie à iamais, je t'anathématise pour toujours, je te foudroye de la sentence de malédiction éternelle ; tu seras maudite en ton entendement, qui n'aura iamais aucune bonne pensée, maudite en ta volonté, qui enragera à iamais d'vn dépit désespéré, maudite en tes yeux qui ne verront iamais aucune lumière, en tes oreilles qui n'entendront iamais la musique harmonieuse des Anges... Va-t'en, maudite, au feu, où tu n'auras pour logis qu'vne prison, pour lict que des brasiers, pour robe que des flammes, pour viande que des serpents, pour breuuage que de l'absynthe, pour musique que des blasphesmes, pour repos que des tortures (1)... »

Entrez dans les sentiments de l'auditoire, envisagez cette idée formidable du jugement au sens chrétien, et vous comprendrez quelle émotion profonde devait produire dans les âmes cette effrayante prosopopée.

1. *Sermon LVII*, tome VI, p. 448.

En général la passion que le P. Lejeune excite de préférence, c'est la crainte : il était persuadé que ce ressort agit plus efficacement que les autres (1), et il se plaisait à rappeler les vérités les plus capables de jeter le trouble et l'effroi dans les consciences désordonnées. Mais il n'avait pas toujours l'occasion d'agiter, d'ébranler les âmes par des coups extraordinaires; les sujets qu'il traitait, pour remplir tout entier le ministère de la parole sacrée, ne pouvaient s'y prêter toujours. Cependant quelle que fût la matière qu'il eût à développer, il ne manquait jamais d'ajouter au raisonnement l'effet d'une action plus animée. Ne croyez pas que ce prédicateur à la parole si énergique, ne sût pas aussi trouver dans son âme de douces et touchantes inspirations; il fit entendre les accents de l'amour, et parla éloquemment du charme de la vertu; il connut le secret de ce langage mystérieux, à la fois onctueux et fort, tendre et pressant, qui s'empare par degrés du cœur humain et bientôt l'émeut tout entier, en le remplissant des sentiments les plus vifs. Ouvrez les sermons sur l'espérance

---

1. « Le cœur est si mercenaire qu'il ne veut et ne fait presque rien, s'il n'y va de ses intérêts; et la crainte des châtiments a plus de pouvoir sur lui que la beauté de la vertu. » *Sermon XXV*, tome V.

en la miséricorde de Dieu, sur l'amour de Dieu, et vous trouverez, au prix de quelques défauts, de véritables modèles de ce genre de pathétique. Voici comment se termine un autre discours, qui traite de la création du corps humain : « Rentrons en nous-mêmes, messieurs, considérons notre ingratitude, convertissons-nous à ce bon Dieu, et disons qu'ayant tant d'occasions de vous servir et aymer, ô mon Dieu, je vous sers et vous ayme si peu ? Comment se peut-il faire que cette créature n'affectionne pas son Dieu, duquel elle a été créée, que cet homme n'ayme pas son Créateur, qui est son commencement et sa fin ? N'est-ce pas une injustice insupportable que quelqu'un bastisse vne maison et qu'vn autre la possède ? Je suis, mon Dieu, vne des maisons que vous avez édifiées pour y habiter plus volontiers que dans le ciel ; d'où vient donc que toute autre chose est plustôt resçeuë en mon cœur que vous ? N'est-ce pas une injustice que quelqu'un plante un héritage, et qu'un autre jouisse des fruits ? Je suis, mon Dieu, votre vigne que vous auez plantée de vos mains, que vous arrosez de vos grâces, que vous cultivez par vos bénéfices, que vous conscruez par votre providence ; que toutes les plantes de cet héritage qui sont les puissances de mon âme, et mes cinq sens de nature soient à vous, que les fleurs qui sont les bons désirs ne visent et ne tendent qu'à vous, que les feüilles qui sont mes paroles, les fruicts qui sont mes actions soient toutes pour votre seruice ; que mes yeux vous bénissent, que ma langue vous loue, que mes mains vous servent..., que ma mémoire ne vous oublie jamais, que mon entendement pense toujours à vous, que ma volonté ait en vous seul son repos et contentement, c'est le fruit et revenu que vous demandez de cet héritage (1). »

A ce tendre langage d'une âme qui s'épanche, à ces sentiments de reconnaissance et d'amour mêlés des plus touchantes invocations, opposons l'énergique et effrayante peinture des effets de la justice de Dieu, que j'ai mise précédemment sous les yeux du lecteur, et nous verrons comment le P. Lejeune sait varier les tons du discours : il sait mettre en usage tous les genres de pathétique, et employer les teintes douces aussi bien que les couleurs fortes. Néanmoins, qu'on le remarque ! si, dans les deux morceaux, les idées et les sentiments diffèrent, les moyens de l'orateur sont les mêmes ; partout il rehausse et agrandit son sujet par l'éclat

---

1. *Sermon XLI*, tome VI.

des images, l'abondance des détails et le jeu des contrastes.

Telles sont les qualités qui distinguent l'éloquence du P. Lejeune. Considérées dans leur ensemble, elles donnent l'idée du prédicateur populaire. Imaginons un homme profondément versé dans la science sacrée, qui ne s'est pas seulement arrêté aux généralités, mais qui, attentif aux vérités particulières, a recueilli dans toute une lecture assidue de l'Écriture, et dans de sérieuses méditations, les pensées les plus saillantes capables de les relever et de les embellir ; supposons que, prédicateur exercé, il mette à profit cette riche moisson, qu'il traite, qu'il développe dans une suite de discours à la fois réguliers et véhéments tout le détail de la religion et de la morale, cet orateur ne fera-t-il pas une œuvre exquise, destinée à être la source et le modèle de l'enseignement populaire dans la chaire chrétienne ? C'est, si je ne me trompe, ce qu'a fait le P. Lejeune ; de là l'incontestable supériorité de ses Sermons sur toutes les productions du même genre ; de là aussi l'immense utilité qu'ils offrent à celui qui veut remplir le même ministère.

CHAPITRE VIII.

Rhétorique du P. Lejeune; — avis aux jeunes prédicateurs ; — règles et conseils ; — perfection moyenne à laquelle tout ministre de la parole peut atteindre; — vertu de la seule parole de Dieu ; — ce que l'homme doit faire de son côté ; — préparation éloignée et préparation prochaine ; — bienséances oratoires; — éloges et panégyriques.

Le P. Lejeune a un mérite particulier, c'est de nous offrir un exemple de cette perfection moyenne à laquelle chacun peut atteindre : sa prédication est un modèle plus accessible et mieux à la portée du plus grand nombre ; avec du travail et une sérieuse préparation, on peut parvenir à prêcher comme lui, tandis qu'on n'oserait prétendre à l'éloquence de Bourdaloue, de Bossuet ou de Massillon? Combien sont rares ceux qui approchent, même de loin, de ces hauts sommets ! Je me demande si, pour ne pas être de tels génies, on est dispensé d'annoncer la parole de Dieu, ou du moins, si pour le faire avec succès, il faut être aussi richement doué qu'eux ; mais alors la prédication chrétienne deviendrait une mission trop difficile ou même impossible : le plus grand nombre de ceux à qui elle est confiée, ne s'élèvent guères au-dessus d'un certain niveau ; qu'il y ait çà et là quelques talents distingués qui le dépassent, j'en conviens sans peine ; je prétends seulement qu'ils sont rares.

Dieu, cependant, en donnant à ses ministres la mission de parler en son nom, a dû leur donner les moyens nécessaires pour la remplir dignement ; j'en conclus qu'en dehors des exceptions brillantes dont j'ai parlé, et sans avoir reçu le don de l'éloquence chacun d'eux peut devenir un fort bon prédicateur ; cette commune aptitude, qu'ils reçoivent tous, cultivée par l'étude et de fréquents exercices, aidée du secours de la grâce, suffira certainement à leur tâche. Que de saints prêtres, que d'apôtres brûlants de zèle, médiocrement doués du don de la parole, et qui ont produit plus de bien, par leurs discours simplement évangéliques, que ne l'eussent fait peut-être les orateurs les plus diserts ! Or, à mes yeux, le P. Lejeune représente à merveille cette faculté moyenne, qui est le partage du plus grand nombre, et que l'on peut si aisément, avec un peu d'effort, accroître et fortifier.

Voici, du reste, l'idée qu'il se faisait lui-même de

son art, et cet aperçu achèvera de peindre la physionomie de ce célèbre Oratorien.

Cet art est des plus simples : la rhétorique du P. Lejeune ne se charge ni de subtilités ni de lieux communs ; il l'a exposé lui-même dans quelques pages pleines de sens, qu'il a adressées sous forme d'avis, aux jeunes prédicateurs ; ses sermons renferment aussi çà et là de bien sages conseils, fruits d'une longue expérience et qui nous livrent sa pensée tout entière : « Les vieux pilotes, dit-il, donnent quelquefois de bons advis, aux jeunes, non qu'ils ayent toujours plus d'esprit ou de prudence que les jeunes, mais parce qu'ils ont plus d'expérience (1). » J'ai essayé de réunir tous ces préceptes, au moins les meilleurs et les plus utiles, et d'esquisser en les coordonnant, un chapitre de *Rhétorique sacrée*.

Une éloquence naïve et naturelle, jointe au mouvement du Saint-Esprit, serait aux yeux du P. Lejeune l'idéal de la prédication (2) ; elle persuaderait mieux que la rhétorique artificielle ; cependant les préceptes de l'art ont leur utilité ; ainsi une sage méthode aide la mémoire, et facilite l'intelligence du discours ;

1. *Avis aux jeunes prédicateurs*, tome I.
2. *Ibid.*,

de même l'éloquence, la propriété et l'emphase des paroles servent à persuader ; mais une trop grande recherche doit être évitée avec soin :

« Je ne puis vous conseiller de prescher par périodes quarrées et d'user de pensées ou de pointes trop étudiées. 1° Le Fils de Dieu ne preschoit point comme cela ; et saint Paul dit : *non in persuasibilibus humanæ sapientiæ Verbis ;* 2° cela sent un peu sà vanité, et toute imperfection du prédicateur mésédifie ses auditeurs ; 3° vous perdez du temps à rechercher ces fleurettes et à étudier ces périodes ; et il le faudrait employer à prier Dieu, pour attirer sur vos paroles sa bénédiction ; 4° ces fleurs nuisent souvent aux fruits, car l'esprit de l'auditeur, s'amusant à admirer la gentillesse des paroles, ne s'applique qu'à demy à la vérité des sentences (1). »

Ces recommandations si justes que le P. Lejeune adressait aux prédicateurs, reviennent souvent dans ses discours ; il se demandait parfois comment il y avait tant de prédicateurs et si peu de vrais chrétiens, et il répondait hardiment : « La première raison est que plusieurs ne preschent pas la parole de Dieu, c'est la parole des hommes qu'ils débitent, des

---

1. *Avis aux jeunes prédicateurs*, tome 1.

marguerites françoises, des rhapsodies, des phrases recueillies çà et là, agencées avec bonne grâce de recherches curieuses ; ou s'ils preschent la parole de Dieu, elle est si altérée, si sophistiquée par le mélange des raisonnements humains et des sciences profanes qu'on y ajoute, que ce n'est plus l'Évangile, ni la parole de Dieu (1). »

Un jour, le P. Gabriel Rubens, son disciple le plus cher, et qui plus tard prononça son panégyrique, prêchait en sa présence ; le P. Lejeune l'écouta avec intérêt, et lui dit ensuite qu'il avait un grand talent pour se damner ; le P. Rubens comprit la leçon et composa dès lors des sermons plus simples et plus instructifs (2).

Mais quel genre d'élocution estimait-il le plus propre au ministère évangélique ? Voici un curieux passage où l'illustre Oratorien trahit ses goûts dominants, qui font un singulier contraste avec ceux de bien des prédicateurs :

« Il est vray, dit-il dans son premier sermon, que les prédications qui se font l'avent et le carême, ne se font aussy et ne doivent se faire que par manière

---

1. *Sermon V*, tome VII, p. 126. — Ces paroles visent surtout les défauts de ses contemporains.
2. *Vie mss. du P. Rubens.*

de mission ; mais il peut arriver et il arrive souvent que ce n'est pas Dieu qui vous y attire : c'est la coustume, la compagnie, la curiosité, l'envie d'entendre les conceptions hautes et sublimes, des discours curieux peignés et ajustés; mais quand vous estes assidus à entendre des prédications simples, familières et populaires, où l'on presche la parole de Dieu, toute pure, nue, sans art, sans fard, sans éloquence humaine, sans mélange de curiosité, des prédications qui ne flattent pas, mais qui pénètrent, qui poursuivent le vice et le répriment, qui vous excitent à la pénitence.... Certes c'est plus que probable que c'est Dieu qui vous attire (1). »

Voilà comment le P. Lejeune concevait le langage de la chaire ; voilà sous quelle forme le prédicateur, devait, selon lui, annoncer l'Évangile ; car ne nous y trompons pas, ces prédications simples, familières, populaires, où l'on prêche la parole de Dieu toute pure, nue, sans fard, sans art, sans éloquence humaine, sans mélange de curiosité, et qu'il oppose à es discours curieux, peignés et ajustés, que l'on vient entendre par curiosité, représentent à ses yeux les vrais caractères de l'éloquence sacrée ; et c'est

---

1. *Sermon I*, tome I, p. 4.

ainsi qu'il voudra lui-même prêcher ; il dira en ouvrant une station : « Je ne flatteray pas, je ne chatouilleray pas, je ne prescheray pas à la mode, mais j'enseigneray, *docebo*. A qui prescheray-je ? aux pauvres aussy bien qu'aux riches ; aux petits et aux ignorants, aussy bien qu'aux grands et aux sçavants ; à moy-mesme aussy bien qu'aux autres.... Et qu'est-ce que je leur enseigneray ? Non les sublimes conceptions de Platon, non les profonds et doctes discours d'Aristote, mais vos voyes, ô mon Dieu.... Et pourquoy dois-je prescher ? Non pour recevoir quelque louange populaire, non pour estre estimé docte et disert prédicateur, mais afin que les pécheurs se convertissent (1). »

Cependant n'exagérons point la portée des expressions dont se sert le P. Lejeune ; cette grande simplicité qu'il semble demander au ministre de l'Évangile n'est pas une aride sécheresse ou un triste dépouillement ; il ne veut proscrire que l'affectation et le trop de recherche ; mais il ne condamne pas les agréments du discours, et certaines grâces du langage, à la condition que ces ornements naissent, pour ainsi dire, sous vos pas, comme les fleurs dans

---

1. *Sermon V*, tome I, p. 1.

les champs ; il en use lui-même librement, sans paraître y prendre garde et plus d'une page de ses discours se pare de ces grâces naturelles, qui viennent d'elles-mêmes, et comme à l'insu du prédicateur, embellir sa parole. Je me réserve dans le chapitre suivant de traiter ce sujet plus en détail, en faisant connaître l'élocution du P. Lejeune.

Ce qui ressort de ces nombreuses citations et ce qu'y recommande surtout cet homme apostolique, c'est de prêcher vraiment la parole de Dieu: toute sa rhétorique se résume en ces mots qu'il adressait aux jeunes prêtres : « Vous n'entrez en chaire que pour prescher la parole de Dieu.... (1) » Il considérait la prédication de haut, et telle qu'elle est dans la pensée même de Dieu ; à ses yeux il y a une différence profonde entre l'orateur profane et l'orateur sacré : l'un ne compte que sur lui-même, il emploie toutes ses ressources, et le succès dépend de l'effort de son propre génie ; l'autre, au contraire, attend tout de la parole de Dieu ; il n'a, pour ainsi dire, d'autre tâche que de la faire briller comme un flambeau au milieu des peuples.

Cette parole sainte a d'elle-même une vertu toute-

---

1. *Avis aux jeunes prédicateurs.*

puissante : incisive comme le burin, elle écrit dans le cœur de l'homme la connaissance et l'amour de Dieu ; l'âme pénétrée par cette voix qui lui parle devient un monde spirituel, plus orné, plus embelli que ce monde visible et corporel ; il se produit alors un plus beau phénomène qu'à l'origine des temps : « *Dixit et facta sunt* (1). »

« A votre advis qui est plus noble ou la lumière du soleil qui est l'objet de la veue des hommes, ou la lumière de la foy des mystères divins qui est l'objet de la veue des anges? le feu matériel ou le feu de l'amour de Dieu? l'eau naturelle qui nettoye les ordures, ou les larmes de la pénitence qui purifient les consciences? Les fleurs d'un parterre qui se flétrissent à moins de rien, ou les habitudes des vertus chrétiennes qui nous orneront dans le ciel en toute l'étendue des siècles (2)? »

La prédication est plus qu'un art, c'est une mission surnaturelle, une œuvre salutaire et divine ; celui qui a reçu cette mission n'est qu'un homme, mais il est chargé de répéter ce que Dieu a dit ; ainsi Dieu parle par sa bouche ; il bénit son ministère et lui donne une fécondité merveilleuse.

1. *Sermon V, de la manière d'entendre la prédication*, tome VII, p. 124.
2. *Sermon V*, tome VIII, p. 125.

De là ces effets étonnants, ces conversions subites, ces changements profonds qui s'opèrent quelquefois dans les âmes, et qu'on ne peut expliquer que par l'action toute-puissante de l'Esprit-Saint ; la voix humaine la plus éloquente ne saurait produire de pareils prodiges.

« Quel mot, Emmanuel, la parole de Dieu ? Il n'y a rien de plus doux que la parole de l'homme quand elle sort d'une intelligence droite et d'un cœur qui nous aime ; elle nous pénètre, elle nous touche, elle nous charme, elle endort nos douleurs et exalte nos joies ; elle est le baume et l'encens de notre vie. Que doit-ce être de la parole de Dieu pour qui sait la reconnaître et l'entendre ? Que doit-ce être de pouvoir se dire : Dieu a inspiré cette pensée ; c'est lui qui me parle en elle, c'est à moi qu'elle est dite, c'est moi qui l'écoute ?.... Il ne reste qu'à se taire aux pieds du maître, et à laisser retentir dans notre âme l'écho de sa bouche (1) ... »

« Si l'esprit de tous les auditeurs, avait déjà dit le P. Lejeune, estoit bien disposé, il ne faudroit prescher que la seule parole Dieu toute pure, de mot à mot, comme elle l'est en l'Escriture sainte, sans

1. P. Lacordaire, *lettre 3° à un jeune homme sur la vie chrétienne.*

meslange de quoy que ce soit... Et celuy-là feroit très-sagement et en vray chrétien qui, assistant à une prédication, oublieroit volontairement tout le reste de ce qu'on dit, pour s'attacher uniquement aux passages de l'Escriture qu'on y allègue, les adorant, les ruminant, les croyant fermement, et se les appropriant, comme si le Saint-Esprit ne les avoit dits que pour luy (1). »

Il invitait donc le prédicateur à se fonder principalement sur la vertu d'en Haut et sur l'effet de la divine parole ; avant tout, il faut demander le concours et l'opération de la grâce. « Le premier advis que je vous donne, disait-il aux jeunes prédicateurs, c'est de bien prier Dieu ; le second c'est de bien prier Dieu ; le troisième, le quatrième et le dixième, c'est de bien prier Dieu : il est dit du Fils de Dieu : « *Erat pernoctans in oratione, ibat secundum consuetudinem in montem Oliveti* » ;.... saint Dominique, saint Thomas, saint Bonaventure, saint Vincent Ferrier, et d'autres saints prédicateurs ont plus appris aux pieds des autels et du crucifix qu'en aucune eschole ou bibliothèque (2). »

Ailleurs il leur donne ces pieux conseils : « Avant

1. *Sermon V*, tome V, p. 106.
2. *Avis aux jeunes prédicateurs*, tome I, p. 1.

que de monter en chaire, humiliez-vous devant Dieu, vous reconnoissant indigne de l'emploi dont il vous honore ; priez-le si bien d'oublier vos péchés, qu'ils n'empeschent pas les fruits de sa parole, et la bénédiction sur les peuples... Invoquez la Vierge, les saints tutélaires, les anges gardiens des âmes de la paroisse (1)... »

Il remarque dans un de ses sermons qu'une même prédication qui aura beaucoup profité en une ville, sera inutile en une autre, « parce que Dieu n'y a pas mis sa bénédiction ; en vain nous travaillons, si Dieu ne bénit notre travail ; en vain nous frappons l'oreille du corps, si Dieu n'éclaire l'esprit et s'il ne touche le cœur (2)... »

Ce n'est donc pas sans motif que le Fils de Dieu nous invite à prier : « *Rogate Dominum messis, ut mittat operarios* », parole que le P. Lejeune dans un admirable commentaire traduit ainsi : « Priez Dieu qu'il envoye à son Église des prédicateurs non tels quels, non des parleurs, non des discoureurs, mais des ouvriers, *operarios*, qui mettent en pratique ce qu'ils preschent, des gens dont on puisse dire *factum est verbum Domini in manu Aggœi; cœpit facere et*

1. *Avis aux jeunes curés et missionnaires,* tome III.
2. *Sermon V,* tome VII, p. 137.

docere. — *Mittat*, que ce soit luy qui les envoye, non pas la vanité, l'avarice, l'ambition... C'est un commandement que Jésus nous fait, *Rogate Dominum*; avez-vous jamais eu l'esprit d'y obéir? Quand il voulut choisir et envoyer les premiers prédicateurs, il passa toute la nuit en prières : quand les apôtres voulurent envoyer saint Paul et saint Barnabé prescher l'Évangile, ils jeûnèrent et dirent la messe, tant l'affaire est de grande importance (1) ! »

C'est de ce haut point de vue que l'éloquent Oratorien considérait l'art divin de la prédication, s'inspirant, en cela, des pensées des Pères et de l'exemple de ces saints missionnaires, qui, en tout temps et en tout pays, ont amené aux pieds de Jésus-Christ tant de nations idolâtres, et converti des pécheurs si endurcis ; telle est aussi la doctrine de nos orateurs sacrés les plus en renom, et Fénelon la résumait dans ce passage admirable : « Le ministère de la parole est tout fondé sur la foi ; il faut prier, il faut purifier son cœur, il faut attendre tout du Ciel, il faut s'armer du glaive de la parole de Dieu, et ne compter point sur la sienne : voilà la préparation essentielle. Mais, quoique le fruit intérieur de l'Évangile ne soit dû qu'à

---

1. *Sermon V*, tome VII, p. 139.

la pure grâce et à l'efficace de la parole de Dieu, il y a pourtant certaines choses que l'homme doit faire de son côté (1). »

Le P. Lejeune ne pensait pas autrement; tout en accordant la plus large part à l'efficace de la parole de Dieu, il convenait, lui aussi, qu'il y a certaines conditions que l'homme doit remplir : « Avant que de vous produire à un si saint exercice, il faut faire un fond de piété et de doctrine ; quelle apparence de communiquer ce qu'on n'a pas ? *Oportet concham esse non canalem,* dit saint Bernard : saint Grégoire de Naziance, saint Basile et saint Augustin, avant que de s'appliquer à la prédication, se retirèrent plusieurs années dans le désert, s'adonnant à la pénitence et à la lecture de l'Écriture sainte ; et maintenant un jeune homme de vingt-six ans, qui n'a jamais lu la moitié de la Bible, pensera prescher avec fruit et bénédiction (2). »

Mais il ne faut pas lire superficiellement la Bible ; on doit au contraire s'en pénétrer, s'en nourrir, en extraire pour ainsi dire la moelle nourrissante ; de là ces vives et pressantes recommandations que le

---

1. *Dialogue sur l'Éloquence de la chaire*, IIe.
2. *Avis aux jeunes prédicateurs.* — *Sermon XVI*, tome V, l'orateur développe surtout l'exemple de saint Grégoire de Naziance.

P. Lejeune adresse aux prêtres, en toute occasion de lire sans relâche les saints livres. Conseil salutaire, s'il en fut, toujours rappelé par les maîtres de la parole, et si aisément méconnu (1) !

« L'Escriture sainte, dit-il, doit être votre bibliothèque, le trésor ou le magasin où vous devez puiser tout ce qu'il faut enseigner aux peuples... Lisez-la souvent, relisez-la, méditez-la, faites-en des recueils, vous y trouverez en grande abondance des matières, des lieux communs, des raisons des comparaisons, des histoires pour prescher avec fruit *sur toutes sortes de sujets* (2).

Comme Fénelon (3), dont il devançait, en ces matières, la sage doctrine, il était convaincu que les saints Livres sont plus que suffisants pour instruire, corriger et rendre parfaits les chrétiens ; ils donnent une incontestable autorité à la parole du prédicateur : « Quand vous preschez par raisonnements humains, quelque puissants et emphatiques qu'ils soient, les auditeurs peuvent y parer par d'autres raisonnements ; quand vous citez l'Écriture, il n'y a pas de chrétiens qui puissent y résister. »

1. *Sermons sur les devoirs des prêtres dans l'Église de Dieu*, tome IX.
2. *Sermon XV*, tome IX, p. 467.
3. *Dialogues sur l'Éloquence*, II et III passim.

Tout naturellement, s'il faut ajouter quelque chose à l'étude de l'Écriture sainte, le sage Oratorien conseille de lire les Pères de l'Église, qui ont reçu l'Esprit de Dieu pour l'interpréter et entre autres saint Augustin, dont il indique avec soin les endroits les plus profitables, les tomes VIII, IX et X, et aussi saint Chrysostôme, tome V de ses *OEuvres* (1) ; à côté de ces grands modèles, il place la *Somme de saint Thomas*, la *Vie des saints* et enfin les *OEuvres spirituelles de Grenade*, qu'on doit selon lui lire et relire, qu'il faudrait même savoir par cœur, et prêcher mot à mot (2).

Si le P. Lejeune eût vécu de nos jours, assurément, il aurait ajouté à cette liste déjà si pleine, quelques-unes de nos grandes célébrités de la chaire, dont les noms sont dans toutes les bouches, Bossuet, Bourdaloue, Massillon, à ne citer que ceux-là ; mais l'avis salutaire qu'il donnait, en terminant, à ses contemporains, il ne serait pas inutile de le répéter encore aujourd'huy : « Ne vous amusez pas à ces autheurs qui n'ont que des conceptions en l'air et un beau langage inutile (3). »

1. Edition des Bénédictins.
2. *Sermon XV*, tome IX, p. 468.
3. *Id.*

Voilà, pour ainsi dire, la préparation éloignée ; il faut y joindre, au moment venu, une préparation plus prochaine ; celle-ci précède immédiatement l'action, et doit se faire avec tout le soin possible : en vertu des plus graves motifs et des plus saintes obligations de la conscience, tout ministre de la parole est tenu de préparer sérieusement son discours ou son prône ; j'appelle toute l'attention du lecteur sur l'exhortation suivante, qui rappelle cet impérieux et indispensable devoir : « Si vous avez une foi vive des vérités de notre religion, de la noblesse et excellence des âmes, que vous avez en charge, ce qu'elles coûtent à Jésus-Christ, le compte que vous en devez rendre, vous ne vous épargnerez pas pour les perfectionner et sauver, vous employerez *toute la semaine* à composer un sermon ou catéchisme pour le dimanche (1). »

C'est en ces termes que le P. Lejeune recommandait aux prêtres accourus pour l'entendre de consacrer tous leurs soins au travail préparatoire de la prédication ; à ses yeux, on peut être sûr d'être suffisamment éloquent en prenant ces justes précautions ; il revient fréquemment sur cette prévoyante sollicitude du prédicateur dans la composition de ses

---

1. *Sermon XV*, tome IX, p. 471.

discours, et qui doit rendre sa parole plus assurée et plus fructueuse. Du reste, tout est à lire dans les avis qu'il donne à ceux qui débutent dans la carrière, et dont pourraient profiter encore de plus expérimentés; se pénétrant de ces sages conseils, on se fera une idée juste du véritable « prêcheur », si je puis m'exprimer ainsi, qui ne doit être ni un parleur ni un rhéteur, mais un ouvrier consciencieux de la parole évangélique.

Il me reste à dire quelques mots des convenances de la chaire, dont ce missionnaire consommé nous recommande l'observation; ici encore, il prêchait d'exemple ; lui qui prescrivait, en chaque sermon de faire la part de tous, des grands et des petits, et qui se montrait dans la pratique si populaire et si familier; il eut toujours et dans son maintien et dans son langage la dignité d'un ministre de Jésus-Christ ; parlant avec une franchise tout apostolique, quelques locutions un peu hardies ont pu lui échapper, et qui même nous paraîtront inconvenantes à nous, hommes d'un siècle raffiné ; mais alors on n'y regardait pas de si près ; et toutefois, si l'expression est rude, presque triviale, la pensée demeure intacte et pure ; il sentait tout le prix des convenances oratoires pour y déroger d'une manière trop crue ; jugez-en par ces avertissements si justes, adressés à l'orateur sacré : « Abstenez-vous de toutes les paroles qui peuvent faire rire, cela sent le charlatan ; le Fils de Dieu n'en a jamais dit... Mais abstenez-vous plus encore de tout ce qui peut engendrer en l'esprit de qui que ce soit la moindre imagination deshonnête : *Eloquia Domini, eloquia casta* (1) ! » Ailleurs il exhorte le prédicateur à ne jamais se départir du calme et de la gravité qu'il doit avoir en chaire, au milieu des incidents qui peuvent survenir : « Vous ne croiriez pas comme la moindre passion que le prédicateur témoigne scandalise le peuple et empesche le fruit de la parole de Dieu (2)... »

A l'égard des hérétiques, il veut qu'on leur parle avec respect et une tendresse affectueuse, leur accordant tout ce qui est possible, sans intéresser la vérité, et prenant soin d'éviter les injures, les invectives ou les paroles qui ressentent le mépris.

Si le P. Lejeune demandait au prédicateur de montrer dans ses discours la touchante mansuétude du doux maître, il lui interdisait en retour les compliments et les vaines flatteries ; à son avis la chaire est faite pour louer Dieu et non pour préconiser les

---

1. *Avis aux jeunes prédicateurs*, tome I.
2. *Id.*

hommes : « *In ecclesiis benedicite Deo;* » il porte même la délicatesse jusqu'à faire un cas de conscience à l'orateur qui en chaire louerait un grand personnage qui serait présent, s'appuyant sur l'autorité de saint Thomas, dont il cite le témoignage (1) ; enfin il dira de lui-même : « Vous connaissez mon naturel, je ne suis pas faiseur de compliments, mais j'ay d'autant plus d'affection que j'ay moins de paroles (2). »

Aussi ne rencontre-t-on chez lui ni ces compliments flatteurs, adressés aux grands de la terre, dont la chaire chrétienne retentit plus d'une fois depuis, ni même une seule oraison funèbre où du moins la louange est sans péril, et peut très-bien s'allier avec les maximes de la morale évangélique. Les hommes qu'il loue avec effusion et souvent avec un éloquent enthousiasme, ce sont les saints ; les panégyriques qu'il a composés en leur honneur méritent d'être connus ; ce ne sont pas, je l'avoue, des œuvres irréprochables, en tout conformes aux lois du bon goût ; en plus d'un endroit peut-être l'art s'y trouve en défaut, et tout autre orateur, Fléchier par exemple, les eût mieux composés dans les règles ; mais que d'ad-

1. *Avis aux jeunes prédicateurs*, tome I.
2. *Sermon LVII*, tome X, *de la persévérance. — Conclusion.*

mirables qualités compensent ce défaut de régularité parfaite ! Le prédicateur suit comme toujours les mouvements de son cœur, et le souffle puissant qui l'anime ; le sentiment profond qu'il a de la sainteté, la vive admiration qu'il éprouve pour ceux qui la mirent hautement en pratique le remplissent d'un saint enthousiasme : « Ce qui fait la grandeur des saints, dit-il éloquemment, c'est leur sainteté (1) ! » Ainsi considérant tout d'abord en chacun de ses héros la plus noble de leurs vertus, celle qui fait leur gloire particulière, il l'étudie en elle-même, il la contemple dans sa beauté, dans les relations magnifiques avec les plus hautes vérités de l'ordre surnaturel et divin : « Une âme choisie est d'autant plus grande et éminente dans le Ciel, que la vertu a esté plus grande et plus excellente sur la terre, et pour bien connoistre et célébrer les élosges d'un saint, il faut soigneusement regarder quelle a esté sa propre grâce, son talent, le don particulier et la vertu dont il a esté plus avantagé et qui fait qu'on puisse dire de luy : *Non est inventus similis illi...* Dieu a donné à chaque saint quelque vertu particulière, rare, excellente, héroïque, afin qu'il en fasse part aux autres, afin qu'il

---

1. *Panégyrique de saint Étienne, exorde*, tome IV.

la communique à toute l'Église par ses exemples, ses influences, son intercession (1)... »

Le P. Lejeune nous offre la plus ravissante peinture de chacune de ces rares vertus ; à propos de sainte Thérèse, il fera un sublime éloge de la virginité ; au sujet de saint Dominique, il nous parlera en termes magnifiques du ministère de la prédication ; La fête de saint Jean-Baptiste lui fournit les traits les plus frappants de la ressemblance de l'âme parfaite avec Jésus-Christ ; enfin dans le panégyrique de saint François d'Assise, le plus beau de tous peut-être, il nous parlera du mérite glorieux des souffrances et des humiliations avec une éloquence qui n'a pas été surpassée.

Citons quelques lignes de cet admirable discours ; elles donneront une idée de ce genre d'élévation où se complaît le génie des prédicateurs ; il s'agit d'une touchante paraphrase de ces belles paroles de saint Paul : « *Adimpleo ea quæ desunt passionum Christi in carne meâ* (2). »

« Par l'amour ardent et excessif que Jésus-Christ portait à son Père, il désirait demeurer sur terre, y travailler à son service et y endurer pour sa gloire

---

1. *Panégyrique de saint Étienne, exorde,* tome IV.
2. *Panégyrique de saint François d'Assise,* tome IV.

jusqu'à la consommation des siècles ; mais son Père ne l'a pas voulu laisser à l'abandon de son amour excessif, et après trente-trois ans de service, après la mort ignominieuse de la croix, il a jugé à propos de le ressusciter, le récompenser, et élever à sa dextre, le jour de l'ascension ; que fait là-dessus le cœur amoureux de Jésus, qui estant la sapience éternelle veut atteindre insensiblement à la fin ? Il fait et endure par ses membres ce qu'il ne doit faire ny endurer par soy-même ; toutes les bonnes œuvres que les chrestiens font en ce monde, toutes les souffrances qu'ils endurent pour Dieu sont une suite, continuation, accessoire, dépendance, appendice de ce que Jésus a fait et souffert ; c'est un accomplissement de ce qu'il vouloit faire et endurer ; manque-t-il quelque chose aux souffrances de Jésus ? Point du tout, mais plusieurs souffrances manquent au cœur amoureux de Jésus... »

L'orateur développe ensuite cette magnifique pensée : — Jésus aurait voulu prêcher lui-même l'Évangile à tous les hommes en tous les siècles ; mais ne le pouvant, il se fait suppléer par les apôtres. — Quand il priait Dieu son Père, il eût voulu rester en prière jusqu'à la fin des siècles ; après lui les saintes âmes continuent pour ainsi dire son oraison. — Lorsqu'il visitait les malades, il désirait aussi exercer la même charité envers tous les malades, c'est-à-dire les assister et servir sensiblement ; les âmes charitables qui sont sur la terre le font à sa place ; — enfin Jésus a continué au cœur de ses saints les douleurs qu'il a endurées sur la croix...

François d'Assise fut une de ces âmes privilégiées, destinées à prolonger les expiations du divin Crucifié ; il ressentait les vives ardeurs du sacrifice. Un jour il prit le chemin de l'Asie, espérant y cueillir la palme du martyre... mais ses vœux ne furent point exaucés ; François était tout triste, parce que Jésus ne l'avait pas trouvé digne d'être martyrisé pour lui....

« Vous vous trompez, saint patriarche, vous vous trompez, votre humilité vous séduit ; si vous estes privé de ce martyre que vous désirez tant, ce n'est pas que vous ne l'ayez mérité, mais c'est que vous estes réservé à un plus long, plus sensible, plus noble et plus glorieux martyre... Jésus ne veut pas que les hommes vous martyrisent, il veut vous martyriser, il veut estre le grand prêtre qui vous immole en odeur de suavité, il veut vous offrir à Dieu son Père en sacrifice très-méritoire et agréable de toutes parts (1)... »

1. *Panégyrique de saint François d'Assise.* — Passim...

On comprend qu'il s'agit des stigmates, de ce douloureux martyre dont saint François eut à souffrir toute sa vie ; un touchant récit nous en met sous les yeux les merveilleux détails.

Après avoir exposé les hautes considérations qui sont un intéressant préliminaire au panégyrique, le P. Lejeune aborde l'histoire de ses héros ; dans de vives peintures il nous présente leur physionomie, le caractère de leur sainteté, les circonstances où elle se produisit avec plus d'éclat : il y a çà et là des tableaux pleins de vigueur, d'originalité et de ressemblance ; quelquefois le prédicateur touche au sublime par la beauté de la pensée ou la grandeur de l'image. Dans l'éloge de saint Augustin, rappelant sa miraculeuse conversion, il l'assimile à celle de saint Paul, et il découvre dans l'une et dans l'autre des circonstances particulières qui les signalent à notre admiration ; Dieu se sert du ministère des hommes pour convertir les pécheurs ; mais il n'en est pas de même pour saint Paul et saint Augustin : « Alexandre le Grand ne vouloit lutter ni entrer en lice, s'il n'avoit des rois pour compétiteurs et antagonistes ; mais le Roy des roys fait tant de cas de ces deux saints, qu'il ne desdaigne pas de descendre du Ciel, venir en terre, tout exprès pour lutter avec eux, les combattre, les abattre, leur faire poser les armes, les convertir et gagner à soy, l'un en lui disant : « *Quid me persequeris?* » l'autre en lui criant : « *Tolle lege, tolle lege* (1). »

Ailleurs, nous racontant le martyre de saint Étienne, il dira « que le Fils de Dieu se lève de son trône, pour contempler avec plus d'application son combat, son courage, et pour jouir plus à son aise de la vue de ce spectacle (2)... »

Les Pères de l'Église, et depuis les prédicateurs chrétiens, en faisant le panégyrique des saints, ne songeaient point à débiter un vide et pompeux éloge, mais ils se proposaient surtout de les présenter comme des modèles à la piété des fidèles ; le P. Lejeune fidèle à ces religieuses traditions, après avoir fait revivre par ses louanges, les hautes vertus de ces grandes âmes, ne manque pas de nous exhorter à les imiter, et à suivre leur glorieuses traces ; souvent il entrecoupe ses récits de moralités édifiantes ou de pieuses réflexions, qu'un goût sévère pourrait peut-être condamner, mais qui se justifient bien assez d'elles-mêmes, en excitant dans les cœurs, après le sentiment d'une juste admiration, le désir et la pensée de pratiquer les vertus dont l'exemple a passé

1. *Panégyrique de saint Augustin*, 2ᵉ point, tome IV.
2. *Panégyrique de saint Etienne, conclusion*, tome IV.

sous nos yeux. Ajoutons enfin que là encore nous retrouvons le P. Lejeune et les qualités qui le distinguent, dans l'heureux emploi qu'il fait de l'Écriture et des saints Pères, dans le mouvement régulier tout à la fois et aisé de sa parole, dans les traits émouvants de sa populaire éloquence.

CHAPITRE IX.

Mouvement littéraire à la fin du XVIe et du XVIIe siècles ; — progrès de la langue française — Malherbes et Balzac ; — les prédicateurs mettent à profit les réformes littéraires ; — premiers sermons de Bossuet ; — le vieux langage dans les œuvres de saint François de Sales et les sermons du P. Lejeune ; — grâces de leur élocution ; — style du P. Lejeune ; — ses qualités dominantes : l'abondance, l'imagination et la vivacité.

C'est une étude intéressante que de suivre les progrès de la langue française dans la dernière moitié du seizième siècle, et au commencement du siècle suivant ; elle n'atteignit pas tout de suite à cette noblesse, à cette pureté de formes qui la distinguent ; ce perfectionnement se prépara avec lenteur : d'industrieux ouvriers y concoururent par une patiente étude du génie de la langue et par la recherche infatigable des expressions et des tournures capables de l'enrichir.

Cependant la prose française n'eut point à subir les vicissitudes de la poésie... « Elle avait échappé pendant le seizième siècle aux aventureuses expériences de l'esprit de système, au zèle mal entendu des savants et des hommes de lettres; elle avait développé régulièrement, librement, au sein de la vie active, dans les controverses religieuses, dans la polémique des partis... ses mérites originels de clarté, de netteté, de rapidité (1). »

Pendant que Ronsard égarait son talent par une imitation maladroite des anciens, Amyot, plus discret, se contentait de traduire dans une prose naïve les biographies et les œuvres morales de Plutarque ; c'étaient peut-être les seuls ouvrages de l'antiquité qui pussent passer dans la langue française. Notre prose qui ne pouvait se prêter à un style élevé, et qui était propre à peindre familièrement les détails de la vie privée, convenait très-bien pour rendre les écrits de cet auteur.

Montaigne qui publia ses Essais, quelque temps après, écrivit d'orignal, si je puis parler ainsi : il sut se servir de la langue commune pour exprimer tous les mouvements de sa pensée *ondoyante et diverse;* il la façonna à son usage, soit en *enfonçant* la signification des termes qui existaient, soit en en créant de nouveaux ; mais il ne réussit point à lui donner les

---

1. Patin, *Mélanges*, *Influence de l'imitation*.

qualités qui lui manquaient encore : « Le style de Montaigne n'est ni pur, ni correct, ni précis, ni noble : il est énergique et familier ; il exprime naïvement de grandes choses ; c'est cette naïveté qui plaît... J'entends souvent regretter le langage de Montaigne, c'est son imagination qu'il faut regretter, elle était forte et hardie, mais sa langue était très-loin de l'être (1). »

Saint François de Sales écrivit dans le style d'Amyot et de Montaigne, et y ajouta des grâces nouvelles ; la vertu revêtit sous sa plume facile un charme séduisant. Cet écrivain est digne des plus grands éloges : familier sans bassesse, abondant sans diffusion, il relève son style par une foule d'images, de figures qui parlent à l'imagination et à l'esprit ; il mériterait d'être étudié non-seulement comme moraliste, mais encore comme écrivain, et d'occuper une place distinguée dans l'histoire littéraire de l'époque.

Cependant la langue française, jusque-là plus naïve que forte, plus familière que majestueuse, devait bientôt subir une transformation importante : elle allait acquérir plus d'élégance, de noblesse et

---

1. Voltaire, *Discours à l'Académie.*

d'harmonie ; Malherbe en fut le premier réformateur. Ce critique célèbre n'a pas moins tenté pour la prose que pour la poésie : en traduisant le traité *de Beneficiis* de Sénèque, et le trente-troisième livre de Tite-Live, retrouvé alors en Allemagne, il songeait bien moins à la fidélité qu'au style, et voulait proposer un modèle de diction aux écrivains du temps. Son exemple trouva bientôt des imitateurs ; le président Du Vair et le dominicain Coëffeteau publièrent tour à tour des traductions d'auteurs anciens très-estimées dans leur temps : celles de Perrot d'Ablancourt excitèrent l'émulation de Vaugelas qui passa trente ans à traduire Quinte-Curce. Cette application laborieuse à reproduire dans la traduction moins la pensée des auteurs anciens que la régularité, l'harmonie et l'élégance du latin, porta ses fruits : elle contribua beaucoup à l'établissement du beau langage.

Les réformateurs étendirent leur œuvre ; ils ne se contentèrent pas de construire avec un art varié des phrases et des périodes ; leur soin se porta aussi sur les mots : ils dépouillèrent la langue des termes bas ou surannés qui nuisaient à sa dignité. L'Hôtel Rambouillet, dans les spirituels arrêts de sa juridiction littéraire, et Vaugelas, dans ses Remarques, proscrivent une foule d'expressions que l'on s'interdit dès lors comme contraires à la noblesse et à la pureté du style. On poussa peut-être jusqu'à l'excès la sévérité dans le choix des mots : on sacrifia bon nombre de vieilles locutions remarquables par leur énergie et leur naïveté, et que plus tard La Bruyère et Fénelon devaient vivement regretter.

Balzac fut, sans contredit, de tous les écrivains du xviie siècle, celui qui concourut le plus utilement à ennoblir la langue française ; il donna du nombre et de l'harmonie à la prose : plus jaloux de briller par le style que par le fond des idées, il employait tous ses soins à polir des périodes nombreuses, à choisir avec scrupule ses expressions et à tourner avec grâce des pensées communes. Dans les langues, comme dans les arts, ceux qui préparent des réformes utiles, sont obligés de s'occuper exclusivement de petits détails ; mais ces travaux subalternes ont le mérite d'ouvrir la voie et de déblayer la route de tout ce qui pouvait gêner la marche des génies supérieurs.

Au milieu du xviie siècle, les progrès de la langue sont déjà très-remarquables : dès l'année 1636, Descartes publiait le Discours sur la Méthode, et Corneille, la tragédie immortelle du Cid ; ensuite parut Bossuet, qui écrivit et prononça ses premiers

Sermons dans l'intervalle des années 1652 et 1658 (1) ; peu après, Pascal composait les Provinciales, et Pellisson adressait au roi ses éloquents discours en faveur de Fouquet. Ces chefs-d'œuvre indiquent suffisamment les conquêtes que la langue a faites à cette époque, et les qualités qui déjà la distinguent. Cette langue ainsi épurée et enrichie devenait même de jour en jour le partage de tout le monde : « Vers le milieu du xviie siècle, il y eut un style commun à tous, comme l'avait été la naïveté du xvie siècle, un style que tous les écrivains, grands et petits, maniaient à une égale aisance, qui dans toutes les productions médiocres, originales, avait ce caractère d'être uniquement l'expression de la pensée, de faire corps avec elle, plus forte ou plus faible, selon que la pensée l'était, mais ne s'en séparant pas (2). »

Les prédicateurs surent mettre à profit les leçons qui s'offraient de toutes parts ; leurs discours portent les traces manifestes des modifications qu'a subies la langue française ; le style en est ferme, pur et correct, souvent même élégant et harmonieux. Citons

---

1. Voir la note 4 de la page 246, ci-dessous.
2. Patin, *Mélanges*, Introduction *à l'Histoire littéraire du siècle de Louis XIV*.

un exemple que j'emprunte à l'un des contemporains du P. Lejeune.

Il y a cette différence, dit le P. Biroat dans l'exorde de son premier Sermon, entre l'aveuglement du corps et celui de l'esprit des hommes, que le premier est digne de compassion, et l'autre mérite justement des condamnations et des peines. On n'a jamais vu de juges ni de rois qui aient condamné les aveugles pour avoir perdu les yeux, quand le défaut de la nature ou quelque accident étranger leur en avait ôté l'usage. On a regardé leur aveuglement plutôt comme un malheur que comme un crime, et on a cru qu'il y avait plus de sujet de les plaindre que de les accuser. Mais quand un homme obscurcit les lumières de la raison, et quand un chrétien ferme les yeux de sa foi pour ne pas voir les vérités de l'Évangile, s'il y a quelque lieu de le plaindre, il mérite en même temps d'être condamné comme criminel... »

Le discours suivant du même prédicateur commence par ces mots : « Il n'appartient proprement qu'à Dieu de condamner l'ignorance des hommes et l'aveuglement des esprits. Les rois et les juges du monde peuvent bien juger des actions qui paraissent au dehors ; mais leur juridiction ne s'étend pas sur les péchés intérieurs et invisibles pour deux principales raisons : premièrement parce que les puissances humaines n'ont aucun droit sur l'entendement ni sur la volonté des peuples. On n'a jamais vu de prince qui ait entrepris de faire des lois pour les esprits de ses sujets ; on n'a jamais entendu de juge prononcer des arrêts contre la pensée des coupables. D'ailleurs ils ne peuvent pas être les juges des cœurs, parce qu'ils n'en connaissent pas les mouvements, et qu'il n'y a point d'accusateur ni de témoin qui puisse leur en fournir des preuves... »

On ne trouve pas dans ces passages, ni affectation, ni formes incorrectes ; il me semble au contraire y remarquer cette élocution libre, dégagée et noble tout à la fois, que présentent les chefs-d'œuvre du siècle (1).

Les sermons du P. Lingendes (2) et du P. Sénault (3) témoignent également des progrès de la langue à cette époque ; il me serait facile d'en fournir des exemples.

1. J'ai préféré citer ces sermons, parce qu'ils ont été prononcés en 1660, deux ans seulement avant que le P. Lejeune publiât les siens (1662).
2. S'il faut s'en rapporter à l'auteur de l'*Essai sur les Eloges*, « Lingendes fit le premier des efforts heureux pour chercher l'harmonie du langage. » Tome II, p. 49.
3. On verra plus loin un témoignage de ce prédicateur, qui me dispense de fournir des citations.

Je ne prétends point conclure de là que les œuvres de ces prédicateurs soient, quant au langage, entièrement irréprochables : un observateur curieux pourra y découvrir un certain nombre d'expressions et de tournures qui plus tard devaient être proscrites par le bon goût, et tomber en désuétude. La langue française ne reçut sa forme définitive que dans la dernière moitié du xvii° siècle, après que d'admirables modèles en eurent fixé les lois et consacré les caractères immortels (1). Je veux seulement constater le mouvement littéraire qui préoccupait alors les esprits, et les bienfaits qui en résultèrent pour tous.

Le P. Lejeune ne paraît pas avoir suivi ce mouvement d'amélioration progressive imprimé à la langue française ; il est dans le dix-septième siècle le conti-

---

1. La révolution littéraire qui, au xvii° siècle, transforma la langue française, ne s'est pas faite tout d'un coup, je le répète ; ce changement eut lieu peu à peu. Il n'est pas étonnant que les sermons qui furent prononcés vers le milieu du siècle accusent encore de notables imperfections : la réforme de la langue était commencée ; mais elle ne devait s'achever que par les efforts persévérants des plus beaux génies ; un écrivain de nos jours, M. l'abbé Victor Vaillant, a montré dans une thèse célèbre, comment les sermons de Bossuet peuvent servir soit à l'histoire de la réforme opérée dans l'éloquence sacrée au xvii° siècle, soit à l'histoire des modifications apportées dans la langue française à la même époque (*troisième partie*, ch. I et II). Il a partagé ces discours en trois classes, correspondant aux trois grandes époques de Bossuet : dans la première sont rangés les

nuateur d'Amyot et de saint François de Sales, et peut-être le dernier représentant de cette familière et gracieuse naïveté dont la plus parfaite expression se trouve dans les œuvres de ces deux écrivains : il garda les formes surannées de leur idiome ; cela se conçoit : le P. Lejeune prêcha rarement à Paris ; il passa sa vie en province, consacrant tout son temps aux pénibles et modestes travaux des missions, n'ayant point de résidence habituelle, si ce n'est dans les derniers temps de sa vie, allant partout où l'appelaient les intérêts de la religion et le bien de ses semblables, sans jamais songer au soin de sa gloire : ainsi éloigné du contact et de la société des hommes qui tenaient le sceptre du bon goût, et qui, par leurs leçons ou par leurs exemples, créaient un art tout nouveau, l'art d'une composition plus noble et plus

---

Sermons qu'il prêcha pendant sa jeunesse à Metz (1652 à 1659) ; dans la deuxième se trouvent ceux qu'il prononça à Paris, à l'époque la plus brillante de sa carrière de prédicateur (1659-1669); la troisième enfin comprend les Sermons qui appartiennent à son épiscopat (1669-1700). L'auteur a comparé entre eux ces différents discours, et il a établi avec une rare sagacité que les premiers sermons de Bossuet, dans l'ordre chronologique, renferment encore un certain nombre d'expressions incorrectes, et de constructions embarrassées, que l'orateur a modifiées successivement et enfin rejetées dans la seconde et dans la troisième période de sa vie. (*Études sur les Sermons de Bossuet*; thèse présentée à la Faculté des Lettres de Paris.) J'ai consulté cet ouvrage avec fruit dans mon travail.

élégante, il dut être peu instruit des changements qui s'opéraient dans le style littéraire. J'appliquerais volontiers à notre missionnaire ce que Balzac disait de Montaigne : « Ce serait une espèce de miracle, qu'un homme eût pu parler purement le français dans la barbarie du Quercy et du Périgord. Un homme qui est assiégé des mauvais exemples, qui est éloigné du secours des bons, pourrait-il être assez fort pour se défendre tout seul contre un peuple entier ennemi du bon français (1)? »

Ainsi le P. Lejeune use des priviléges ou plutôt des licences du vieux langage : retranchement des articles, abondance de termes populaires empruntés à la conversation, emploi de locutions latines, hardiesse habituelle des tours, toutes ces libertés sont familières à l'écrivain ; il n'a dans le choix des mots ou dans la construction des phrases ni cette délicatesse, ni ces scrupules qui préoccupaient si vivement les auteurs contemporains ; il s'impose peu de gêne, peu d'entraves ; il ne serait pas loin, je crois, de dire

---

1. *Entretiens*, ouvrage posthume. — Mais dans la phrase précédente, Balzac rendait justice aux qualités originales de l'écrivain : « Son âme, dit-il, était éloquente, et elle se fait entendre par des expressions courageuses ; il a dans son style des grâces et des beautés au-dessus de la portée de son siècle. » Je dois faire aussi mes réserves pour les qualités du P. Lejeune considéré comme écrivain.

comme Montaigne : « C'est aux paroles à servir et à suivre, et que le gascon y arrive si le français n'y peut aller. » Ce qui ajoutait à cette disposition de l'écrivain, c'est le désir qu'il avait de se faire entendre de tout le monde ; rien ne lui coûtait pour atteindre ce but ; il ne craignait même pas de blesser les bienséances du langage, si à ce prix il devenait plus accessible au commun des lecteurs. — « Il y a, dans cette œuvre, dit-il lui-même en parlant de ses Sermons, des fautes contre la politesse du langage français ; c'est quelquefois par ignorance ; autrefois je les affecte tout exprez pour me rendre plus intelligible au peuple ; *malo me reprehendant grammatici, quam non intelligant populi.* » — St Aug. (1).

Lorsque les Sermons de notre missionnaire parurent (1662), ils furent recherchés et lus avec avidité. « On aurait cependant désiré, dit Tabaraud, que le P. Lejeune eût retouché son style. Vos imprimeurs, lui écrivait le P. Sénault, redemandent encore vos livres, ils désireraient bien que sans changer vos pensées, on changeât quelques-unes de vos paroles, qui ne sont plus d'usage. » — « Le P. Lejeune

---

1. *Avis aux jeunes prédicateurs.*

s'était reposé de ce soin sur le P. Lamirande qui n'osa point s'acquitter de cette commission ; ce fut le P. Sénault qui la remplit avec beaucoup de discrétion (1). » Preuve évidente que le goût public était blessé dès cette époque par les locutions inusitées, employées trop librement par l'écrivain populaire.

On trouve en effet beaucoup de vieux mots dans les œuvres du P. Lejeune, et notamment dans les premières livraisons de ses discours qui n'ont pas été corrigées (2) : notre auteur disait, par exemple :

Couard pour « lâche. »

« Les apôtres n'ont jamais appris à manier une épée, ils sont *couards* comme des Thersites... » *Sermon LXI*, 2ᵉ *point, au mot timidi.*

Conquêter pour « conquérir. »

« Ils sont en petit nombre, et ils veulent *conquêter* toute la terre... Le Sauveur a heureusement *conquêté* la terre par l'entremise de ses apôtres. » *Sermon XLI,* 2ᵉ *et* 4ᵉ *points.*

Pontentialité, pour « puissance. » *Sermon XLII,* exorde.

Dextre pour « droite. »

« Le Fils de Dieu est maintenant dans le ciel, en

1. Tabaraud, *Vie du P. Lejeune*, p. 34.
2. Voir *la note* 1, *au supplément.*

la gloire de son Père, à la *dextre* du Tout-Puissant. » *Sermon XLVII, 2ᵉ point.*

Accommodement pour « luxe, ornement. »

« N'est-ce pas un aveuglement de voir des familles aisées, où rien ne manque pour l'ameublement et l'*accommodement* de la maison ? » *Sermon XLVIII, 2ᵉ point.*

Postposer, parangoner pour « mettre après, comparer. »

« Vous êtes si jaloux de tenir votre rang dans le monde, que si on vous *postpose,* que dis-je ? si on vous *postpose,* si on vous a *parangoné* à une personne de plus basse condition que vous, vous en êtes si touché, que vous en avez l'esprit tout démonté... » *Sermon L, 1ᵉʳ point.*

Ès pour « dans les. »

« Moyse parlait à Dieu, bouche à bouche, ainsi qu'un amy à son amy ; il était fort intelligent *ès* affaires du monde. » *Sermon XLI, 1ᵉʳ point.*

Je pourrais citer encore beaucoup d'autres mots, qui, comme les précédents, ne sont plus en usage ; la critique en a fait justice, et les a remplacés par des termes équivalents, et d'un meilleur goût. Cependant, disons toute notre pensée, la lecture des Sermons du P. Lejeune pourrait offrir aux amateurs de notre langue une étude à la fois intéressante et utile : ils y trouveraient en abondance des expressions et des tournures, qui, pour avoir vieilli, ne sont dépourvues ni de grâce ni d'énergie. En produisant les passages les plus frappants où se trouvent ces locutions remarquables, ils fourniraient des renseignements qui serviraient à la connaissance de notre langue. Donnons quelques exemples de ces citations :

Chétiveté (1). « Quand nous nous tenons modestement à genoux, ou que nous nous courbons en la présence de Dieu, ou que nous nous prosternons à terre devant luy, cela tesmoigne sa grandeur et son excellence, notre bassesse, notre *chétiveté*, notre indignité... » *Sermon LXVII, de l'Oraison, 1er point.*

Désauvager. « Le lion est cruel par les champs, mais au moins quand il rentre en sa tanière, où il trouve sa lionne et ses lionceaux, il dépose sa cruauté, il apaise sa colère, il se *désauvage* et s'apprivoise. » *Sermon XLIII, 3me point.*

Trafiqueur (2). « Faites comme le deuot Esdras, il vid des gens qui apportoient en Jérusalem vn jour

---

1. « Inusité, mais utile », dit Napoléon Landais, *Dictionnaire général*. — Il manque dans l'Académie ; voir le *Dictionnaire* de M. Littré.

2. L'auteur cité dans la note précédente fait remarquer que ce mot « manque dans l'Académie. »

de feste, des fruits, des poissons, du vin et d'autres choses pour les vendre au marché ; il les en reprit aigrement, il fit fermer les portes de la ville, il posa des gardes pour empescher qu'ils n'y entrassent, et comme il vid que ces *trafiqueurs* s'arrestoient hors la porte, il les chassa... » *Sermon XLVIII, conclusion.*

Gauchir (1). « Dieu est tout droit quand il vous juge, c'est-à-dire qu'il vous examine exactement, épluche pointilleusement, sentencie rigoureusement ;... il ne condamne et punit seulement les grandes injustices, méchancetés noires, mais les moindres manquemens... *In medio Deus dijudicat*, c'est-à-dire qu'il ne *gauchit* point, qu'il ne quitte jamais le milieu de l'équité... » *Sermon LXV, 1er point.*

Observez ailleurs une hardiesse remarquable dans les tournures : « Les magistrats et gouverneurs des Provinces pensant que cette nouveauté (le Christianisme) est un levain de sédition, ils publieront édits

---

1. Cette expression a été employée avec le plus heureux succès par Montaigne dans cette phrase si connue : « Epaminondas... horrible de fer et de sang, vu fracassant et rompant une nation invincible contre tout autre que contre lui seul, *gauchit* au milieu d'une telle mêlée, au rencontre de son hôte et de son ami. »

pour l'étouffer en sa naissance : ces édits portent que tous ceux qui embrasseront cette religion, de quelque qualité qu'ils soient, seront exclus de toute charge, office, magistrature et dignité publique ; quelle gehenne pour l'homme qui est naturellement ambitieux ! que les enfans seront chassés des écoles : n'est-ce pas couper l'arbre par le pied ? qu'il ne leur sera plus permis, ny de vendre ny d'acheter... qu'il sera permis à tout le monde de les accuser et présenter au juge : l'esclave le fera à son maistre, le vassal à son seigneur, la femme à son mary, et l'enfant à ses père et mère ; qu'en quelque part qu'on les trouuera, il sera licite de les tuer, sans pouvoir en être recherché ; a-t-on jamais fait cela aux parricides ? » *Sermon XLI, 3ᵐᵉ point.*

On lit dans un autre passage : « Si vous ne pouvez déclarer votre péché, sans blesser la réputation d'autruy, vous le devez plustôt céler que de faire tort au prochain, *n'estoit*, comme je l'ay dit, qu'il fust besoin de descouvrir votre complice pour remesdier à votre péché. » *Sermon LXVI, 1ᵉʳ point.*

Ces formes antiques, ces expressions d'un autre âge, ces tours si pittoresques et si hardis présentent un intérêt de curiosité qui invite à la lecture : « Le vieux langage, disait Fénelon, se fait regretter quand nous le retrouvons dans Marot, dans Amyot, et dans le cardinal d'Ossat, dans les ouvrages les plus enjoués et les plus sérieux (1). » Les règles de la grammaire étant encore incertaines, et la langue elle-même encore informe et pauvre d'expressions, l'écrivain n'avait d'autre guide et d'autres ressources que le mouvement de ses pensées et la fécondité de son imagination ; il donnait à la langue plus qu'il n'en recevait : de là cet élan naturel des idées, de là ce mouvement du style, et cette vive originalité de formes que revêt la pensée. Assurément je me garderais bien de mettre au même rang ces caprices de langage, si ingénieux qu'ils soient, et l'ordre régulier, la beauté sans tache qui distinguent les chefs-d'œuvre du XVIIe siècle ; il est plus vrai de dire que les écrits d'Amyot, par exemple, de saint François de Sales, et du P. Lejeune lui-même, auraient à nos yeux un plus grand prix, s'ils avaient été composés dans les formes à la fois si saisissantes et si pures des Pascal et des La Bruyère ; mais ce n'est point là une raison pour dédaigner ces anciens auteurs : en faisant la part de leurs défauts, il ne faut point fermer les yeux sur les qualités qui les distinguent, et leurs ouvrages méritent

---

1. *Lettre à l'Académie.*

d'être étudiés sous le rapport des pensées et sous le rapport du langage (1).

Si nous enlevons aux discours du P. Lejeune cette couche d'archaïsme qui les recouvre, et si nous nous attachons aux qualités de style qui touchent de plus près à la pensée de l'écrivain, nous trouverons un nouveau sujet d'études : en nous livrant à ce travail qui n'est pas sans intérêt, nous compléterons nos

---

1. Notre vieux français, selon la remarque de M. Villemain, « offre dans la vivacité pittoresque de ses tours, un type national qu'on ne saurait trop étudier.... On s'écarte aujourd'hui, ajoute-t-il, du caractère de notre langue, par recherche et par ignorance. L'acception primitive des mots, leur sens natif, et partant leur vérité, leur grâce s'est altérée, s'est effacée. On innove, non pas dans le génie de notre langue, mais contre son génie, toujours clair et précis. S'il est un préservatif contre cette erreur, c'est l'étude de l'antiquité française, en remontant jusqu'à Froissart et à Joinville. » *Littérature du moyen âge*, 21e Leçon.

Voici un autre témoignage : « Sénault, fameux prédicateur et général de l'Oratoire, relisait sans cesse Amyot, pour former d'après lui ses phrases et ses périodes. Quand notre illustre d'Aguesseau voulut s'exercer à écrire, et se former un style, il prit le Plutarque d'Amyot, surtout le volume de ses Œuvres morales, et se proposa d'abréger les différents traités dont ce volume se compose. Il avait soin de conserver dans son analyse les traits saillants, les mots heureux, les tournures mêmes du style d'Amyot.... » François de Neufchâteau, *Notice sur Amyot*.

L'auteur du *Traité de la prédication, à l'usage des Séminaires*, dit « qu'il serait très-utile de s'exercer à rendre en français les plus remarquables de nos vieux auteurs français, entre autres le P. Lejeune... » Hamon, curé de Saint-Sulpice, *Essais de composition*, p. 286.

remarques sur le genre d'élocution de notre prédicateur, et il nous sera facile de faire connaître dans son ensemble le mérite littéraire de ses œuvres.

Le style, a-t-on dit, c'est l'homme : en d'autres termes, si je ne me trompe, le style c'est le philosophe, le moraliste, le poëte ou le prédicateur. Quel est l'auteur qui nous occupe ? quel fut le genre de ses travaux, le but qu'il se proposa dans ses œuvres ? Nous connaissons l'histoire de sa vie ; interrogeons ses propres déclarations. Vers la fin de sa laborieuse existence, l'infatigable missionnaire réunit et publia ses Sermons, ces mêmes Sermons dont les populaires accents avaient retenti dans toutes les provinces de la France : il espérait par là continuer l'œuvre de ses prédications. Dans la lettre dédicatoire adressée aux archevêques et évêques de France, il dit « que son livre traite des principaux mystères de notre foy, et essaie de former les prestres, qui dans les missions les doivent expliquer aux peuples ; » plus loin il ajoute ces mots : « C'est pourquoy ce livre qui a dessein de former des missionnaires et qui leur fournit les discours dont ils doivent entretenir vos sujets et vos enfans, vous devoit être présenté. » Ailleurs il dira encore : « Comme il y a plusieurs bons curés et missionnaires qui désirent instruire leur peuple... et n'ont pas le loisir ni les livres pour faire des recueils, ce petit ouvrage est fait tout exprez pour leur en fournir (1). »

Connaissant le but que se proposait le P. Lejeune, en publiant ses Sermons, et les circonstances au milieu desquelles il les a prononcés, je puis déterminer le genre d'éloquence de ce prédicateur ; j'ai eu déjà l'occasion de le dire : c'est un soin particulier d'instruire, c'est l'art de parler à la foule, de se faire comprendre de tout le monde, et tout en restant à une certaine hauteur, de faire parvenir la lumière jusqu'aux plus modestes intelligences. J'entrevois dès lors les qualités de l'écrivain.

Le style du P. Lejeune se distingue d'abord par sa simplicité ; sa marche est libre et fuit la contrainte ; il a cet aimable abandon qui nous montre l'heureuse négligence d'un homme plus occupé des choses que des mots. L'auteur ne se permet ni la moindre recherche d'expression, ni la plus simple prétention à l'esprit ou à la finesse, ni ces tournures frivoles et emphatiques dont la vanité ambitieuse aime si souvent à se parer ; il traduit les pensées les plus hardies et les plus profondes par des locutions communes qui se

---

1. *Avis aux Missionnaires*, tome III.

rapprocheraient plutôt d'une espèce de négligence que d'aucune affectation; « il estimoit le genre de parler qui fait comprendre les plus hautes véritez aux esprits les plus simples, beaucoup plus sublime que celuy des plus célèbres orateurs (1). » Je trouve dans le P. Lamy un témoignage qui confirme cet aveu : « Le P. Lejeune, dit-il, ne s'applique pas à divertir ses auditeurs par une éloquence pompeuse, par des paroles riches et étudiées qui n'ont point d'autre fin que de produire dans les auditeurs de l'admiration pour le prédicateur... Je suis charmé lorsque j'entends lire ses ouvrages. Ce ne sont point les richesses du langage et la rareté des pensées qui me surprennent, j'y admire un zèle admirable pour le salut des âmes... Il se proportionne à la capacité de son auditeur; il se sert de termes qu'il sçait être connus du peuple. Il n'a pas égard si ces mots sont purs, pourvu qu'il les entende (2). »

Assurément notre prédicateur ne se proposa jamais d'avilir le langage de la parole sainte; il respectait trop son religieux ministère pour en méconnaître sciemment la dignité; mais, attentif à suivre le précepte qu'il recommandait aux autres, « il regardait

1. *Lettre à Mgrs des Trois États du Languedoc*, tome VI.
2. *VIIe Entretien*.

toujours en chacun de ses sermons quel profit en pourrait retirer un artisan et une servante, et faisait en sorte qu'il n'y eût personne qui n'en pût retirer quelque avantage (1). » Vous pouvez remarquer, en lisant ses discours, comme partout le mot noble se trouve rapproché du mot vulgaire et familier; le passage suivant nous donnera une idée de ce perpétuel mélange de hauteur et de simplicité, de dignité et d'abandon que présente l'élocution du P. Lejeune : « Vous auez en vostre corps terrestre vne âme très noble et très précieuse ; pour en sçauoir la valeur, ne vous en rapportez pas à d'autres qu'à Celuy qui l'a créée, et qui en *manie* tous les jours. Vn marchand sage et bien auisé ne donne pas vne grande somme pour vne *danrée* de peu de valeur, cent *pistoles* pour vne perle qui ne vaut pas cent *sols ;* le Sauveur, qui n'est pas seulement sage, mais qui est la sagesse mesme, a donné, pour raschèter votre âme, ce qui vaut mieux que tous les thrésors de la terre, il a donné tout son sang jusqu'à la dernière goutte (2)...»

Le P. Lejeune ne s'interdisait pas l'usage des métaphores ; il les employait au contraire très-fréquemment. Ces figures embellissent le style d'un écrivain

1. *Avis aux jeunes Prédicateurs.*
2. *Sermon III,* tome I. *De la spiritualité de notre âme,* p. 49.

et lui donnent plus de force et de coloris : elles frappent l'esprit du lecteur d'une clarté vive et soudaine, en abrégeant une comparaison à l'aide d'un mot saisissant qui l'exprime tout entière ; mais elles ne doivent pas être prises de trop loin, ni être forcées, ni présenter un sens équivoque ; leur effet serait alors bien différent : au lieu d'être pour le langage une brillante et utile parure, elles y deviendraient une source d'obscurités. Le P. Lejeune ne paraît admettre que les métaphores faciles à saisir, et qui peignent les objets sous des traits sensibles et familiers : il dira de la volupté, qu'elle est *détrempée* en l'amertume des remords ; de la vie humaine, qu'elle est un *appui* chancelant et incertain ; de l'orgueilleux, qu'il est *affamé* après la louange ; de notre imagination, qu'elle n'est pas assez subtile et *affilée* pour distinguer certaines choses : on lit ailleurs : « O que cette vie (la vie à venir) est heureuse, où il y a continuellement et à perpétuité une *fleur de jeunesse*, dont la vivacité ne se *flétrit* point... une ardeur de charité, dont la *flamme* ne s'assoupit point ! »

N'admirez-vous pas comme, dans ces exemples, l'expression est animée, sans cesser d'être simple et naturelle ? Ces métaphores parlent aux sens et à l'esprit de tous, et n'ont coûté aucun effort à l'imagination de l'écrivain. Le P. Lejeune s'exprime avec force, avec énergie, et il n'emploie que des termes ordinaires, dont tout le monde entend sans peine la signification. On regrette cependant qu'il ait quelquefois poussé à l'excès ce goût de simplicité dans le choix des mots : il n'a pas toujours observé en écrivant les convenances du langage, qui sont blessées dans plusieurs endroits de ses Sermons par l'emploi de locutions triviales ou d'une familiarité trop vulgaire. Le zèle du ministère évangélique ne pouvait, ce semble, autoriser ces écarts : le langage populaire a aussi ses bienséances, surtout s'il est placé dans la bouche d'un orateur sacré. Mais il est si difficile qu'une bonne qualité ne dégénère pas, et sache éviter toujours le défaut qui l'avoisine !

La simplicité chez le P. Lejeune ne nuit pas à l'abondance ; notre prédicateur n'a pas cette rapidité dans l'exposition du sujet, où chaque pensée ajoute à l'effet croissant du discours, et où chaque trait donne une nuance nouvelle aux tableaux créés par l'imagination ; dans ses Sermons, l'idée est souvent redoublée, et le raisonnement se développe avec lenteur : de plus, il donne à sa phrase une ampleur remarquable. Pour être clair, le P Lejeune ne craint pas de multiplier les mots : il se plaît à grossir ses périodes de synonymes, d'épithètes, d'énumérations de parties, de périphrases explicatives ; il nous dit sous toutes les formes : « J'aime à parler si clairement que je me rende intelligible à tout le monde, car on ne doit parler que pour se faire entendre. — Je *m'explique* pour me faire entendre au peuple.— Il faut que *j'explique* ceci au peuple, car pas un de mes auditeurs ne doit ignorer une vérité par ma faute. » — On sent, en lisant ses Sermons, combien le prédicateur est fidèle à remplir ses promesses.

Mais l'imagination est la qualité dominante du style du P. Lejeune : cet orateur excelle à peindre la pensée par la parole, et à mettre devant les yeux ce qu'il veut faire entendre : de là ces vives images, ces tableaux animés, ces couleurs éclatantes qui brillent dans le tissu varié de son style ; de là cette fidélité dans les descriptions, cet intérêt répandu dans les récits, et dont la curiosité humaine est toujours si avide, cette richesse de comparaisons qui rend comme transparentes les pensées de ses discours ; de là ces tours originaux, ces métaphores pittoresques, ces figures hardies, si propres à exprimer la vérité d'une manière saisissante, et si utiles au prédicateur populaire, lorsqu'il doit produire sur l'esprit des masses une impression profonde, toutes ces qualités enfin qui réunies forment cette grande qualité de l'écrivain appelée par les anciens *énergie* (1) et par les modernes poésie de style (2), et dont la perfection forme peut-être le chef-d'œuvre de l'art d'écrire. Dirai-je que le P. Lejeune est irréprochable dans cette partie de son talent ? Non sans doute : on

1. « Ornatus primi sunt gradus in eo, quod velis, exprimendo concipiendoque... Itaque ἐνάργειαν cujus in præceptis narrationis, mentionem feci, quia plus est *evidentia*, vel ut alii dicunt, *repræsentatio*, quam perspicuitas, et illud patet, hoc se quodammodo ostendit, inter ornamenta ponamus. Magna virtus est, res de quibus loquimur, clare, atque ut cerni videantur, enunciare : non enim satis efficit, neque ut debet, plane dominatur oratio, si usque ad aures valet atque ea sibi judex de quibus cognoscit narrari credit, non exprimi, et oculis mentis ostendi. Sed quoniam pluribus modis accipi solet, non equidem eam in omnes particulas secabo... sed maxime necessarias attingam. Est igitur unum genus, quo tota rerum imago quodammodo verbis depingitur ... » Quintilianus, *Instit. Orat. lib.* VIII, cap. 3.

2. « La poésie ne diffère de la simple éloquence, qu'en ce qu'elle peint avec enthousiasme et par des traits plus hardis. La prose a ses peintures, quoique plus modérées ; dans ces peintures, on ne peut échauffer l'imagination de l'auditeur, ni exciter ses passions... C. Je n'avais jamais compris cela. Je vois bien maintenant que ce que vous appelez peinture est essentiel à l'éloquence ; mais vous me feriez croire qu'il n'y a point d'éloquence sans poésie. A. Vous pouvez le croire hardiment. Il en faut retrancher la versification, c'est-à-dire le nombre réglé de certaines syllabes dans lequel le poëte renferme ses pensées. Le vulgaire ignorant s'imagine que c'est là la poésie. On croit être poëte quand on a parlé ou écrit en mesurant des paroles. Au contraire, bien des gens font des vers sans poésie, et beaucoup d'autres sont pleins de poésie sans faire des vers !... La poésie n'est autre chose qu'une fiction vive qui peint la nature. » Fénelon, *Dialogue sur l'Éloquence*, II{{e}}.

découvre çà et là dans ses œuvres quelques traits incorrects échappés à son pinceau naïf ; elles portent en certains endroits le cachet du mauvais goût qui régna si longtemps parmi nous, et le souvenir des lieux où le prédicateur fut appelé à vivre ; *manent vestigia ruris*. Mais, avouons-le, ces défauts sont compensés par d'admirables beautés : quel éclat dans ses peintures, quelle variété de tons et de couleurs !

J'ai parlé précédemment des métaphores dont le P. Lejeune fait un fréquent usage : j'en ai cité quelques-unes, et il m'eût été facile de multiplier les exemples ; le style de ses discours est encore embelli par des comparaisons de tout genre.

L'auteur veut-il montrer la perversité de cette classe de médisants qui ont l'air de parler des défauts d'autrui par commisération pure, il les compare « à l'archer qui, avant que de tirer, approche la flesche de son cœur pour la décocher plus puissamment (1). »

Une autre similitude nous représente l'homme qui n'est plus maître de ses passions, sous les traits « de ce cavalier qui estant monté sur un cheval fougueux, couroit le grand galop par les champs, sans lui tenir la bride ; interrogé : Où vas-tu si vite ? je

---

1. *Sermon LXVI*, tome I, p. 679.

vay, répondit-il, où celuy-cy m'emporte (1). »

Les objets spirituels n'ont rien de si subtil qui sous le pinceau de ce peintre créateur ne se tourne en images sensibles. Voici le tableau qu'il nous présente pour montrer l'excellence et la spiritualité de l'âme : « Quand vous avez entendu un luth, une mandore, ou quelqu'autre instrument de musique qui vous charmoit, et vous déroboit l'âme par les oreilles, si après vous voyez ce mesme luth, immobile et inutile sur une table, vous conjecturez que ces cordes ne se mouuaient pas d'elles-mesmes, et qu'auparavant quand vous entendiez l'harmonie, il y avoit un excellent musicien qui pinçoit et accordoit ces cordes ; vous voyez le corps de votre voisin, après son trépas, immobile, muet, insensible, inhabile à toutes sortes de fonctions ; vous devez donc conjecturer, si vous avez tant soit peu d'esprit, que quand ce corps se mouvoit, quand il parloit, quand il faisoit tant d'autres actions de bonne grâce et si agréables, il y avoit dans ce corps quelqu'autre chose qui devoit être plus noble et plus excellent que luy, comme le musicien est plus noble et plus excellent que l'instrument de musique (2). »

1. *Sermon LVII*, tome II, p. 383.
2. *Sermon III*, tome I, p. 42.

Telle est encore cette belle comparaison qu'il opposait à ceux qui niaient la possibilité de l'Incarnation : « Qu'y a-t-il de plus spirituel qu'une belle pensée, une haute et sublime conception, qui est le pressis et comme la quintessence de l'esprit ? Et cependant j'incorpore ma pensée, je la mesle, je l'enveloppe dans un estre matériel ; car elle est portée de mon esprit au vostre ; elle ne peut entrer en vostre esprit, si elle ne passe par vos sens : et vos sens sont corporels ; elle est donc revestüe d'une voix articulée, d'une parole sensible ; et si je puis incorporer mon verbe mental... pourquoy est-ce que Dieu n'aura pu incarner son Verbe divin dans les entrailles de la Vierge (1) ? »

Le P. Lejeune ne puisait pas toujours dans son esprit l'idée de ses comparaisons ; souvent il les empruntait aux récits des Livres saints. Dans l'un de ses discours, il développe cette maxime que, pour résister au mal, il faut s'attacher persévéramment à la pratique du bien : « Quand vous estes, dit-il, en estat de grâce, Dieu est auprès de vous, il est vostre rempart, vostre bouclier... Lors les démons tremblent, ils s'affligent et se lamentent... Il n'y a

---

1. *Sermon XXX*, tome I, p. 593.

rien qui décourage tant un soldat que de sçavoir qu'il a affaire à un ennemy fort et valeureux. Si Goliath eut sceu que David avoit colleté, étouffé et desmembré les lyons et les ours, il n'eust pas esté si téméraire de l'appeler en duel (1). »

Remarquez ailleurs cette image gracieuse qui nous peint les consolations qu'éprouve l'âme fidèle, au moment de la mort : « Ce fut une bonne nouvelle aux enfans d'Israël quand on leur apporta des fruits merveilleux de la terre de Promission, à laquelle ils devoient bientost entrer. Et quand une âme a gardé les commandemens et les conscils de l'Évangile, elle reçoit à l'heure de la mort des consolations ineffables, qui sont comme des avant-goust et des échantillons de la gloire qu'elle va bientôt posséder (2). »

Lorsque le P. Lejeune veut donner plus de détails et plus d'étendue à ses similitudes, on y retrouve la justesse de son esprit et la fécondité de son imagination ; ses comparaisons plus développées prennent alors la forme d'une allégorie, qui représente l'idée principale du discours. Ainsi, dans son beau Sermon sur l'excellence de la virginité, il compare cette vertu au lis, et il prolonge ce parallèle avec bonheur :

1. *Sermon VI*, tome VII, p. 136.
2. *Sermon XLI*, tome X, p. 221.

« La Mère de Dieu a planté cette fleur au parterre de l'Église... Les Saints ont répandu leur sang pour la conserver en sa verdure et fraîcheur... Les saints docteurs et prélats de l'Église n'ont épargné leurs travaux, veilles, fatigues, pour la cultiver et provigner... »

Les grands effets de l'art d'écrire ne tiennent pas seulement aux rapprochements de choses semblables, mais encore à l'opposition des contraires : « L'âme, dit Montesquieu, aime la symétrie, mais elle aime aussi les contrastes. » Ces oppositions de sentiments et d'idées, de formes et de couleurs, font ressortir les objets les uns par les autres, et répandent dans une composition la variété, le mouvement et la vie. Le P. Lejeune a connu le secret de ces artifices de langage, et il en a fait un usage heureux. Il a un grand nombre de pensées dont le principal effet vient d'un contraste : par exemple, c'est une vérité connue que l'aumône est très-méritoire devant Dieu, et qu'elle procure à ceux qui la font les biens les plus abondants ; l'écrivain voulant donner plus de saillie à cette pensée, imagine une série de vives antithèses :

« Voyez-vous d'un costé ce pauvre qui a perdu la veüe, qui ne peut faire deux pas sans la conduite d'un bâton, et qui choppe à chaque rencontre ? Voyez-vous de l'autre cet homme qui a de bons yeux, bien clairs, bien ouverts? C'est cet aveugle qui conduit ce clairvoyant. Voyez-vous d'un costé ce paralytique qui est estendu sur son lict, immobile comme une statue, perclus de tous ses membres, qui ne peut se remuer? Voyez-vous de l'autre cet homme qui est en bonne santé, qui est gaillard, robuste, dispos, frétillant? C'est ce paralytique qui porte ce robuste, et il le porte bien loin. Voyez-vous ce pauvre tout couvert de haillons, qui ne vit que d'aumosnes, qui couche sur la paille? Voyez-vous ce comte ou ce marquis qui va en carrosse, suivi d'un grand train, tout couvert d'or et de soie? C'est ce pauvre qui nourrit, qui entretient, et qui enrichit ce marquis?... C'est la pure vérité : car ce gentilhomme qui est riche, en bonne santé, et clairvoyant, est conduit au ciel, porté en paradis et comblé de biens temporels par les charitez qu'il exerce envers ce pauvre aveugle et paralytique (1). »

Ailleurs l'indépendance de Dieu contraste avec la souveraineté des rois de la terre, et une élégante profusion de détails rend cette opposition plus sensible : « Les princes de la terre sont nos roys, mais ils ne sont pas nos dieux, et ainsi ils ont besoin de

1. *Sermon LXIX*, tome II, p. 753.

nos biens : s'ils veulent faire la guerre, ils ont besoin de soldats ; s'ils veulent administrer la justice, ils ont besoin d'officiers ; pour entretenir la splendeur de leur cour et les gages de leurs courtisans, ils ont besoin de nos gabelles. Mais le roi du ciel est notre Dieu, et partant il n'a pas besoin de nos biens ; il fait la guerre par des moucherons au plus florissant royaume, à la monarchie d'Égypte ; il administre la justice et fait le procez aux juges mesmes par l'entremise d'un enfant : il suscite le petit Daniel pour convaincre et condamner les faux accusateurs de Suzanne ; il veut que les tailles qu'on luy offre par les holocaustes et les sacrifices se destruisent en les luy offrant ; si on luy offre du vin ou quelqu'autre liqueur, il veut qu'on la répande... pour nous faire toucher au doigt que tous nos dons luy sont inutiles... et qu'il n'a besoin d'aucune chose (1). »

Le style du P. Lejeune brille aussi par les descriptions ; il en offre un grand nombre également remarquables par la variété et le choix des circonstances et par la naïveté pittoresque de l'expression : l'auteur évite dans ses tableaux les abstractions et les généralités ; il s'attache de préférence aux détails, du

1. *Sermon XVII*, tome V, p. 387.

moins à ceux qui sont les plus propres à caractériser l'objet décrit et à en marquer les traits d'une manière prononcée. Tantôt une riante description montre l'industrieuse fécondité de la nature, dont les œuvres « sont toujours plus parfaites et accomplies que les artificielles, parce que c'est la Divinité infiniment sage qui fait ses œuves par son entremise. » — « Si vous voyiez vn petit enfant de deux ou trois ans qui parlast fort éloquemment, qui fist une harangue assortie de toutes ses parties... vous diriez que c'est un ange ou Dieu qui parle par sa bouche? Cependant vous voyez que les petits oiseaux qui ont moins de jugement qu'vn enfant, car ils n'en ont point du tout... font néanmoins le nid de leurs poussins avec autant d'industrie qu'vn architecte sa maison; nous voyons que le cep de la vigne, qui n'est qu'un morceau de bois, pour nous fournir du vin, fait les petites enveloppes qui soutiennent cette liqueur, les pampres qui soutiennent ces petits grains, les feuilles qui tiennent à couuert ces pampres, les sarmens où est attaché ce feuillage : il fait, dis-je, tout cela avec autant de dextérité, de beauté et de comodité; il distribue l'humeur de la terre à ces sarmens, à ces feuilles, à ces pampres, et à ces petits grains avec la mesme justesse et proportion que s'il auoit de l'esprit; il s'aggraffe aux eschallas, il les embrasse et serpente autour d'eux pour monter en haut, sur les épaules d'autruy, comme s'il auoit du jugement, pour connoistre qu'il a besoin de cet appuy ; ne faut-il pas conclure que ces créatures ne font pas cela d'elles-mesmes, mais que c'est Dieu qui le fait par leur entremise (1) ?»

Tantôt c'est une douloureuse catastrophe qui nous est représentée, et avec des couleurs si vraies et des traits si frappants qu'on la dirait placée sous nos yeux... « Mais quand tous deux (Adam et Ève) virent leur fils Abel, un jeune homme beau comme vn astre, doux comme un agneau, et déuot comme un ange, étendu roide mort sur la terre, tout soüillé de son sang, horrible et affreux par ses blessures, la viue couleur de son visage effacée, ses joües pâles, ses lèvres livides, ses yeux qui brilloient auparavant, entièrement esteints et amortis, d'abord ils n'eurent pas la pensée qu'il fust mort, parce qu'ils n'en avoient jamais veu ; mais s'approchant de luy, ils luy dirent : Abel, que faites-vous là ? Qui vous a ainsi accomodé ? Abel ne dit mot : Abel, mon cher Abel, ne me dites-vous rien ? Mon fils, répondez donc ! Abel n'a plus de paroles, plus de voix, plus de veüe, plus de mouvement... (2) »

1. *Sermon XLIII*, tome VI, p. 56.
2. *Sermon XXIX*, tome V, p. 659.

Mais quel orateur a mieux connu l'art de fixer l'attention par la vivacité des tours, et de la réveiller sans cesse par une piquante variété ? J'aime dans les sermons du P. Lejeune ces figures hardies qui détournent la parole de son cours ordinaire, et qui tempèrent la sévérité du ton didactique, en le diversifiant ; j'aime dans le même auteur ce style direct et dramatique, ces dialogues oratoires qui tiennent les auditeurs en haleine, au milieu des développements où leur intérêt pourrait languir.

Remarquez d'abord comme il emploie fréquemment l'interrogation, de toutes les figures la plus saisissante et la plus persuasive; car elle fait pénétrer presque de vive force dans l'âme de ceux qui écoutent les pensées et les émotions de l'orateur : je me contenterai de produire les exemples suivants où les interrogations accumulées me paraissent être d'un grand effet ; on lit dans l'un des Sermons sur la pénitence : « La charité que nous deuons à nous-mesmes et à nostre salut nous doit presser et solliciter de hâter notre conversion... Si nous estions griefvement blessés au corps, attendrions-nous vn mois ou deux à y faire mettre un appareil ? Ne craindrions-nous pas que la gangrène ne s'y mît, ou que la playe ne devînt incurable ? Quand nostre prochain est tombé en faute, le commandement de la charité ne nous oblige-t-il pas à la correction fraternelle ? Et nostre âme ne nous est-elle pas aussi chère et aussi précieuse que notre corps ? Nostre salut ne nous est-il pas aussi important que celuy de notre prochain ? Et puis, quand attendez-vous à faire pénitence ? à l'heure de la mort ? en la vieillesse et au temps à venir ? Ne voyez-vous pas que ce sont des piperies du diable (1) ? »

Quelquefois l'interrogation est suivie de la réponse faite par l'orateur lui-même, comme dans cet exemple : Quelle apparence de sanctifier un homme qui est esclave de ce vice (l'avarice) ? La miséricorde de Dieu ? son avarice l'empesche de la mériter par des œuvres de miséricorde, et de suivre ce conseil du prophète Daniel, qui dit : Rachetez vos péchez par des aumônes. Qu'est-ce qui le convertira ? l'infirmité de la vieillesse qui refroidit et qui tempère toutes les autres passions ? Mais celle-cy s'enflamme et s'augmente à mesure qu'on s'avance en l'âge. Qu'est-ce qui le convertira ? les prédications ? Hé ! quelles prédications plus saintes, plus puissantes, plus efficaces que celles du Sauveur, et les Pharisiens s'en mocquoient

---

1. *Sermon IX,* tome 1, p. 162.

parce qu'ils estoient avaricieux, dit l'historien sacré. Et puis l'avarice est cause des larcins, les larcins obligent à la restitution, et la restitution ne se fait que très-rarement et à demy (1)... »

Ailleurs, l'orateur sacré semble permettre qu'on l'interroge lui-même et qu'on lui présente des objections, en se chargeant d'y répondre ; vous diriez alors que ses auditeurs engagent avec lui un dialogue animé : cette forme de langage produit dans le discours un très-bel effet, et si elle n'autorise pas l'auditoire à élever la voix en réalité, elle semble l'inviter à écouter plus attentivement. Les Sermons du P. Lejeune renferment une foule d'exemples de ce dialogisme oratoire ; les deux suivants m'ont paru remarquables : « Il y a des gens qui sont si mal-aisez à contenter que Dieu ne sçauroit leur plaire, quoy qu'il fasse. S'ils voient un méchant homme avec un peu de bonne fortune, ils murmurent contre la Providence divine : si Dieu abhorre le péché, pourquoy n'a-t-il pas en horreur le pécheur qui le commet? Et s'il a en horreur le pécheur, pourquoy donne-t-il sa bénédiction à ses troupeaux, à ses moissons, à ses entreprises? Pourquoy le conserve-t-il si longtemps

---

1. *Sermon LXIV*, tome II, p. 624.

en vie? — Et s'il faisoit mourir tous les vicieux, où seriez-vous vous-mesmes, il y a plus de dix ans? Vous murmurez de ce qu'il fait du bien à un tel pécheur, et vous trouveriez mauvais, s'il ne vous en fesoit point à vous, dis-je, qui estes aussi grand pécheur que pas vn. Sçachez qu'il fait du bien à ce vicieux qui l'offense et à vous qui murmurez contre luy, afin de gagner son cœur et le vostre (1). »

Et ailleurs : « Vous dites : Dieu ne m'a fait pour me perdre ; et ne me damnera pas, quoyque je commette un péché. — Voilà un beau raisonnement ! Dieu avoit-il fait le mauvais riche, Judas et Satan pour les perdre ? Donc selon votre compte, ils ne sont pas damnez. L'Évangile est contraire à votre pensée ; il dit que le mauvais riche est damné... il dit que Dieu vous perdra si vous estes mauvais.

« Vous dites : J'ay des biens en abondance, j'ay gagné tous mes procez, je suis en bonne santé, tous mes enfans se portent bien, c'est signe que Dieu m'affectionne ; il n'est donc pas si sévère à ceux qui pèchent comme on crie. — Pensée vaine ! L'Évangile vous est contraire ; il dit en l'Apocalypse : je reprens et chastie ceux que j'ayme ; et saint Paul : Dieu chastie tous ceux qu'il reçoit pour ses enfants.

1. *Sermon XLV,* tome II, p. 106.

« Vous dites : Quand j'auray pris mes plaisirs toute ma vie, et que j'auray commis des péchés à milliers, qui m'empeschera de me conuertir à Dieu? Ne suis-je pas maître de ma volonté? — Pensée vaine ! puisque saint Paul vous dit que la véritable conversion n'est pas seulement l'effet de la volonté de l'homme, mais de la miséricorde de Dieu.

« Il est vray, direz-vous; mais cette miséricorde n'est refusée à personne. — Le mesme apostre vous remet en mémoire ce que Dieu dit à Moyse : « J'auray pitié de qui je voudray, et je feray miséricorde à qui il me playra (1). »

Il y a dans les Sermons qui nous occupent un autre genre de dialogue non moins intéressant. Quand le P. Lejeune a un fait à présenter (histoire, exemple ou parabole), le plus souvent il ne raconte pas, mais il se plaît à créer une action (2) dont vous devenez le spectateur ; il met des personnages en présence, auxquels il prête un langage conforme à leur situation respective ; vous êtes transporté au

---

1. *Sermon VI*, tome V, p. 131.
2. « Un dernier moyen de rendre les vérités claires, c'est la narration : le peuple aime tant cette manière ! il arrange tout, même les choses spirituelles, en histoires, en légendes, en faits qu'il raconte ; en cela il faut l'imiter : il faut mettre en action une vérité dogmatique ou morale, l'attacher à un fait, et puis la

milieu d'une scène dramatique ; vous voyez, vous entendez les principaux acteurs ; vous suivez le développement de l'action qui a ses péripéties et son dénouement : cette vivante exposition a le mérite de nous toucher sensiblement, et il est difficile de ne pas adopter les conclusions que l'auteur tire des faits si ingénieusement présentés.

Quelquefois même l'auditeur est mis en scène ; l'orateur semble s'effacer ; c'est votre interlocuteur et vous qui parlez, qui agissez : quel mouvement rapide dans ces demandes et dans ces réponses ! dialogue à la fois piquant et instructif qui plaît par la familiarité pittoresque du langage, et qui montre certains événements de l'histoire dans tout l'éclat de la vérité ! Lisons par exemple l'admirable Sermon sur l'établissement de la Foi : l'orateur voulant montrer ce qu'eut de merveilleux ce grand fait historique, imagine l'entretien suivant : « Supposons que vous ayez esté au temps auquel le Fils de Dieu étoit sur la

raconter, en faire un petit drame en quelque sorte. Ce moyen est puissant sur le peuple et sur les lettres, et il produit toujours un grand effet, quand il est bien employé... Le P. Lejeune, à part certaines expressions et certaines tournures vieillies ou étranges, a en ce genre des choses charmantes, et qui devaient être d'un merveilleux effet. Il veut prouver l'énormité du péché, et il raconte ainsi la punition d'Adam et d'Ève. . » Mullois, *Cours d'éloq. sacr. et populaire*, c. V, p. 156.

terre par sa présence corporelle et visible, et que ne le connaissant pas, mais pendant que ce fust vn simple artisan en la boutique de saint Joseph, il vous eust entretenu de ses desseins et vous eust dit : C'est moy qui ay fait le soleil, la lune et les étoiles, le ciel et la terre, et je les ay faites sans peine. Voyez-vous cette fille qui file sa quenouille, c'est ma Mère et elle est Vierge ; c'est elle qui m'a enfanté, et néanmoins elle est aussi pure que lorsqu'elle vint au monde. — Hé! luy eussiez-vous dit, il faudroit être bien simple pour vous croire. — Il faudroit être bien simple pour me croire? Je le feray pourtant croire aux empereurs, aux princes, aux politiques, aux philosophes, aux orateurs, non pas en vne contrée seulement, mais en Europe, en Asie, en Afrique, et en toutes les parties du monde, et je me feray adorer comme Dieu par toute la terre habitable. — Voilà de beaux desseins, luy eussiez-vous dit, voilà une entreprise généreuse, mais par quelle voye en venir à bout? Auez-vous les gens, les instrumens, les munitions de guerre, nécessaires à une conquête de si longue haleine? N'est-ce point que vous auez trouvé la pierre philosophale?... — Non, vous eust-il dit, mais je veux le faire par l'entremise de mes disciples, qui seront si pauvres, que l'un des principaux, nommé Paul, gagnera sa vie à la sueur de son front... — Peut-être luy eussiez-vous dit, qu'ils seront vaillans, courageux, aguerris... pour affronter les hazards, mépriser la mort, passer à teste baissée, et se faire jour à travers les escadrons hérissés de piques, pour briser les rochers et applanir les montagnes? — Non, mais au contraire, ils seront timides, lasches et fuyards... — Ils seront donc en grand nombre; peut-être que plusieurs monarques qui veulent faire une ligue, et vous auoir pour général d'armée, vous ont promis cinq ou six cent mille hommes, afin de suppléer par leur multitude à leur peu de courage?— Non, vous eust-il dit, mais je n'en veux que douze ou treize, pas dauantage. — Ce seront donc des Platons et des Aristotes, des Cicérons et des Démosthènes, ou d'autres gens de même trempe, qui auront un esprit brillant, et qui par les charmes de leur éloquence, et par la force de leurs raisons, gagneront toutes les volontés, ou les soumettront toutes à la vostre? — Non, mais ce seront douze pescheurs, grossiers, ignorans, inciuils, idiots... Bref, je veux que ces douze apôtres sans noblesse, sans puissance et sans richesses, sans authorité et sans science, sans force et sans éloquence, sans armes et sans violence, sans intrigues et sans prudence humaine, assujétissent tout l'Vnivers à mon empire. — Ouy, (luy eussiez-vous dit), c'est donc que vous voulez donner par vos loix une grande liberté, enseigner aux hommes que tout ce qui leur plaît leur est permis... et ainsi les attirer par les amorces de cette douce liberté! — Non, mais tous les appas que je veux leur proposer, c'est de combattre tous les désirs de leur sensualité et mortifier leurs appétits... — Dites-moy, de grâce, téméraire que vous êtes (pardonnez-moy, si je vous parle ainsi), par quels moïens espérez-vous parvenir à vos prétentions, et avec quelles armes ces douze Apostres, prétendus conquérans du monde, pourront-ils vous assujétir tous les hommes? — Je veux qu'ils le fassent en s'humiliant deuant tout le monde, endurant toutes sortes d'affronts et d'injures, viuant très-pauurement et très-austèrement, mourant très-douloureusement et très-honteusement. — Pauure homme, et où est vostre jugement? Comment pensez-vous paruenir à une fin par des moïens si contraires? Aux honneurs par l'ignominie, aux richesses par la pauvreté, aux grandeurs par les humiliations, à l'immortalité par une mort infâme? Qui a jamais dit, qui a jamais entendu, qui a jamais fait rien de semblable (1)?... »

1. Je soupçonne que Mgr Frayssinous a imité ce dialogue dans l'une de ses Conférences ; lisez son discours sur la fonda-

Cette fiction vive ne met-elle pas devant les yeux les obstacles que le christianisme devait rencontrer dans le monde, et qui eussent été invincibles pour toute autre religion ? Comme elle prépare cette conclusion éloquente ! « Et néanmoins le voilà fait, le voilà projetté, le voilà exécuté.... Et cette conqueste s'est faite si admirablement que les roys et les em-

tion du Christianisme, l'orateur y établit un entretien à peu près semblable : « Me transportant par la pensée aux temps anciens où toutes les nations étaient idolâtres, je suppose qu'au moment où Jésus-Christ commence à parcourir la Judée pour y annoncer sa religion, il est rencontré par un philosophe. Je suppose que Jésus ait avec ce philosophe la conversation suivante :

— Quel est, demande le philosophe à Jésus, quel est votre dessein en parcourant ainsi les villes et les bourgs de la Judée, pour enseigner au peuple une doctrine nouvelle ? — Mon dessein, répond Jésus, est de réformer les mœurs de toute la terre, de changer la religion de tous les peuples, de détruire le culte des dieux qu'ils adorent, pour faire adorer le seul Dieu véritable ; et quelque étonnante que paroisse mon entreprise, j'affirme qu'elle réussira.

— Mais êtes-vous plus sage que Socrate, plus éloquent que Platon, plus habile que tous les beaux génies qui ont illustré Rome et la Grèce ? — Je ne me pique pas d'enseigner la sagesse humaine ; je veux convaincre de folie la sagesse de ces sages si vantés ; et la réforme qu'aucun d'eux n'eût osé tenter dans une seule ville, je veux l'opérer dans le monde entier, par moi ou par mes disciples.

— Mais du moins vos disciples, par leurs talens, leur crédit, leurs dignités, leurs richesses, jetteront un si grand éclat, qu'ils effaceront le Portique et le Lycée, et qu'ils pourront aisément entraîner après eux la multitude ? — Non, mes envoyés seront des hommes ignorans et pauvres, tirés de la classe du peuple, issus de la nation Juive, qu'on sait être méprisée de toutes les pereurs ont enchâssé dans l'or parmi les pierreries de petites pièces du gibet du crucifié, et qu'ils portent par honneur au-dessus de leur diadème l'image de sa potence. Les testes des monarques, tout éclatantes de rubis et de diamants, se sont baissées sous les cendres de ces pauures villageois qui ont été les disciples de cet homme pendu. »

L'exclamation et l'apostrophe sont aussi des figures autres ; et cependant c'est par eux que je veux triompher des philosophes et des puissances de la terre, ainsi que de la multitude.

— Mais il faudroit du moins que vous puissiez compter sur des légions plus invincibles que celles d'Alexandre ou de César, qui portassent devant elles la terreur et l'épouvante, et disposassent les nations entières à tomber à vos pieds. — Non, rien de tout cela n'entre dans ma pensée. J'entends que mes envoyés soient doux comme des agneaux, qu'ils se laissent égorger par leurs ennemis ; et je leur ferois un crime de tirer l'épée pour établir le règne de ma loi.

— Mais vous espérez donc que les empereurs, que le sénat, que les magistrats, que les gouverneurs des provinces favoriseront de tout leur pouvoir votre entreprise ? — Non, toutes les puissances s'armeront contre moi ; mes disciples seront traînés devant les tribunaux ; ils seront haïs, persécutés, mis à mort ; et pendant trois siècles entiers, on s'efforcera de noyer dans des flots de sang ma religion et ses sectateurs.

— Mais qu'aura-t-elle donc de si attrayant, cette doctrine, pour attirer à elle toute la terre ? — Ma doctrine, réplique Jésus, portera sur des mystères incompréhensibles. La morale en sera plus pure que celle qu'on a enseignée jusqu'ici ; mes disciples publieront de moi que je suis né dans une crèche, que j'ai mené une vie de pauvreté et de souffrances, et ils pourront ajouter que j'ai expiré sur une croix, car c'est par ce genre de supplice que je dois mourir. Tout cela sera hautement publié, de diction fort belles : elles permettent à l'écrivain, à l'orateur, au poëte, de faire éclater, comme par une explosion soudaine, la chaleur des sentiments qui les animent, quand elle est devenue irrésistible ; mais ces tournures extraordinaires doivent être ménagées à propos ; prodiguées, elles blessent et importunent. Le P. Lejeune était trop profondément convaincu des

> tout cela sera cru parmi les hommes ; et c'est moi qui vous parle, que la terre doit adorer un jour.
> — C'est-à-dire, répond enfin le philosophe avec un ton de pitié, que vous prétendez éclairer les sages par des ignorants, vaincre les puissances par des hommes foibles, attirer la multitude en combattant ses vices, vous faire des disciples en leur promettant des souffrances, des mépris, des opprobres et la mort ; détrôner tous les dieux de l'Olympe pour vous faire adorer à leur place, vous qui devez être, dites-vous, attaché à une croix, comme un malfaiteur et le plus vil des esclaves. Allez, votre projet n'est qu'une folie ; bientôt la risée publique en fera justice. Pour qu'il réussit, il faudroit refondre la nature humaine ; et certes, la réforme du monde moral, par les moyens que vous me proposez, est aussi impossible que la réforme de ce monde matériel ; et plutôt que de croire au succès de votre entreprise, je croirois que vous pouvez, d'un mot, ébranler la terre, et faire tomber du firmament le soleil et les étoiles.
> Voilà, Messieurs, comme je me figure qu'auroit pensé et parlé un philosophe à qui Jésus eût communiqué le dessein de convertir le monde païen au christianisme ; et sans doute le succès étoit tellement impossible, à ne consulter que la raison humaine, que toute la sagesse eût été en apparence du côté du philosophe. Hé bien, ce qui étoit humainement impossible est précisément ce qui est arrivé ; la sagesse humaine a été confondue, toutes les idées ordinaires ont été bouleversées ; la folie de la croix a triomphé de l'univers : et voilà l'immortel monument de la divinité du christianisme.

vérités qu'il prêchait aux autres, il était trop désireux de faire du bien à ses semblables, pour que son style ne se colorât pas du feu de son zèle : c'est dire qu'il a su employer ces vives formes de langage, si propres à exprimer les mouvements de la passion ; toutefois il n'en abuse point : quand il les met en usage, il y est toujours porté par l'élan naturel de son émotion.

Tantôt c'est un cri d'admiration qui échappe à l'orateur : « Voyez ce que c'est qu'un homme en comparaison de tout le monde ; tout le monde n'est qu'un atome en comparaison de Dieu ; et qu'est-ce donc qu'un homme en comparaison de Dieu ? Et toutefois, ô merueille ! ô merueille ! dites-le avec moy, mes chers auditeurs ; quand nous le dirions cent mille fois, nous ne le dirions pas assez ; ô merueille ! ô merueille ! Dieu s'est fait homme (1). »

Ailleurs c'est une apostrophe véhémente adressée même à des choses inanimées : « L'Écriture et les Saints disent que la peine des damnés est une mort éternelle ; si c'est une mort, comment est-elle éternelle ? si elle est éternelle, comment peut-elle estre une mort ? O vie immortelle ! ô mort éternelle ! je ne

---

1. *Sermon XXX*, tome I, p. 590.

sais comment t'appeler : si tu es vie, comment fais-tu mourir? si tu es mort, comment dures-tu si longtemps?.... En la vie, pendant qu'elle dure on a quelque plaisir ; en la mort, pendant qu'on endure, on a espérance qu'elle finira bientôt ; mais toy, ô mort éternelle ! tu es le mal de la vie et le mal de la mort, car tu retiens le tourment de la mort sans aucune fin, et la durée de la vie sans aucun contentement (1). »

Quelquefois aussi une pieuse invocation, une élévation de l'âme vers Dieu, vient mêler l'onction de la prière à la force du raisonnement : « Vous dites : Un tel a dérobé ou gâté mon bien, c'est la raison qu'il me satisfasse ; il m'a griefvement offensé, je ne veux pas vser de violence, je le veux avoir par justice.... — C'est la raison que celuy qui vous a offensé soit puni, c'est aussi la raison que celuy qui a offensé Dieu, comme vous, soit châtié. La justice des hommes est permise parce qu'elle est établie de Dieu, et la justice de Dieu est beaucoup plus louable et digne d'être exécutée. Mais, non, mon Dieu, ne l'exercez pas sur nous ; je ne demande pas la justice, mais la miséricorde ; je ne veux pas la raison, mais la pitié et la compassion : si vous n'estes que juste envers moy, si vous voulez

---

1. *Sermon* XXXIV, tome VII, p. 902.

tirer raison, si vous voulez estre satisfait, je suis perdu sans ressource, car c'est la raison que je sois chastié, et je l'ay mérité cent et cent fois (1). »

Remarquez enfin ces tournures plus familières et plus expressives, par lesquelles le prédicateur interpelle si fréquemment son auditoire : on reconnaît à ces brusques saillies, à ces traits vigoureux et inattendus, le ton de l'éloquence populaire; je citerai quelques exemples : «.... Voyez que les Saints n'ont pas seulement redouté le péché, mais l'occasion, l'ombre même du danger; et vous ne voulez pas quitter une occasion prochaine ! Qu'en dites-vous ? qu'en pensez-vous ? direz-vous après cela que vous craignez de ruyner vos affaires.... — Vous vous réjouissez de ce qu'ayant commis un grand nombre de péchés, vous n'en avez point reçu de chastiment. Vous vous trompez ! vous vous trompez ! n'est pas échappé qui traîne ses liens.... — Vous serez reçu en la compagnie des Saints, associé à leur gloire, et participant à leur joie ! Qui ? vous ! un blasphémateur ! un apostat ! un arrogant ! un vindicatif !.... — Voulez-vous sçavoir comment les mauvaises actions que vous commettez par l'aveuglement

1. *Sermon XXII*, tome V, p. 513.

d'esprit ne sont pas excusées devant Dieu ? Croyez-vous que les païens qui ont martyrisé les apôtres.... soient impunis ? Ils sont damnés, n'est-il pas vray ? et néanmoins ils pensoient bien faire.... »

Ces figures de pensées, ces qualités de style ont d'autant plus de prix qu'elles sont le produit spontané de l'imagination de l'auteur. Le P. Lejeune met peu de recherche dans sa composition ; il n'y a chez lui ni calcul de vanité, ni prétention à la gloire d'écrivain ; les ornements de son style naissent librement sous sa plume, par le seul mouvement de la pensée, comme les fleurs dans les champs par la seule impulsion de la nature ; ils tiennent uniquement au sentiment qui anime le prédicateur et à l'effet qu'il veut produire. « Dans les arts, a dit excellemment Fénelon, il faut que tous les morceaux nécessaires se tournent en ornements naturels ; tout ornement qui n'est qu'ornement est de trop ; retranchez-le, il n'y a que la vanité qui en souffre (1). » Ces paroles s'appliquent très-bien aux œuvres qui nous occupent. Le P. Lejeune, dévoué aux seuls intérêts de la gloire de Dieu et du bien des âmes, parle une langue claire, facile, abondante, rehaussée de comparaisons et d'images

1. *Lettre à l'Académie.*

sensibles ; puis, pour faire sur l'auditeur une impression décisive, il s'adresse directement à lui, le prend à partie, le presse de questions, détruit ses doutes, confond ses excuses, et le force en quelque sorte à se rendre. De là dans ses Sermons ces attitudes variées de la pensée, si pleines de mouvement et de vie ; de là ces figures expressives, que, dans une revue peut-être imparfaite, j'ai tâché de signaler au lecteur.

Ajoutons un dernier trait qui achèvera de peindre la physionomie de notre auteur ; il ne faudrait pas se faire une idée générale sur la manière de l'écrivain, d'après ses qualités les plus remarquables : Le P. Lejeune admet dans son style des variétés et des exceptions ; l'auteur se sert très-heureusement d'une élocution naïve et familière, quand, par exemple, faisant l'application des choses aux personnes, il descend aux détails de la pratique ; mais il ne se sert pas moins naturellement du langage le plus fort, le plus précis, et quelquefois même le plus magnifique, quand la grandeur du sujet anime sa pensée. Voyez avec quelle élégante sobriété cet écrivain si abondant trace le portrait de l'orgueilleux : « L'orgueilleux, dit-il, est tout défiguré et décontenancé ; son âme est agitée de passions, et son corps de mouvemens déresglés ; sa tête tourne comme une girouette, ses yeux roulent incessamment pour épier si on le regarde, si on l'honore, si vn autre va de pair avec luy, pour regarder ou par envie ou par desdain, les habits, les comportemens, les façons de faire des autres ; sa langue est effrénée en babil ; son port, ses gestes, ses desmarches, ses paroles témoignent son humeur altière ; elles ressentent les puantes halenées et les influences contagieuses de Lucifer (1). »

N'est-ce pas dans le P. Lejeune que je trouve ce passage admirable qui est digne, pour la beauté des pensées et la richesse des expressions, d'avoir été tracé par la main de Bossuet ? « De toutes les créatures visibles que la toute-puissance de Dieu a fait éclore du néant, la plus admirable, c'est l'homme : de deux moitiez qui sont en l'homme, la plus excellente c'est l'âme : de toutes les facultez de l'âme, la première, la plus spirituelle et la plus noble, c'est l'esprit.

---

1. *Sermon LXIII*, tome II, p. 615. — Ailleurs il nous peint fidèlement et en quelques traits, « ces esprits qui sont naturellement soupçonneux, couverts, qui font une réflexion sur tout, qui se desfient, s'ombragent, s'offencent, se choquent de tout ; quand ils sont vne fois vlcérez, ils sont sensibles au moindre choc, ne peuuent rien endurer, interprètent tout en mauvaise part ; ils reçoivent de la main gauche ce qu'on leur donne de la droite ; vne parole ambiguë laschée à la volée, vn geste ou vne action faite innocemment leur donne du soupçon et des jugemens téméraires. » *Sermon LI*, tome VIII, p. 282.

Cette puissance est à nostre âme ce que les yeux sont à nostre corps, ce que les juges sont à l'Estat, et ce que le soleil est au monde. Par cette puissance nous mesurons la hauteur des cieux, la profondeur de la mer, la rondeur de la terre ; nous connaissons le mouvement des astres ; nous gouvernons les élémens, nous découvrons les propriétez des plantes, nous domptons les animaux, nous obligeons toutes les créatures à nous servir, nous portons le sceptre et la couronne de la monarchie de cet univers. C'est l'esprit qui est le père des sciences, l'inventeur de tous les arts, le principal ressort des actions humaines. — Et ce qui est bien plus honorable, il est la première porte par où Dieu entre en nos cœurs, il est le thrône de la Foy, le temple de la prophétie, le sanctuaire de la béatitude : *Hæc est vita æterna ut cognoscant te....* »

CHAPITRE X

Un chapitre d'histoire ; — le P. Lejeune et les mœurs contemporaines ; — le clergé et les appels comme d'abus ; — les parlements et les procès ; — le luxe et la misère ; — les impôts ; — la guerre et les fléaux qui en furent la suite ; — la foi des peuples ; — ordres religieux et saints évêques.

Je voudrais, en terminant ces études, donner une idée des vives peintures que le P. Lejeune nous a laissées des mœurs contemporaines ; pour corriger le mal et les abus, le prédicateur devait les exposer aux yeux, et mettre l'auditeur en demeure de convenir de ses fautes ; ces tableaux éloquents destinés d'abord à éclairer les consciences appartiennent maintenant à l'histoire, et peuvent servir à nous faire connaître l'état des esprits et de la société à cette époque.

Quand le P. Lejeune faisait retentir dans les provinces de la France les accents de sa populaire éloquence, le XVIIe siècle achevait la première moitié de son cours, et entrait dans sa seconde phase. Ce siècle qu'on a décoré du nom de grand et qui mérite sous tant de rapports ce titre glorieux ne nous est connu que par son côté poli et brillant ; d'habiles observateurs ont jeté, il est vrai, sur cette période de notre histoire, un regard plein de sagacité et de profondeur ; mais leurs études s'appliquaient principalement aux classes élevées, à la cour, au monde élégant et lettré; la vie réelle, la vie populaire, les mœurs et les passions de la province revivent peu dans leurs écrits ; les sermons de notre missionnaire offrent ce caractère remarquable qu'ils représentent fidèlement la condition la plus générale des hommes et des choses dans ces temps déjà si éloignés de nous ; étudiés sous ce rapport, ils offrent encore un grand intérêt. Le P. Lejeune parcourut les diverses contrées de la France ; témoin de tout ce qui s'y passait, observant le mal pour y remédier, et le bien pour le seconder, prêtant l'oreille aux murmures de la foule et aux plaintes qui s'élevaient, il dut connaître mieux que personne l'état de la province et les mœurs de ses habitants.

N'oublions pas que la France venait de subir une guerre cruelle, la plus cruelle de toutes, où elle dut défendre à main armée son antique foi contre ceux de ses enfants qui voulaient la lui ravir ; n'oublions pas qu'à peine reposée de ces secousses elle se trouva engagée dans la lutte terrible qui pendant trente ans couvrit l'Allemagne et les pays d'alentour de sang et de ruines, et qu'enfin, pour comble de maux, la Fronde alluma de nouveau dans son sein le feu des discordes civiles. Ces graves et terribles événements eurent souvent leur théâtre, et toujours leur contre-coup dans les provinces ; plus d'un trait, plus d'une parole échappée au P. Lejeune nous montreront sous son vrai jour cette société tourmentée.

Le ministère sacré avait, lui aussi, souffert des injures et des malheurs des temps ; sans renoncer en entier à l'esprit de son état, le clergé avait perdu néanmoins cette sainte discipline et cette gravité qui rehaussent son caractère aux yeux du monde ; mais, hâtons-nous de le dire, sous l'heureuse influence du concile de Trente qui s'étendait de jour en jour, avec le secours des bons exemples que lui donnaient de saints religieux, il entra peu à peu dans une voie nouvelle ; l'Église vit revenir ses ministres à la pratique de la piété et à la culture des sciences divines ; en lisant les sermons du P. Lejeune on peut constater cet heureux progrès : dans les premières conférences adressées aux prêtres, il leur fait les plus vifs reproches ; il a de rudes paroles pour flétrir leur vie mondaine et déréglée (1) ; mais plus tard, dans ses derniers discours, son ton s'adoucit, ses conseils deviennent affectueux et encourageants ; on sent que l'orateur ne s'attaque plus au scandale (2).

1. « Qu'est devenue cette splendeur et cet éclat qui estoit autrefois attaché à l'estat ecclésiastique ? l'honneur, le respect, la révérence, et la crainte filiale qu'on portoit aux prestres de la primitive Église ? D'où vient que tout cela est terny et obscurcy ? C'est qu'alors on ne voyoit les prestres qu'à l'autel et en chaire, et que maintenant on les voit au cabaret, à la comédie, aux jeux et dans les compagnies mondaines, *dispersi sunt omnes lapides Sanctuarii in capite omnium platearum.* » *Sermon LIII, de l'honneur dû aux Prêtres*, t. II. — Voir aussi le sermon « contre le vice qui peut empescher un prestre d'administrer validement les sacrements, qui est l'Yvrognerie, » t. VI.

2. Lisez les sermons intitulés « *des devoirs des Prêtres* », t. IX. On n'y rencontre plus ces pénibles reproches adressés autrefois aux ministres du sanctuaire ; ils ne renferment généralement que de pieuses considérations sur la dignité du sacerdoce, et de salutaires exhortations à ceux qui en sont revêtus ; voici par exemple comment il s'exprime sur une des fonctions les plus importantes du sacerdoce, la récitation du bréviaire : « N'est-ce pas en effet de la grande bonté de Dieu, qu'il daigne recevoir et agréer les louanges grossières qu'il reçoit des saints de l'Église triomphante, de la militante et de la souffrante, comme il agréa les cantiques des petits enfants hebreux qui chantoient : *Hosanna filio David ?* Et ce nous doit être un puissant motif de nous bien acquitter d'une fonction qui est exercée par tant de signalés et divins personnages ; nous le faisons avec eux, en leur compagnie, unis et associés à leur esprit et à leurs mérites. Combien y a-t-il de bons religieux ? Combien de prêtres dévots ? Combien de saints évêques dans l'univers ? Nous louons Dieu avec eux, nous ne faisons qu'un cœur et un concert tout ensemble...... »

Et plus loin : « Il y a tant de bons prêtres qui disent si dévotement leurs heures avec tant de respect, d'attention, de ferveur et d'amour de Dieu !..... »

Ce renouvellement salutaire fut dû en grande partie à l'établissement des grands séminaires dont la maison de l'Oratoire fut le premier modèle ; les évêques, dans leurs diocèses, s'empressaient de fonder ces pieux asiles, qu'ils plaçaient sous la direction d'hommes éprouvés, empruntés presque tous à la Congrégation de M. de Bérulle et bientôt à celle de Saint-Sulpice ; là, de jeunes lévites se consacraient à l'étude et aux plus saints exercices, et contractaient de bonne heure l'habitude de la régularité et de la décence ; revenus ensuite dans le monde, ils apportaient à leurs confrères plus anciens l'exemple d'une vie édifiante, et aux populations un enseignement solide puisé aux meilleures sources.

Toutefois, bien des abus subsistèrent encore, également funestes à l'Église et à la société. Pour fonder une grande maison, on laissait tout à l'aîné de la famille, et l'on vouait les autres enfants soit à la vie du cloître, soit à l'état ecclésiastique ; de là des vocations forcées et des existences malheureuses, quand elles ne devenaient pas des pierres de scandale ; écoutons l'énergique langage du prédicateur : « Par votre avarice on peut entendre de vous et de vos semblables cette plainte du prophète : *Immolaverunt filios suos et filias suas dæmoniis :* ils ont sacrifié leurs fils et leurs filles aux démons. Premièrement pour faire une grande maison vous donnez presque tout à l'aisné, vous lui donnez de quoi vivre dans le luxe, en oysiveté, débauches, dissolution, gloire du monde ; il mènera une vie toute détrempée en délices, n'ayant éprouvé ce que les biens coustent à acquérir..... Secondement, ses frères murmurent contre luy, ils luy porteront envie, ils auront aversion de luy, luy feront des querelles, luy intenteront des procès, ils se ruineront les uns les autres par permission de Dieu..... Troisièmement, vous jetez votre cadet en la maison de Dieu, ou par la porte ou par la fenêtre, vous le faites d'Église ; quel effroyable aveuglement, quelle horrible tyrannie et oppression de la sainte Église (1) ! »

Le clergé, à l'époque qui nous occupe, était devenu fort nombreux : au dire du P. Lejeune, en certains diocèses, on comptait près de 500 prêtres, y compris les religieux (2). Malheureusement, ceux qui avaient charge d'âme n'étaient pas toujours fidèles à la loi de la résidence, et, qui pis est, pour justifier leur faute, ils s'autorisaient de ce que le décret du concile de Trente qui prescrit non-seulement aux évêques mais aux simples curés de résider au milieu de leur

1. *Sermon LVI,* tom. VIII, pag. 428 et suivantes.
2. *Sermon LIII, de l'honneur dû aux Prêtres,* tome II, p. 286.

troupeau, n'était pas reçu en France (1). Le P. Lejeune combattait de son mieux ces tristes excuses : « Remarquez que le Concile ne fait pas ici une nouvelle ordonnance, mais il déclare à quoi vous estes obligés. S'il faisait une simple ordonnance vous diriez : le concile de Trente n'est pas reçu en France, et l'on pourroit vous repliquer : mais le concile de Latran y est reçu. Or ce Concile, tenu sous Alexandre III, commanda expressément à tous curés et autres, ayant charge d'âmes, de résider personnellement en leurs bénéfices.... Vous avez beau chercher des casuistes flatteurs qui vous forment une conscience à la mode ; ceux qui vous dispensent, quand Dieu vous oblige, ne vous défendront pas quand Dieu vous jugera (2). »

Mais le pire de tous les maux, ce fut la déplorable coutume des appels comme d'abus ; s'il arrivait qu'un prêtre fût censuré par son évêque, bien vite il interjetait appel auprès du parlement de sa province, qui d'ordinaire le recevait aisément. Le P. Lejeune eut le courage de signaler ces procédés malheureux en face de l'une de ces cours souveraines (3) ; ce ne fut pas

1. *Sermon ICXX, des devoirs des Prêtres*, tome IX, p. 584.
2. *Id.*
3. *Sermon LXV, des péchés qui se commettent au palais*, tome VIII, p. 649.

toutefois sans prendre des précautions oratoires ; mais enfin il sut dire toute sa pensée : dans bien des cas l'évêque avait les mains liées ; il ne pouvait agir d'après sa conscience et selon les besoins de son Église, « étant menacé d'autant de procès qu'il pouvait y avoir de ministres infidèles. » On ne saurait imaginer à quel ridicule excès fut poussée cette singulière jurisprudence : s'il faut en croire le P. Lejeune, l'abbé d'un monastère de Champagne, ayant donné à un de ses religieux, pour pénitence de quelque faute, à réciter trois *Pater* et trois *Ave Maria*, le religieux en appela comme d'abus ; il est vrai qu'il fut condamné, mais il en coûta à l'abbé mille écus de frais de justice (1).

Le prédicateur a raison de conclure que ces appels comme d'abus étaient pour l'Église la plus horrible oppression, et pour les populations chrétiennes un continuel scandale. Il est clair que les parlements sortaient de leurs attributions en voulant connaître des causes ecclésiastiques ; cette ingérence était une audacieuse usurpation ; n'eussent-ils pas mieux fait, au lieu de vouloir redresser de prétendus abus de pouvoir commis par les pasteurs de l'Église, de détruire

1. *Sermon LXV, des péchés qui se commettent au palais*, tome VIII, p. 650.

ceux qui s'élevaient dans leur sein ? Ces corps célèbres ont longtemps conservé une haute réputation de science et d'impartialité ; mais je ne sais s'ils ont toujours mérité cette gloire. Le P. Lejeune ne paraît pas avoir eu une foi entière en leur intégrité et en leurs lumières ; s'adressant un jour aux membres d'un illustre parlement, il leur a fait entendre de sévères leçons ; le prédicateur eut soin de dire qu'il n'apportait que des remèdes préventifs, mais on sent bien, en lisant certaines phrases, que plus d'un auditeur avait besoin de ces remèdes. Sans rappeler les justes griefs, communs à toutes les époques, sur la longueur des procédures et la vénalité des juges, que le hardi missionnaire éleva contre son noble auditoire, il lui fit encore des recommandations qui ont vraiment lieu d'étonner ; c'est ainsi qu'il exhorte bravement tous ces fiers magistrats, composant une cour souveraine, à étudier leur droit et tout ce qui était de leur charge : « *Erudimini*, instruisez-vous, leur dit-il, rendez-vous sçavant en la question du droict, en la question de fait, et en tout ce qui est de votre charge..... Au lieu d'estudier tout de bon la jurisprudence, vous vous estes débauchés, vous vous contentez de deux ou trois titres du Code, sur lesquels on vous doit interroger ; vous vous faites exercer sur cela comme ferait un perroquet, vous passez là-dessus docteur ou licencié, vous achetez un état de conseiller : voilà un beau juge et bien digne de son employ ! ne fait-il pas bon mettre les biens, la fortune et la vie des hommes entre les mains d'un tel arbitre ; sachez donc que celui qui vous a fait docteur, connaissant votre ignorance, se damne ; que votre père qui vous achète ou vous résigne un état de judicateur, se damne ; que votre confesseur qui vous absout, se damne, et que vous estes obligé à restitution de tous les dommages et interests qui arrivent aux parties par votre ignorance en cette charge : *erudimini* (1). »

Ce qu'il y a de sûr c'est que les procès se multipliaient d'une manière effrayante ; ils étaient une source de discorde et de ruine pour les familles ; il faut bien que le mal fût grand, pour que le P. Lejeune, dans le sermon particulier qu'il fit à ce sujet, pût dire : « On a coustume de répéter qu'il y a trois fléaux de Dieu ; pour moi j'en compte ordinairement quatre, la guerre, la peste, la famine et les procez, et je croy que ce quatriesme est plus sévère et re-

1. *Sermon LXV, des péchés qui se commettent au palais,* tome II, p. 667.

doutable que les autres trois..... (1) » Quand il parle des différents maux dont la justice divine nous frappe pour châtier nos péchés, ce sont les procès qui viennent en première ligne (2) ; ailleurs il adjure ses auditeurs de se méfier de ces hommes rusés et audacieux, « qui se trouvent, dit-il, en chaque paroisse, vrays loups garous à tout le voisinage ; ces loups de ville ravagent les familles entières ; on les appelle loups garous comme qui dirait gardez-vous ; gardez-vous de les approcher de vous, associer à eux, exercer avec eux quelque commerce ; ils désolent et dévorent tous ceux qui ont affaire à eux. » Ces hommes dangereux faisaient naître les procès ; voici maintenant ceux qui les fomentaient et les prolongeaient : « Procureurs, advocats et autres gens de justice, qui pour prescher en eau trouble et faire valoir le mestier, donnent des inventions à tirer les causes en longueur, demandent ou accordent des délais superflus, qui conseillent d'appeler ou d'é-

---

1. *Sermon LIX, des procès*, tome VIII, p. 504.
2. Qui peut deviner d'où viennent les afflictions ? Vous avez beau revenu, vous dépensez fort peu, vous travaillez beaucoup, et n'avancez point : depuis que ce procès s'est attaché au vaisseau de votre maison, tous les malheurs se sont ligués pour fondre sur votre famille : les tailles, les tutelles, les banqueroutes, les maladies vous accablent de toutes parts.— *Sermon I*, tome I, p. 9.

voquer injustement à un tribunal supérieur, pour vexer la partie (1). »

Ainsi tout n'était pas parfait dans ce siècle fameux ; il offrait hélas ! surtout en province, plus d'un spectacle affligeant. Que dire encore du luxe qui régnait dans la plupart des villes ? On affectait une grande recherche dans les habits, qui n'étaient, à vrai dire, ni plus élégants ni plus gracieux ; ils brillaient surtout par la richesse des superfluités. Les femmes mettaient de la poudre dans leurs cheveux « pour en changer la couleur », du fard sur leurs joues pour les rendre « vermeilles », revêtaient des robes d'un grand prix, « ne servant qu'à orner d'autres robes », et par-dessus « se chargeaient d'atours et de chaînes d'or » ; elles accompagnaient ces vanités « de souris mignards, de contenances étudiées » qui rappelaient les manières cérémonieuses de l'étiquette espagnole que l'on voulait imiter ; ajoutons enfin que, pour accroître leurs frivoles prétentions, elles chaussaient « des patins qui les rendaient de plus haute taille (2). »

1. *Sermon LIX. des Procès*, tome VIII, p. 508.
2. *Sermon LXI, contre les vains ornements des femmes*, tome II, et *Sermon LXVI, du péché le plus ordinaire aux femmes*, tome VIII, *Passim*.

Cette pompe de vanité était assez commune chez les femmes, et n'aurait pas eu d'autre inconvénient que de trahir leurs goûts légers, si elle n'avait servi de complice à un mal plus grand, et n'avait fait ressortir l'immodestie de leur mise ; la pudeur était visiblement offensée dans leur parure ; le pire de tout c'est que cette manière inconvenante de se vêtir devint une mode générale (1) : « On ne voit en vos maisons, en vos rues, en vos Églises, que des femmes descouvertes : on les voit auprez de l'autel, devant le Saint-Sacrement, que vous dites estre votre Dieu, assises parmy les hommes, la face dévoilée..... » Les prédicateurs, les confesseurs ne pouvaient parvenir à détruire une si déplorable coutume ; le scandale devint même si commun qu'on faisait reproche au P. Lejeune de n'en point parler assez souvent : « il y a des hommes qui me disent : « Mon Père, vous ne preschez pas assez contre ces désordres ; il en faudrait prescher non-seulement tous les jours, mais à toute heure, car ils sont cause d'une infinité de péchés..... (2) »

Et cependant le P. Lejeune n'avait pas besoin d'être

---

1. *Sermon LXVI, du péché le plus ordinaire aux femmes,* tome VIII.
2. *Id.*

excité : « Mesdames, s'écriait-il dans un langage énergique, quand vous prenez le matin votre robe ou votre mouchoir de col, vous pouvez dire sans danger de mentir : mieux vaudrait pour moi qu'on me mît à présent une meule de moulin au col et qu'on me plongeât au fond de la mer..... (1) »

Les hommes n'étaient pas non plus exempts de ridicule et d'afféterie dans leurs costumes ; ils portaient « des ajustements puérils » et s'habillaient « avec une mollesse indigne d'eux. » On les voyait se draper dans de riches manteaux d'écarlate, et porter aux pieds des chaussures du travail le plus exquis ; ces chaussures, cousues avec des fils de soie, où « l'on admirait l'éclat des plus fins tissus, les fleurs peintes à l'aiguille, et tout ce que l'art a d'agréable et de curieux », excitaient la vive indignation du prédicateur : « Pour moi, s'écriait-il, je prévois que les jeunes gens d'aujourd'huy porteront, sans rougir, des habits et des souliers comme les femmes en portent..... » Cela ne pouvait tarder en effet : « On voit un jeune homme marcher les yeux attachés en terre, quoique Dieu lui commande de les lever au ciel ; il met sa gloire, non à bien vivre,

---

1. *Sermon LXVI, du péché le plus ordinaire aux femmes*, tome VIII.

mais à être bien chaussé. Voyez-le dans les rues, marcher sur le bout des pieds ; il craint, comme le feu, ou qu'un peu de boue durant l'hyver, ou qu'un peu de poudre en esté ne ternisse l'éclat de ses beaux souliers (1). »

Ces grâces efféminées dont se paraient les jeunes hommes ne font que trop penser aux mignons de la cour des derniers Valois ; il s'en trouvait hélas ! aussi en province : « Si un jeune homme a un père ambitieux et disposé à entretenir ce luxe, sa passion se redouble encore par cette facilité qu'il trouve à la contenter ; que s'il a un père avare, il est contraint d'avoir recours à des moyens plus honteux pour trouver de quoi fournir à tant de dépenses. C'est ainsi que plusieurs jeunes hommes se sont perdus à la fleur de l'âge, qu'ils sont devenus les flatteurs de personnes riches, et qu'ils se sont prostitués à des ministères honteux pour acheter de la perte de leur honneur ce qui devait servir à satisfaire leur luxe (2). »

Ce faste opulent et frivole qui s'étalait dans les classes riches de la société devait faire ressortir

---

1. *Sermon CIX, des causes de la damnation du mauvais riche*, tome IX, *Passim*.
2. *Id.*, page 612.

bien davantage la misère du plus grand nombre ; le P. Lejeune ne manquait pas d'exposer dans de vives peintures ce désolant contraste ; que de fois il en prit occasion pour flétrir la vanité scandaleuse des uns, et pour exciter une généreuse charité en faveur des autres (1) !

La misère fut en effet un des plus grands maux de l'époque ; il faut écouter pour s'en faire une idée, les plaintes émues de notre prédicateur déplorant les souffrances dont il est le témoin : « Vous avez, s'écriait-il pendant une station de Carême, l'occasion de faire miséricorde ; on peut dire maintenant, non pas « *Erat mendicus,* mais *erant mendici* » ; les rues sont pleines de mendiants ; les deux tiers du monde sont en misère, en pauvreté et affliction, ont à peine du pain à demi pour leur faim ; pourquoi ne voudriez-vous pas vous incommoder et jeûner quelque peu pour avoir de quoi faire l'aumône ?.... (2) »

---

1. Il dira, par exemple : « Vous portez en votre rabat pour vingt ou trente escus de toile ou de dentelle et vous laissez souffrir Jésus en la personne de ses pauvres par faute d'une vieille chemise ; vous estes chargée de chaînes d'or, et vous le laissez à la cadène, par faute d'un peu d'argent pour le racheter ; vous n'épargnez rien pour vos cottes de soye et vous le laissez mourir de froid, par faute d'une pièce de grosse bure!... »   *Sermon contre les vains ornements des femmes.*

2. *Sermon CIX, des causes de la damnation du mauvais riche,* tome IX, p 613.

Mais c'est surtout dans les campagnes, chez le pauvre paysan, que la pénurie et le dénûment se faisaient sentir ; voici le navrant tableau que le P. Lejeune nous en a laissé : « ...... Vous devez avoir des entrailles de pitié, des tendresses de compassion envers les pauvres paysans, qui sont l'objet et le but de toutes les disgrâces. Ils n'ont point ou peu de secours spirituels, peu de prédications, je ne scay quels confesseurs; ils ont fort peu d'assistance à la mort : la noblesse les tyrannise, les partisans les surchargent, les gendarmes les rançonnent ; ceux des villes les trompent, les procez les ruynent, les sergents les dépouillent, les Boëmes les volent ; s'il y a des tailles, c'est pour les pauvres gens, s'il y a des subsistances, des quartiers d'hyver, des soldats, des commissions de décime, c'est pour les pauvres gens : tant de misères, tant de larmes, tant de plaintes de ces pauvres villageois, veuves, orphelins, ne vous émeuvent-elles point pour vous empescher de retenir leur bien et d'affliger les affligés ? Vous êtes sourds à leur voix plaintive, mais Dieu ne l'est pas..... (1) »

Dans une autre circonstance, pendant qu'il prêchait

1. *Sermon LVI, de l'avarice*, tome VIII, p. 428.

sur l'aumône, il lui semblait entendre murmurer l'auditoire.... « Nous sommes saignez de tous côtés ; on nous demande, on nous prend, on nous arrache de tout côté, et vous dites, donnez encore ! ouy, car le vray moïen d'arrêter la perte du sang de ce côté-là, c'est de l'épancher de ce côté-cy (1). »

Comme on le voit, des charges énormes pesaient sur le peuple, tandis que certains gentilshommes « empeschaient que les collecteurs de tailles n'en imposassent à leurs métayers ou à leurs favoris autant qu'ils en devraient avoir ; ou bien exigeaient ou permettaient aux fermiers d'exiger des gabelles, des péages, des présents qu'on ne leur doit pas (2). »

Une telle situation ne peut faire honneur aux ministres qui étaient chargés alors du gouvernement de la France ; assurément le cardinal Mazarin a conclu deux traités politiques bien glorieux pour lui ; mais son administration des provinces ne mérite pas les mêmes éloges ; les émissaires qu'il y envoyait pour établir les impôts inspiraient au peuple une profonde horreur : « Satan a fait croire au peuple que les missionnaires étaient des gens envoyés par le Roy ou par M. le Cardinal pour savoir le bien de chacun, afin

1. *Sermon VII, de l'aumône*, tome IX, p. 209.
2. *Sermon LVII, de l'avarice et du larcin*, tome IX, p. 455.

d'establir des impôts à proportion des rapports qu'ils pourraient en faire (1). »

Il est vrai qu'il fallait de l'argent (2) pour soutenir le poids de la lutte terrible dans laquelle le pays était engagé : on connaît les péripéties de ces guerres sanglantes qui déchirèrent si longtemps l'Allemagne, dont la France fut le théâtre à son tour, et que l'Espagne prolongea sur notre sol en se mêlant à nos discordes civiles ; ces guerres funestes vinrent augmenter nos misères ; toutes les provinces de la France ne furent pas également éprouvées ; celles de la frontière eurent le plus à souffrir : la Flandre, la Lorraine, la Franche-Comté, la Bourgogne, qui, pour la plupart, furent si souvent envahies, eurent à subir toutes les horreurs de la guerre et les fléaux qui en sont la suite. Le P. Lejeune n'était-il pas sous une vive impression des tragiques événements de l'époque, lorsqu'il disait : « Mais ce qui m'épouvante davantage c'est de voir en l'Écriture qu'en punition d'un seul péché commis par un particulier, Dieu a envoyé des disgrâces temporelles à tout un peuple. Je considère donc que de misères on voit en un temps

1. *Sermon I*, tome I, p. 9.
2. « Les subsides dureront tant que durera la guerre ; c'est à Dieu seul de donner la paix. » — *Sermon VII*, tome IX, p. 208.

d'extrême famine, de contagion ou de guerre civile ! Durant la famine on voit quelquefois une pauvre mère assiégée de trois ou quatre petits innocents qui lui demandent du pain..... Durant la peste on est contraint d'abandonner ses plus proches parents et ses amis les plus intimes..... Durant la guerre le vice a toute licence, les méchants et les libertins règnent à enseignes déployées, les vertueux sont bafoués, la justice méprisée et la cruauté exercée..... Et, pour tout dire en un mot, la guerre est la mère de la famine, et aïeule de la peste, et la famine vient des ravages qui ont été faits par la guerre (1). »

Le prédicateur cite ensuite divers exemples de la justice de Dieu infligeant aux hommes les plus rigoureux châtiments pour leurs crimes, et il ajoute : « Mais qu'est-il besoin que je vous raconte les guerres, les pestes, les famines et les autres disgrâces que Dieu a envoyées autrefois aux hommes..... N'a-t-on pas vu des effets plus effroyables de cette justice divine en nos jours, sur nos frontières, et à nos portes, en Lorraine, en Picardie et en Franche-Comté ? N'a-t-on pas vu les enfants et les chiens manger ensemble à la voirie la chair crüe des che-

1. *Sermon XXXV, le péché est cause des afflictions temporelles*, tome I, p. 709.

vaux morts de maladie ? N'y a-t-il pas fallu garder les cimetières, de peur que les vivants ne déterassent les morts pour vivoter de leurs carcasses..... Cela ne vous fait-il pas horreur (1) ? »

Je n'insiste pas sur ces tristes détails ; ils suffiront à donner une idée du malheureux état de ces provinces (2). Le P. Lejeune ne pouvait rester sourd aux bruits de guerre qui retentissaient de toutes parts, et il y fait dans ses sermons de fréquentes allusions. Au milieu des lugubres histoires qu'il nous conte, il m'a semblé voir comme un reflet de la gloire du prince

---

1. *Sermon XXXV*. tome I, p. 70, *Passim*.
2. Voir, pour les malheurs qui désolèrent à cette époque la Bourgogne et la Franche-Comté, l'ouvrage de Girardot de Beauchemin, réédité à Besançon en 1842. La guerre de trente ans ravagea ces pays, — pages 212, 213, 232 ; — ce fléau attira à sa suite la peste, autre fléau non moins cruel : « la peste ne fit pas moins de mal que Weimar, tuant partout où elle rencontrait des personnes ; Salim fut le plus affligé ; Saincte-Anne, où j'estois, fut rudement atteint et y mouraient, de 1500 personnes qui y estoient, pas moins de mille, durant les mois de juin et de juillet. » — *Histoire de dix ans de la Franche-Comté et de la Bourgogne*, 1632-1642.

La Lorraine eut aussi à souffrir cruellement de ces calamités désastreuses ; Metz, sa capitale, est décidément la ville du sacrifice ; dans un sermon prêché dans cette ville, Bossuet s'écriait : « Il semble que j'entends tout autour de moi un cri de misère ; ne voulez-vous pas avoir pitié ? la voix des malades est lasse parce qu'elle est infirme ; moins je les entends et plus ils me percent le cœur ; mais si leur voix n'est pas assez forte, écoutez Jésus-Christ qui se joint à eux... » — *Sermon pour la Toussaint*.

de Condé ; parlant un jour de l'éclat qui environne les victoires et les conquêtes, et voulant rehausser la grandeur véritable de Dieu, il s'écrie : « Vous admirez et redoutez un prince qui a assiégé et gagné deux ou trois villes citadelles en une seule campagne ; ces deux ou trois villes ne sont qu'une partie de province, cette province partie d'un royaume..... et vous n'admirez pas, vous ne redoutez pas Celuy qui a fait tant de provinces, tant de royaumes.....! » Ne serait-il pas permis de surprendre dans ces paroles comme un écho de l'éclatante renommée du héros qui à cette époque « assiégea et gagna trois villes (Thionville, Philisbourg et Mayence) en une seule campagne (1) ? »

Quoi qu'il en soit, de pareils traits sont rares chez l'austère prédicateur ; à ses yeux la gloire humaine la plus brillante ne pouvait pas compenser les maux dont les peuples avaient tant à souffrir ; eux-mêmes, il faut le dire, cherchaient ailleurs leurs consolations ; la foi chrétienne leur offrait un secours plus assuré ; elle régnait alors, cette foi divine, en souveraine dans les âmes ; assise, pour ainsi dire, au foyer des familles, elle y était vénérée comme l'hôte

1. Sermon XXIII, de la grandeur de Dieu, tome VII, p. 594.

le plus cher ; on voyait ses emblèmes dans les cours souveraines, comme dans l'atelier de l'ouvrier ou l'humble demeure du villageois. Je viens de présenter un triste tableau des mœurs de ce siècle et des abus déplorables qui le ternirent, il convient d'ajouter qu'il sut du moins, au milieu de ses fautes et de ses revers, conserver une foi intacte et pure.

Chose remarquable ! vous ne rencontrez pas dans les sermons du P. Lejeune ces plaintes amères sur la diminution de la foi et sur l'affaiblissement des croyances qui plus tard, dans les siècles suivants et de nos jours, sont tombés si fréquemment de la bouche des prédicateurs les plus éloquents ; au contraire, il semble reconnaître que ses auditeurs ajoutent foi à tous nos saints mystères : « vous croyez, leur dit-il, les articles qui ne vous coustent rien à croire, les vérités spéculatives, le mystère de la Trinité, de l'Incarnation, de la Résurrection et de l'Ascension du Sauveur ; mais les vérités de pratique vous n'en croyez rien (1)..... » Il les blâme seulement de ne pas conformer leur conduite à la foi de leur cœur ; convenons que les croyants les plus fidèles peuvent mériter ce reproche.

1. *Sermon I, de l'excellence de la foi*, tome V, p. 16. — Il ne peut être question ici que de la foi des catholiques.

La foi pouvait quelquefois sommeiller dans les âmes, mais elle se ravivait bien vite dans les occasions solennelles, au milieu d'une mission populaire ou aux approches de la mort ; elle éclatait dans les puissants besoins de l'État, alors qu'une foule émue se pressait dans les temples aux pieds des autels, ou qu'elle se déroulait au dehors, pieusement rangée sur deux lignes, chantant et priant à haute voix.

On ne se contentait pas de croire ; mais à la foi la plus sincère on joignait de saintes pratiques ; dans les villes il y avait une foule de communautés religieuses, des compagnies de pénitents, des congrégations, des confréries auxquelles on tenait à honneur de se faire aggréger ; en ces pieuses réunions l'âme se fortifiait par des exercices communs et des prières publiques (1).

Au milieu d'une société bouleversée si longtemps n'étaient-ce point là de précieux germes, d'heureuses dispositions, pleines d'espérance, et qui ne demandaient qu'à être cultivées ?

Les ouvriers accoururent en foule pour fertiliser un sol si propice : à côté du clergé séculier qui re-

---

1. « Il y a dans cette ville (Toulouse) tant d'églises collégiales, tant de communautés religieuses, tant de compagnies de pénitents, tant de confréries et de saintes sociétés... » — *Sermon LXVI*, tome VIII.

trempait sa vigueur dans une discipline plus sévère, vinrent prendre place les ordres religieux comme d'utiles auxiliaires ; les uns plus anciens avaient repris séve et s'étaient raffermis au sein de la tourmente ; les autres plus récents étaient animés de ce zèle ardent que la jeunesse inspire ; les Jésuites revenus d'un injuste exil (1) rivalisaient avec les enfants de l'Oratoire pour la direction des colléges et des séminaires ; les Capucins à peine établis (2) à Paris se propageaient dans les provinces avec une étonnante rapidité, se vouant avec une entière abnégation à la conversion des âmes et au soulagement des misères publiques ; et puis le Carmel, lui aussi, tout récemment fondé en France (3), faisait monter vers

1. Je veux parler du bannissement momentané que ces religieux subirent par arrêt du Parlement sous le règne de Henri IV.
2. L'ordre des Capucins vint en France vers 1553, appelé par le roi Charles IX ; ils furent reçus par le cardinal de Lorraine qui leur donna un petit hospice au village de Picpus, près Paris ; ils vinrent ensuite s'établir à Meudon, et enfin à Paris même, où ils fondèrent plusieurs couvents, l'un dans la rue Saint-Honoré, l'autre au Marais, et le troisième dans le faubourg Saint-Jacques. — *Histoire des ordres religieux*, par Hélyot, t. VII. Cet ordre religieux ne tarda pas à se répandre en province ; le P. Lejeune nous parle dans ses Sermons des maisons qu'ils possédaient à Marseille, à Clermont, à Limoges...
3. On sait que ce fut grâce au zèle énergique de Mme Acarie et au concours du cardinal de Bérulle, que les Carmélites vinrent en France.

le ciel l'encens pur d'une prière incessante appelant sur son nouveau séjour les bénédictions d'en haut.

Enfin, placés au-dessus, de saints évêques dirigeaient les phalanges sacrées, prêchant de la voix et de l'exemple ; ils s'efforçaient, malgré tout, de mettre en pratique l'admirable discipline du saint Concile de Trente, et d'établir les sages réformes prescrites par les Souverains Pontifes ; je ne puis énumérer ici les noms de tous les prélats qui se signalèrent par leurs vertus ; mais je ne puis m'empêcher de citer au moins quelques-uns des plus illustres : saint François de Sales qui nous appartient à tant de titres ; les cardinaux d'Ossat et Duperron, si pieux et si savants ; « le dévot évêque de Marseille, Jean-Baptiste Gault, victime de son zèle pendant une mission qu'il prêchait aux forçats (1) » ; monseigneur de Lafayette,

---

1. *Sermon XVII*, tome VII, p. 421 ; — il y a eu à Marseille deux évêques du nom de Gault ; le premier, Eustache Gault, n'est pas venu à Marseille et n'a pas été même sacré ; le second, Jean-Baptiste Gault a fait son entrée dans la ville le 1ᵉʳ janvier 1643, et y est mort le 23 mai de la même année, en odeur de sainteté. Le P. Lejeune raconte le fait suivant : pendant que le saint évêque prêchait la mission aux forçats de galère, un jour qu'il était sur une planche pour passer de la terre au vaisseau, un honnête bourgeois de la ville, craignant qu'il ne se fît mal, monta promptement sur la planche et le prit par la main pour le conduire ; quand ils furent sur le vaisseau, le bon évêque lui dit : je vous remercie, vous m'avez beaucoup obligé, que puis-je faire pour vous ? Le bourgeois en soupirant :

l'ami du P. Lejeune, et qui dota Limoges d'un grand séminaire et de tant d'œuvres de charité (1) ; citons enfin « ce très-dévot et très-saint prélat, Alain de Solminiac, évêque de Cahors, dont la mémoire est en bénédiction, qui mourut en 1660, après avoir jeûné quelques années au pain et à l'eau, et passé le reste de sa vie, c'est-à-dire plus de vingt ans, ne faisant qu'un repas par jour (2). »

Ainsi l'élan était donné ; la société chrétienne, en France, un moment arrêtée par les orages du siècle précédent, reprenait sa marche pacifique pour arriver, non pas à une perfection idéale, qui n'est pas de ce monde, mais à son juste épanouissement, je veux dire un état où l'esprit du christianisme, pénétrant les mœurs et les institutions humaines, assure ici-bas la tranquille sécurité des peuples et élève les âmes vers les consolantes destinées de la vie à venir.

---

oui, Monseigneur, lui dit-il, j'ai besoin de votre service ; j'ai un fils qui a été pris par les Turcs et emmené en captivité à Constantinople. Je crains fort qu'il ne renie sa foi, et je vous prie de demander à Dieu que ce malheur ne lui arrive pas ; le saint éleva un instant les yeux au ciel, puis le prenant par la main, lui dit : « Allez, ne craignez pas, votre fils ne reniera pas sa foi, je vous en assure. » En effet, peu de temps après, le jeune homme obtenait sa liberté et, se mettant en chemin sur le champ, arrivait sain et sauf à Marseille.

1. *Panégyrique du P. Lejeune*, par le P. Ruben, *Passim*.
2. *Sermon LXVIII*, tome II, et *Sermon LXII*, tome VI.

Pourquoi faut-il que cet état si heureux, que l'on avait vu dans des siècles précédents, et dont on pouvait espérer le retour, fût encore retardé? L'Église rencontra sur sa route de nouveaux ennemis, presque aussi acharnés que leurs devanciers; le Jansénisme ralluma le feu de la discorde; cette hérésie perfide ne fit aucun bien, quoi qu'on puisse dire, et causa un mal immense : elle dévoya le génie d'Arnaud et de Pascal, faussa les vertus des religieuses de Port-Royal, et prépara par son rigorisme absurde cette réaction malheureuse qui amena le libertinage de la Régence et les doctrines matérialistes du xviiie siècle.

NOTES.

NOTE Ire.

Publication et principales Éditions des Sermons du P. Lejeune.

Je me suis proposé, dans cette note, de donner un court aperçu sur la manière dont le P. Lejeune publia ses Sermons, et sur les différents textes qui les ont reproduits. On pourra, à l'aide des indications que j'ai pu recueillir, s'assurer de la meilleure édition de ces discours.

J'aurais été heureux, sans doute, de posséder les manuscrits de l'auteur ; mais je n'ai pu les découvrir ; je les ai demandés aux Bibliothèques publiques de la Capitale, de Limoges (où le P. Lejeune est mort), de Besançon et de Dôle (son pays natal), à la maison nouvelle de l'Oratoire ; mes recherches ont été infructueuses ; j'ai consulté aussi inutilement le Catalogue général des manuscrits des Bibliothèques de province (Documents relatifs à l'Histoire de France). Ces manuscrits ont-ils péri dans l'incendie de Limoges qui consuma le Nécrologe de la maison de l'Oratoire (1), ou bien existent-ils enfouis dans quelque bibliothèque? c'est ce que j'ignore. A défaut du texte original, j'ai interrogé la Bibliographie pour connaître la meilleure édition ; voici les indications qu'elle m'a fournies.

« Les anciennes éditions, dit Brunet (2), des Sermons du P. Lejeune, Paris 1671-1677, ou Toulouse, 1688, se trouvent difficilement ; mais les éditions nouvelles, Lyon, Périsse frères, 1825-1827-1838, les remplacent avantageusement. » Le Dictionnaire historique de Feller (édition revue et continuée jusqu'en 1848, par M. Charles Weiss, et par M. l'abbé Busson, Paris, Leroux 1848), tient à peu près le même langage ; l'article de Feller parle avantageusement des éditions de 1671 et de 1688 ; et je lis en note : « Cela était vrai lorsque Feller rédigeait cet article ; mais les Sermons du P. Lejeune ont été imprimés depuis plusieurs fois, notamment à Lyon 1825-1827, et à Paris 1838. »

De Bure, auteur de la Bibliographie instructive

1. Tabaraud, *Vie du P. Lejeune, Introduction*, p. IV.
2. *Manuel de Librairie.*

(1763), indique parmi les anciennes éditions celle de 1671, et ajoute : « Cette suite de sermons est assez recherchée, et on ne la trouve point aisément complète et bien conditionnée. »

J'ai d'abord consulté l'édition moderne la plus estimée, celle de 1825 (Lyon, Périsse frères), qui offre en effet des avantages précieux au lecteur ; l'avertissement (1) placé en tête du xiiie volume, assure que rien n'a été changé aux éditions de Paris 1669-1671 et de Rouen 1667-1671 réputées les meilleures, si ce n'est l'orthographe et quelques expressions qui ont vieilli : « Ces éditions, ajoute l'avertissement, diffèrent un peu dans l'arrangement de quelques mots de celle de Toulouse 1661-1662, mais seulement dans les six premiers volumes ; les volumes suivants, réimprimés plusieurs fois, se ressemblent tous, ayant été copiés les uns sur les autres, jusque dans leurs inexactitudes. » — « Les citations de l'Ecriture et des Pères, dit-il encore, inexactes souvent et mal placées, ont été rectifiées, ainsi que l'indication, presque toujours fautive, des chapitres et des versets de la Bible, surtout dans les quatre derniers volumes. »

---

1. Cet avertissement doit être mis, d'après l'avis de l'éditeur, en tête de l'ouvrage.

J'ai remarqué un autre mérite de cette édition : la coupe des phrases et la ponctuation y sont plus régulières.

Mais ces renseignements mêmes m'ont conduit à la source des anciens textes ; j'ai essayé de les connaître et d'apprécier leur valeur respective. Voici le résultat le plus exact de mes recherches : en général la Bibliographie ne s'est pas bien rendu compte du mode de publication des Sermons du P. Lejeune; on parle des éditions de 1667, de 1669, 1671.... et même de l'année 1662, comme si dès cette époque, le célèbre missionnaire avait publié tous ses Sermons; éclaircissons ces points restés obscurs.

Le P. Lejeune publia d'abord deux volumes de Sermons en 1662, chez Jean Boude, imprimeur à Toulouse; Tabaraud nous l'apprend dans sa biographie : « La première livraison, dit-il, composée de deux volumes parut à Toulouse en 1662, sous le titre de Missionnaire de l'Oratoire (1). » Ce témoignage est confirmé par les approbations des docteurs de Sorbonne et de Toulouse, portant cette même date. Il existe un volume de cette livraison à la Bibliothèque Sainte-Geneviève, sous le N° D. 5485, et j'ai pu le

---

1. *Vie du P. Lejeune*, p. 30.

consulter. L'année suivante, l'imprimeur Jean Boude partagea le privilége qu'il avait obtenu du Roi avec son confrère de Rouen, Richard Lallemant ; et ce dernier réimprima la première livraison vers 1644 (1).

En 1667 parut à Toulouse et à Rouen une deuxième édition de ces volumes : c'est ce qui ressort d'une note placée à la dernière page du premier tome de cette édition nouvelle, imprimée à Rouen ; cette note suit immédiatement l'énoncé du privilége royal accordé à Jean Boude, et partagé peu après avec Lallemant ; elle est ainsi conçue : « Achevé d'imprimer pour la deuxième fois, Ianvier 1667. Et ensuite le dit Boude a consenty que Richard Lallemant fasse l'impression dudit livre à Rouen, suiuant le traitté fait entr'eux à Paris le 5 août 1663. » Le volume dont je parle est de 1667 et porte au frontispice ces mots : « Jouxte la coppie imprimée à Tolose. »

En même temps, le P. Lejeune faisait imprimer deux nouvelles livraisons, comprenant chacune deux volumes : en effet, les diverses approbations décernées à l'auteur pour cette partie de ses œuvres,

---

1. Cette livraison fut également reproduite à Lyon (1663). C'est peut-être là l'édition dont veut parler Quérard, dans son ouvrage de la France littéraire.

portent la date des derniers jours de l'année 1666, et du mois de janvier de l'année suivante, et sont répétées en tête des quatre volumes des deux livraisons ; toutefois elles furent publiées successivement : l'une parut en 1667 ; j'ai vu un volume de cette livraison (le deuxième) à la Bibliothèque Sainte-Geneviève, sous le N° D. 5484 ; il porte la date de 1667 ; l'autre livraison ne put pas sans doute être imprimée aussitôt ; elle ne vit le jour que l'année suivante ou même l'année d'après, 1669 : dans la lettre dédicatoire que le P. Lejeune adressa aux Seigneurs des Trois États de la Province de Languedoc, pour leur offrir cette partie de ses Sermons, il disait : « Outre ceux (les volumes) que je présente à Vos Grandeurs j'en ai donné quatre volumes au public, et deux que je fais actuellement imprimer, et j'espère en donner encore un ou deux autres pour les carêmes, si Dieu me conserve assez de vie pour consommer mon entier ouvrage. » Ainsi, d'après le témoignage de l'auteur lui-même, cette livraison ne parut qu'au moment où l'on imprimait la suivante ; or, celle-ci était sous presse vers 1669, si j'en juge par la lettre dédicatoire adressée à Mgr l'évêque de Cominge, placée en tête du premier tome de la livraison, qui est datée du 2 septembre 1668, et par les dernières approbations des docteurs, qui sont du 11 février 1669 et du 3 mai de la même année.

Je conclus également de ce qui vient d'être dit que la quatrième livraison parut peu de temps après, c'est-à-dire vers la fin de 1669. Il existe à la Bibliothèque Sainte-Geneviève deux volumes de cette livraison portant la date de 1670, et le nom d'un imprimeur de Paris, Frédéric Léonard ; ces volumes avaient la feuille du frontispice collée : ils appartenaient donc à une époque antérieure, mais pas au delà de 1669.

Une édition nouvelle des six premiers tomes fut publiée à la même époque, chez Frédéric Léonard, à Paris. La Bibliothèque Séquanaise et Tabaraud mentionnent cette édition. Il en existe un volume à la Bibliothèque Sainte-Geneviève (c'est le cinquième), sous le N° 5484.

Les bibliographes signalent différentes éditions en 1670, 1671, 1677. Je soupçonne que ces indications ne sont pas entièrement exactes ; ainsi je doute qu'il y ait eu une édition nouvelle en 1670 ; il m'est tombé entre les mains quatre volumes portant cette date (trois portant le nom de l'éditeur François Léonard, et le quatrième celui de l'éditeur de Toulouse) ; la feuille du frontispice dans tous était collée, ce qui indique que ces volumes restaient d'une édition précédente. Le bibliographe de Bure donne à l'édition de 1671 dix tomes ; c'est probablement encore une erreur : huit volumes seulement avaient été publiés ; les deux derniers ne parurent qu'en 1677 ; j'ignore si, comme l'assure Brunet, on publia de nouveau à cette date les Sermons du P. Lejeune. Ce qu'il y a de certain, c'est que les deux derniers volumes de ses œuvres parurent à cette époque. Le célèbre Missionnaire se proposait d'achever lui-même la publication de ses œuvres (Voir la lettre ci-dessus adressée aux Seigneurs de la Province du Languedoc) ; mais la mort l'empêcha de réaliser ce dessein ; la dernière livraison parut en 1677, préparée par les soins de ses disciples (1).

Tel est, si je ne me trompe, le mode de publication suivi par le P. Lejeune ; il a, sans doute, trompé quelques bibliographes qui ont vu des éditions complètes, où il n'y avait que des publications partielles. La première édition qui a dû réunir les œuvres entières du célèbre Oratorien est celle de 1688, dont parlent différents auteurs ; mais, chose singulière !

1. Voir la lettre dédicatoire adressée par les Prêtres de l'Oratoire de la maison de Limoges à Mgr Louis de Lascaris d'Urfé, évêque nommé de Limoges. Une seconde édition parut en 1673.

personne n'a signalé celle qui parut l'année suivante, 1689, et qui est la plus répandue des éditions anciennes : l'une et l'autre furent publiées à Toulouse.

Maintenant quelle autorité faut-il accorder à ces différents textes? Assurément ce qui a paru du vivant de l'auteur doit être considéré comme l'expression originale de sa pensée. Il faisait revoir sévèrement les volumes imprimés ; voici un fait qui l'atteste : pendant qu'il envoyait ses manuscrits à Paris pour les faire approuver, un passage de ses Sermons subit en route une grave altération; le P. Lejeune ne tarda pas à découvrir le changement furtivement introduit dans le texte original; il le signala au lecteur en publiant la livraison suivante et il rétablit le sens du manuscrit. En outre, il se plaint dans une note imprimée à la fin du dixième tome, « de plusieurs grandes fautes commises par les copistes ou les imprimeurs ; comme par exemple, dit-il, ils ont mis à un enfant du berceau un *chapeau*, au lieu que j'avais mis *drapeaux*, et jeté à *la voirie* au lieu que j'avais mis à *la rivière*. »

Toutefois, le style des Sermons fut corrigé du vivant de l'auteur, et même de son aveu. « Vos imprimeurs, lui écrivait le P. Sénault, redemandent encore vos livres ; mais ils désireraient bien que, sans changer vos pensées, on changeât quelques-unes de vos paroles qui ne sont plus d'usage. Le P. Lejeune s'était reposé de ce soin sur le P. Lamirande, qui n'osa point s'acquitter de cette commission ; ce fut le P. Sénault qui la remplit avec beaucoup de discrétion (1). » Il serait intéressant de connaître l'édition corrigée par ce dernier ; malheureusement Tabaraud ne donne point la date de la lettre mentionnée ci-dessus, et que le P. Sénault adressa à l'auteur. J'ai néanmoins fait quelques recherches dans le but de découvrir cette édition ; en voici le résultat :

Le P. Sénault fut élu Supérieur de l'Oratoire, le 17 avril 1663 ; il mourut le 3 août 1672, peu de temps avant le P. Lejeune (2). C'est assurément dans cet intervalle qu'il a corrigé les œuvres de son confrère.

Soupçonnant que l'éditeur de Paris pourrait bien être l'auteur de la réclame, à laquelle fait allusion le P. Sénault, j'étudiai de près les éditions publiées à Paris en 1669 et 1671 ; je les comparai soit avec celles qui avaient paru précédemment à Toulouse et à Rouen, soit avec celles qui les suivirent (Toulouse, 1688 et 1689); et j'ai cru remarquer qu'elles se dis-

1. *Vie du P. Lejeune*, p. 34.
2. Gazette nouvelle, publiée par Renaudot, Années 1663-1672.

tinguent de toutes les autres par un caractère manifeste de correction et de régularité : elles portent visiblement la marque des remaniements attribués au P. Sénault ; je mets sous les yeux du lecteur les textes mêmes que j'ai comparés, et il pourra apprécier la valeur de ce que j'avance.

Texte de **1662** *(Toulouse).*

L'Angélique Sainct Thomas dont la profonde et salutaire doctrine nous seruira de guide et de flambeau en tous nos discours, parlant des effets de la Providence divine, nous donne sujet de considérer que la prédestination est une vraye mission, la cause, source, principe et origine de toutes les missions temporelles qui ont jamais esté faites, et qui se feront jusqu'à la consommation des siècles : la prédestination, dit ce grand docteur, est vn envoy, une mission et transmission de la créature raisonnable à la béatitude céleste, *transmissio...*; pour l'intelligence de quoy, vous remarquerez

Texte de **1771** *(Paris).*

Le *Docteur Angélique* Saint Thomas, dont la profonde et salutaire doctrine nous servira *de flambeau* dans tous nos discours, parlant des effets de la Providence divine, nous donne *lieu de remarquer* que la prédestination est une vraye mission, *la* cause, *la* source, *le* principe et *l'*origine de toutes les missions temporelles qui ont jamais esté faites, et qui se feront jusqu'à la consommation des siècles: la prédestination, dit ce grand homme, est vn envoy, vne mission, et *vn transport* de la créature raisonnable à la béatitude céleste, *transmissio...*; pour l'intelligence de quoy vous remarquerez avec ce Saint avec ce Saint Docteur, que le propre de la Providence est de conduire et acheminer toutes choses à leur dernière fin, par des moïens conuenables ; et comme la vie éternelle à la quelle les hommes doiuent parvenir pour faire leur salut, est vne fin surnaturelle, c'est-à-dire au-dessus de la portée et des efforts de leur natvre, il faut que Dieu les y enuoye, les y transmette et transporte par sa grâce : pour faire aller un cheual d'icy à Paris, il ne faut que le mettre en chemin, et le conduire par la bride, mais pour faire aller une flesche d'icy à cette voûte, comme elle n'a point d'yeux pour la voir, point de vie, point de mouuement pour y arriuer, il faut nécessairement qu'vn Archer l'enuoye, l'adresse et la darde vers le but par le mouuement d'vn Arcbaleste ou d'vn arc.

Docteur que le propre de la Providence est de conduire et *d'*acheminer toutes choses à leur dernière fin par des moïens conuenables ; et comme la vie éternelle à laquelle les hommes doivent parvenir pour faire leur salut, est vne fin surnaturelle, c'est-à-dire au-dessus de la portée et des efforts de leur nature, il faut que Dieu les y enuoye, les y transmette, et *les y* transporte par sa grâce. Pour faire aller un cheval d'icy à Paris, il ne faut que le mettre en chemin, et le conduire par la bride; mais pour faire aller une flesche d'icy à cette voûte, comme elle n'a point d'yeux pour la voir. *point de vie pour y aspirer*, point de mouvement pour y arriuer, il faut nécessairement qu'un Archer l'enuoye, l'adresse et *la pousse* vers le but par le mouuement d'un Arbaleste ou d'un arc.

Sermon 1, tome 1.
(Exorde.)

Texte de 1667 (Rouen).

Quand le Prophète Jérémie reçeut de Dieu la commission de prescher au peuple d'Israël, on luy dit au commencement que la fin de sa mission deuoit d'estre d'arracher et de planter, de destruire et d'édifier : il en est de mesme de toutes les missions ; l'explication des Commandements de Dieu sert à ces deux intentions ; elle sert à connoistre les vices pour nous en accuser en la confession et les desraciner ; elle sert à connoistre les vertus, pour les affectionner, et enraciner en nos cœurs. Le premier Commandement nous oblige aux actes des quatre vertus, de la Foy, Espérance, Charité et Religion. La première c'est la Foy ; pour la bien establir en nostre esprit, il est à propos de considérer avec combien de meruelles les Apôtres ont fondé la foy et le culte d'un seul Dieu sur les ruynes de l'idolâtrie, en suite de ce Comman-

Texte de 1771 (Paris).

Quand le Prophète Jérémie reçeut de Dieu la commission de prescher au peuple d'Israël, on luy dit au commencement que la fin de sa mission deuoit être d'arracher et de planter, de détruire et d'édifier ; il en est de mesme de toutes les missions : l'explication des Commandements de Dieu sert à ces deux intentions ; elle sert à connoistre les vices, pour nous en accuser en la confession et les desraciner ; elle sert à connoistre les vertus pour les *aymer* et enraciner en nos cœurs. Le premier Commandement nous oblige aux actes de quatre vertus, *de la* Foy, *de* l'Espérance, *de la* Charité et *de la* Religion.

La première c'est la Foy ; pour la bien establir en nostre esprit, il est à propos de considérer avec combien de merveilles, les Apostres ont fondé la Foy, et le culte d'un seul Dieu, sur les ruines de l'idolâtrie.

dement, vn seul Dieu tu adoreras ; quand le Prophète Isaïe presdit vostre voyage, en Égypte, ô Sainte Vierge, il dit que le Seigneur seroit porté sur vne nuée légère, et qu'à son entrée en Égypte, les idoles y seroient renversées. Grâces immortelles au bon Dieu, nous voyons cette prophétie heureusement accomplie en l'Égypte de ce monde ; les idoles en sont bannies, depuis que le Fils de Dieu a daigné y faire son entrée, estant porté en vostre sein, comme en vne nuée légère.....

En veüe de ce Commandement, vn seul Dieu tu adoreras, quand le Prophète Isaïe presdit vostre voyage, en Égypte, ô Sainte Vierge, il dit que le Seigneur seroit porté sur une nuée légère, et qu'à son entrée en Égypte, les idoles y seroient renversées. Grâces immortelles *à Dieu,* nous voyons cette prophétie, heureusement accomplie, *dans* l'Égypte de ce monde, *d'où* les idoles sont bannies, depuis que le Fils de Dieu a bien voulu y faire son entrée, estant porté en vostre sein, comme en vne nuée légère....

Sermon XLI, Tome II.
(Exorde.)

Texte de 1689 *(Toulouse).*

Entre les biens naturels que les hommes ont reçu de la libéralité divine, le premier, le plus grand, le plus cher et précieux, c'est l'estre et la vie ; cecy se montre évidemment en ce qu'il n'y a rien que nous ne quittions, rien que nous

Texte de 1669 *(Paris).*

Entre les biens naturels que les hommes ont reçu de la libéralité divine, le premier, le plus grand et *le plus précieux,* c'est *la vie* ; cecy se montre évidemment, en ce qu'il n'y a rien que nous ne quittions, rien que nous n'entreprennions, ni n'entreprennions, rien que nous ne souffrions volontiers pour conserver ce bénéfice ; si vous demandez à vn laboureur, ou vigneron pourquoy il passe toute l'année à remüer un peu de terre avec beaucoup de travail, il vous dira, c'est pour gagner ma vie.... Si vous demandez à vn marchand qui est sur mer pourquoy en temps d'orage, il jette à l'eau ses précieuses denrées, et même ses provisions de bouche, il répondra, c'est pour décharger le vaisseau et sauver ma vie.... Si vous demandez à vn malade pourquoy il permet qu'on le seigne, ventouse, scarifie, qu'on lui applique le cautère actuel, pourquoy il avale des potions qui font bondir le cœur, seulement de les flairer, il vous dira c'est pour recouvrer ma santé, et conserver ma vie....

rien que nous ne souffrions volontiers pour conserver ce bénéfice ; si vous demandez à vn laboureur *ou à vn vigneron*, pourquoy il passe toute l'année à remuer un peu de terre avec beaucoup de travail, il vous dira c'est pour gagner ma vie...! Si vous demandez à vn marchand qui est sur mer, pourquoy en temps d'orage, il jette dans l'eau ses *marchandises les plus précieuses*, et même ses provisions de bouche, il répondra, c'est pour décharger le vaisseau et *pour* sauver ma vie...! Si vous demandez à vn malade pourquoy il permet qu'on le seigne, *qu'on le* ventouse, *qu'on le* scarifie, qu'on lui applique le cautère actuel, pourquoy il avale des potions qui font bondir le cœur, seulement *à les sentir,* il vous dira c'est pour recouvrer ma santé et conserver ma vie....

Sermon XLI, Tome V.

(Exorde.)

Tout en regrettant qu'un intérêt de spéculation ait

inspiré ces changements, il ne faut pas, je pense, les blâmer avec trop de rigueur ; d'abord le P. Lejeune les avait autorisés; ensuite les circonstances rendaient ces légères altérations un peu nécessaires : quand le P. Lejeune publia ses Sermons, la langue française avait été épurée par les soins d'une critique sévère ; ne fallait-il pas, pour contenter le goût des lecteurs, retrancher les expressions et les tournures trop familières, ou peu intelligibles que notre missionnaire avait employées dans ses Sermons ?

Je dois faire maintenant une réserve ; ces corrections se sont-elles étendues à toutes les œuvres du P. Lejeune? les dernières livraisons de ses discours ont-elles été l'objet d'une semblable revue ? Il est permis, je crois, d'en douter : d'après l'éditeur de 1825 « les quatre derniers volumes, réimprimés plusieurs fois, se ressemblent tous, ayant été copiés les uns sur les autres jusque dans leurs inexactitudes. » J'ai fait moi-même cette remarque; j'ai de plus rencontré dans ces volumes une certaine inégalité dans le développement des pensées et une foule d'expressions que le goût du P. Sénault aurait assurément proscrites ; ce dernier a donc pu borner son travail de révision aux six premiers volumes de l'édition de 1669. Il est certain au moins qu'il n'a pas corrigé la dernière livraison, qui fut publiée en 1667 ; car il était mort à cette date.

L'éditeur de 1825 me semble s'être rapproché le plus souvent des éditions de Paris 1669-1671 ; j'ai trouvé une grande conformité entre ces dernières et la sienne. Mais il a eu le tort de supprimer les lettres dédicatoires ; ces lettres sont l'expression la plus fidèle des sentiments du P. Lejeune ; et il serait utile de les comprendre dans une bonne édition de ses œuvres.

Je ferai une dernière remarque. Le P. Lejeune avait placé en tête de chaque sermon un sommaire qui résumait en peu de mots les parties du discours ; c'est ce qu'il appelle *Idea sermonis;* les indications qui s'y trouvent reviennent ensuite en leur lieu, dans le courant du discours. Ces notes sont rejetées dans les anciennes éditions à la marge ou à la fin des pages. L'éditeur moderne a cru devoir les intercaler dans le texte, de manière à frapper les yeux du lecteur ; cette disposition nouvelle semble embarrasser les sermons d'un appareil scolastique qui les dépare et qui contraste singulièrement avec la simplicité populaire du prédicateur ; je crois qu'il eût mieux valu s'en tenir à la méthode ancienne.

NOTE II.

Réponse d'Arnaud à la lettre du P. Lejeune, en date du 30 octobre 1660.

Mon Révérend Père,

Un assez long voyage que j'ai fait depuis peu a été cause que je n'ai reçu que fort tard la lettre que vous m'avez adressée, et je vous avoue que, depuis même l'avoir reçue, j'ai été encore long-temps sans y répondre, tant à cause que je n'avois pas l'adresse pour vous faire tenir ma lettre, que je me voyois fort empêché à résoudre la difficulté que vous me proposez par un excès d'humilité qui vous fait chercher dans les conseils des hommes ce que l'accès que vous avez auprès de Dieu vous fera trouver en lui-mesme. Car, d'une part, si c'est l'esprit de Dieu qui vous fait entreprendre ces missions, comme il y a tout sujet de le croire, qui suis-je pour l'empescher ! Et si je le fais n'ai-je pas lieu d'appréhender que Dieu ne me redemande compte des âmes des pauvres qui auront manqué d'une personne qui les instruisît dans la voie du salut et qui les y fît entrer par ses exhortations et par sa conduite. D'autre part aussi ce que vous me tesmoignez qu'il est à craindre que le fruit apparent de ces missions ne soit souvent qu'une émotion passagère, ou quelques commencements de conversion, mais encore imparfaits qui, étant mal ménagés par l'imprudence des confesseurs, dégénèrent en des absolutions sans aucun changement de vie et des communions indignes, me semble fort considérable ; et surtout je suis fort touché de ce que vous m'assurez que feu le P. Théologue d'Orléans fesoit peu d'estime de ces missions et ne croyoit pas qu'elles eussent tant d'utilité qu'on se le persuade aujourd'huy, où l'on met tout en cela....

Pour moi, mon Père, tout ce que je croirois devoir faire dans cette difficulté seroit de ne point m'engager de moi mesme dans ces missions, mais seulement quand j'y serois appelé par les évesques, car alors vous n'auriez à répondre que de vostre fidélité dans le ministère qu'on vous auroit imposé, et non de l'événement : *Non curationem, sed curam,* dit saint Bernard. Et à moins que de ces engagements, j'aimerois mieux m'arrêter dans un même lieu pour y conduire les mêmes âmes avec tout le temps nécessaire, qui est d'ordinaire d'un fruit plus solide quoique moins éclatant. Je suis tout à vous et je vous prie de ne pas m'oublier dans vos saintes prières (1).

1. *Œuvres* d'Arnaud, t. I, Lausanne, 1775.

NOTE III.

Voici quelques exemples qui prouveraient au besoin que Massillon a parfois imité le P. Lejeune.

On connaît l'usage que le premier a fait de la parole de Jésus-Christ sur la croix, *consummatum est*, dans son Sermon sur la Passion ; il établit sur cette parole tout le partage de son discours : la mort du Sauveur, dit-il, renferme trois consommations... une consommation de justice du côté de son Père, une consommation de malice de la part des hommes, une consommation d'amour du côté de Jésus-Christ.

Avant Massillon, le P. Lejeune avait dit : « *Consummatum est*, tout est achevé. J'ay (c'est Jésus-Christ qui parle) parfaitement accomply ce que les Prophètes et les figures anciennes ont prédit de ma Passion. J'ay fidèlement effectué tous les desseins de mon Père sur moy : *consummatum est*. J'ay avalé jusqu'à la dernière goutte du calice d'amertume où étoient en infusion toutes les ordures des péchez du monde ; tous les stratagêmes d'amour, tous les efforts et excez de charité, tous les artifices que j'ai sçu inventer pour gagner le cœur des hommes sont épuisés et consommés... et je ne sçay rien de plus fort, je ne puis rien faire davantage que ce que j'ay fait pour avoir leur affection, *consummatum est* (1). »

Il est inutile de faire remarquer l'analogie qui existe entre les pensées des deux prédicateurs.

Dans le Sermon pour le mardi de la première semaine de Carême, Massillon traite du respect dans les temples ; la deuxième partie développe cette pensée, que nous devons porter à l'Église un esprit de reconnaissance, puisque de quelque côté qu'on jette les yeux, tout y rappelle le souvenir des bienfaits de Dieu ; suit l'énumération des objets sacrés qui s'offrent à la vue au milieu du temple.

Le P. Lejeune a fait également un Sermon sur l'honneur dû aux églises (2) ; le second point commence par ces mots : « Quand vous entrez dans l'église, et après que vous y estes entré, de quelque part que vous tourniez la veüe, vous y avez des objets de componction et de respect ; tout ce qui se présente à vos yeux vous avertit d'y estre avec respect et dévotion. » L'orateur décrit aussi les objets que l'on voit dans les temples, et l'impression qui doit résulter pour des chrétiens de ce spectacle. — Cette impres-

---

1. *Sermon LIV*, tome X, p. 665.
2. *Sermon XXXVI*, tome X.

sion est chez celui-ci un esprit de componction et de respect ; dans celui-là un sentiment de reconnaissance ; mais, on le voit, l'idée de l'un a inspiré l'idée de l'autre.

Enfin, je lis au début du Sermon que le P. Lejeune a prononcé sur le petit nombre des prédestinés, ces singulières et remarquables paroles : (1) « L'histoire grecque nous apprend qu'un ancien capitaine nommé Xerxès, ayant fait la revue de son armée, composée de plus de cent mille soldats, et s'étant retiré sur l'éminence d'une petite colline, se mit à pleurer ; et étant interrogé par un de ses favoris, quelle étoit la cause de ses larmes : Je pleure, dit-il, parce que je considère que d'ici à cent ans, il ne restera pas en vie un seul homme d'une si belle, si grande et si florissante armée. Si par la lumière de la foy et par la conduite de la grâce, nous nous élevions d'un côté à la méditation de la parole de Dieu ; et si d'autre part nous portions la veüe de notre considération sur toute l'étendue de la terre, nous aurions sujet de pleurer, sachant que d'ici à cent ans, et encore plustôt, une grande partie de ce nombre innombrable de personnes qui sont sur la

1. *Sermon XI*, tome IX.

terre sera condamnée à la mort éternelle. » — Peut-être je me trompe, mais il me semble voir dans ces paroles l'idée en germe du fameux passage du discours de Massillon sur le petit nombre des élus : « Je vous demande donc si Jésus-Christ paraissait dans ce temple, au milieu de cette assemblée, la plus auguste de l'univers pour nous juger... croyez-vous qu'il s'y trouvât seulement dix justes, que le Seigneur ne put trouver autrefois en cinq villes tout entières. »

Un autre prédicateur français, le P. Loriot, a souvent imité le P. Lejeune ; on a cru même qu'il avait copié les Sermons de ce dernier, en leur donnant une forme plus élégante ; mais c'est une erreur ; le P. Loriot avait pris seulement son confrère pour modèle, sans l'imiter servilement. — *Voir* Tabaraud, *Hist. du P. Lejeune, p.* 30.

NOTE IV.

Les sermons de controverse du P. Lejeune ne sont pas les moins curieux de ses discours. Ces sermons pour la plupart ont été abrégés ; mais tels quels, ils offrent encore un grand intérêt ; l'auteur y a réuni les traditions les plus anciennes, les plus sûres et les plus frappantes de l'Église chrétienne; c'est un arsenal des meilleures armes que l'apologiste peut employer avec avantage contre les ennemis de la Foi catholique. Dans les temps primitifs, évidemment on savait où était la véritable Église ; tout le monde la connaissait : aux yeux de tous, c'était l'Église des apôtres et de leurs successeurs. Aujourd'hui la question se réduit à savoir qui des deux de l'Église romaine ou des sectes protestantes ressemble le plus à l'Église des premiers siècles ; le P. Lejeune, s'appuyant sur des faits et des traditions sans nombre et d'une parfaite authenticité, établit la plus exacte ressemblance de l'Église romaine avec l'Église primitive, au lieu que les autres s'en éloignent de plus en plus ; n'est-ce point là la plus éloquente des apologies ?

« Les protestants, dit-il, nous accusent faussement que nous avons mutilé l'Église ancienne, que nous l'avons gastée, corrompue et altérée, que nous y avons introduit des pratiques superstitieuses, des traditions humaines, des cérémonies frivoles ou impertinentes. Pour les convaincre d'imposture et les faire rougir de honte, je dois aujourd'huy vous représenter l'Église primitive, vous la faire voir au visage, et en toutes les parties de son corps, vous montrer qu'elle n'a aucunement changé, et que c'est maintenant la même qui étoit alors ; je veux vous faire voir qu'en l'Église ancienne on croyoit les mêmes articles, on avoit les mêmes traditions, qu'on gardoit les mêmes cérémonies qu'on fait maintenant ; et afin qu'il n'y ait rien à repartir, je ne veux rien alléguer de suspect, je ne veux alléguer que les écrivains qui florissoient au temps des quatre premiers conciles, ou auparavant, parce que nos adversaires disent que pendant ce temps-là l'Église estoit en sa pureté. Je ne veux alléguer que les livres que tout le monde avoue estre des Pères de ce temps-là et non des œuvres supposées, par le consentement même des ministres... »

Remarquez encore dans le cours de cette polémique l'habileté avec laquelle le P. Lejeune fait tomber les protestants dans les plus manifestes contradictions : ouvrant leur propre bible, la bible huguenotte, il en extrait certains passages qu'il expose simplement « sans glose ni commentaire », et dont le sens obvie est en formelle opposition avec leur doctrine ; lisez par exemple ce curieux passage :

« En l'article 31 de vostre confession, vous dites que l'Église est tombée, et cependant vous chantez après David, que rien ne la peut ébranler : accordez un peu ces deux choses ?

> Il est certain qu'au milieu d'elle
> Dieu fait sa demeure éternelle ;
> Rien ébranler ne la pourra
> Car Dieu prompt secours lui donnera.

« et plus loin :

> Car Dieu n'aura jamais courage
> D'abandonner son héritage.

« Le titre ou le sommaire des chapitres 54, 59, 60 et 62 d'Isaïe vous dit assez qu'en ces chapitres Dieu parle à l'Église chrétienne ; or voici ce qu'il lui dit (Isaïe 54, 9) : « Comme j'ai autrefois juré à Noé que je n'enverrois plus le déluge sur la terre ; ainsi j'ai juré que je ne me fascheroi point contre toi et ne te reprendrai point ; car quand les montagnes seroient ébranlées, et les collines trembleroient, ma miséricorde ne se retirera point de toi, et je ne romprai point l'alliance que j'ai faite avec toi... »

L'orateur a su tirer un parti admirable de ces textes et de bien d'autres encore qui sont aux yeux des catholiques la confirmation des promesses divines, mais qui, pour les protestants, sont la condamnation de leurs principes les plus avoués ; voyez encore l'ingénieuse application qu'il fait d'un texte bien connu de saint Paul :

« Nous croyons que l'Église romaine n'a jamais

esté et ne peut estre infidèle à Jésus son époux, car saint Paul (Eph. 5, ⁊ 24) recommande aux femmes mariées de se comporter envers leurs marys comme l'Église envers Jésus-Christ, et il parle de l'Église de Rome où il estoit. Or vous dictes qu'elle est la paillarde de l'Apocalypse; voyez la belle instruction que vous donnez à vos femmes? Saint Paul leur commande de se comporter envers vous comme l'Église envers Jésus-Christ; et vous dictes qu'elle lui a faussé la foy? Quelle conclusion en tireroient vos femmes si elles n'estoient plus pures en leur honneur que vous n'estes en votre doctrine? »

Suivant toujours le même raisonnement, le P. Lejeune démontrait aux protestants avec une logique irréfutable qu'ils ne sont aucunement en l'Église du Fils de Dieu et des apôtres :

« Une congrégation n'est pas l'Église du Fils de Dieu et des apôtres, si on n'y croit tous les articles de foy que Jésus a enseignez et que les apostres ont preschez; si on n'y administre pas tous les sacrements que Jésus a instituez et que les apostres ont conferez; si on n'y garde pas tout ce que Jésus a commandé et conseillé et que les apostres ont pratiqué... Le Fils de Dieu a establi une Église en ce monde, non pour le temps des apostres seulement, mais pour les temps à venir jusques à la consommation des siècles. Or, Messieurs de la religion, en vostre Église prétendue, on ne croid pas plusieurs articles que les apostres ont creu, on n'administre pas plusieurs sacrements que les apostres ont administrez, on ne pratique pas plusieurs vsages de piété que les apostres ont pratiquez, ce que je monstre par l'Écriture, en suivant le même ordre que je tenois hier... Et notez que je parle de la doctrine et des vsages de vostre Église, selon qu'on peut voir en *vostre confession de foy et en vos prières ecclésiastiques.* »

L'orateur entrait dans les détails les plus précis et les plus exacts pour montrer aux protestants l'abîme qui les sépare de l'Église primitive.

« En l'Église des apostres, tous les fidèles avoient une mesme foy : vn seul Dieu, une foy, un baptesme (Ephes. 4, 5). » En la vostre ils ont une foy toute contraire en des articles très-importants et fondamentaux, car vous recevez à vostre communion les luthériens qui croyent contre vous la réalité du corps de Jésus-Christ en l'eucharistie, qui rejettent comme apocryphes le livre de Job, de l'Ecclésiaste, et l'Épistre de saint Jacques.

« Jésus a commandé à son Église d'enseigner tous les peuples, de prescher l'Évangile par tout le monde, d'estre ses témoins jusques à l'extrémité de la terre (Math., 28, ⱴ 19) (Marc, 16, ⱴ 15) (Act. 1); pas un de vos gens n'a presché l'Évangile en vne grande partie du monde, comme les Jésuites, les Capucins et les autres missionnaires ont fait à la Chine, au Japon, aux Hurons et ailleurs.

« En l'Église de Jésus quelques vns quittent leurs maisons, père, mère, et biens pour l'amour de Luy et de l'Évangile, auxquels il promet le centuple (Marc, 10, ⱴ 30); personne ne le fait parmi vous. En l'Église des apostres plusieurs vivaient en continence pour avoir le royaume des Cieux (Math., 19, ⱴ 12) (I Corinth., 7, ⱴ 7). Saint Paul désire que tous s'abstiennent de femme comme luy : vous respondez à cela qu'il adjouste « que chacun a son propre don »; vous dites vrai; mais c'est une merveille que pas vn de vos ministres n'a ce don, que pas vn n'accomplit le souhait de saint Paul, que pas un n'est pur de corps et d'esprit comme ce grand apostre le désire : « Si quelqu'vn doit avoir ce don, ce sont ceux qui vacquent à la prière (I Corinth., 7, ⱴ 5), et pas vn de vos ministres qui doivent prier pour le peuple n'a ce don, pas vn n'est au nombre de ceux à qui on donne cette louange, « qu'ils ne sont point souillés avec les femmes, et suivent l'Agneau partout où il va (Apoc. 14). »

« Vous n'avez point d'autel, ni d'offrande à l'autel; les apostres en avoient : « Nous avons vn autel auquel les pontifes juifs ne participent pas (Hébreu, 13); « si tu présentes ton offrande à l'autel... (Math. 5). » Vous ne faites la cène que deux ou trois fois l'an, et ils la faisoient très-souvent; les Actes (C., 2, ⅴ 42 et 46) le témoignent. Vn pauvre matelot qui vient du Sénégal ou du Brésil, qui n'a communié de deux ans, ni peut-être de toute sa vie, s'il arrive huit ou quinze jours après le temps de votre cène, ne peut communier, quand mesme il seroit à l'article de la mort, et qu'il le désireroit ardemment, se souvenant de cette parole de Jésus, « qui mange ce pain vivra éternellement. »

Enfin pour faire ressortir plus vivement encore sa pensée et la vérité de sa thèse, l'orateur, dans une péroraison éloquente, mettra sous les yeux les plus frappantes images :

« Le duc de Candie, François de Borgia, reçut autrefois la commission de l'Empereur d'accompagner le convoi où estoit porté le corps de l'impératrice Izabelle défuncte, et de la conduire de Tolède où elle estoit morte à Grenade, lieu de la sépulture des roys d'Espagne. Elle avoit esté l'une des plus belles princesses de son siècle : quand on ouvrit à Grenade le cercueil de plomb où elle estoit, on la trouva si changée, si laide, si hideuse, et contrefaite, qu'il n'osa jurer que c'estoit la mesme, quoiqu'il l'eust veillée jour et nuit. Il avoit raison, car, selon Aristote, un corps mort n'est pas le mesme qu'il estoit en vivant ; puisque c'est la forme qui donne l'estre. J'en dis de même en mon sujet, quand d'un côté je vois dans le Nouveau Testament la belle et agréable face de l'Église des apostres, et d'un autre costé votre Église prétendue, je dis en gémissant : Hé ! quelle différence ! Non-seulement je ne voudrois pas jurer que c'est la mesme, mais je voudrois jurer sans danger de me parjurer, que ce n'est pas la mesme Église, que *ce n'en est que le cadavre.* »

« Vos ancestres ont été très-bons catholiques ; témoins les belles églises qu'ils ont édifiées, les grandes abbayes qu'ils ont dotées et les précieuses reliques qu'ils ont richement enchâssées ; mais vous ne leur répondez pas, Messieurs de la religion prétendue ; vous avez hérité d'eux la chair et le sang, et rien autre chose ; vous estes leurs descendants quant au corps, mais quant à l'esprit du christianisme, quant à la foy, piété et religion, point du tout. De tant de sacrements, cérémonies et observances religieuses qui estoient en usage, qu'avez-vous retenu qui vous distingue des Juifs..?

« Supposons ce qui n'arrivera jamais que vous avez perverty tout ce royaume ; supposons qu'en toute la France, il n'y ait autre religion que celle des calvinistes, et qu'un Juif de Jérusalem qui n'a jamais ouy parler de christianisme y vienne demeurer, et qu'ayant quelque envie de se faire chrétien il vous demande la règle de vostre foy et de vos actions, il ne trouveroit pas assurément une bien grande différence entre sa religion et la vôtre...

« N'auroit-il pas en effet subjet de vous dire : « Je ne vois rien en vostre temple qui ne se fasse dans nostre synagogue en Jérusalem ; vous y chantez deux ou trois psaumes, et nous en chantons plus de douze ; vous y preschez contre le Pape et les papistes, et nous aussy, car ce sont nos plus grands ennemis. Vous distribuez quelquefois un peu de pain et de vin en la cène, et nous aussi en notre feste des Azimes. Votre livre dit que tout ce qui se passoit parmi nous au temps de Moïse et des Prophètes n'estoit que des ombres et des figures de ce que vous deviez avoir ; mais je ne vois rien parmy vous qui approche tant soit peu de la splendeur et de la majesté de ce que nos pères ont vu en leur temps : Ils avoient la manne paistrie par les Anges, et vous dites qu'en vostre cène vous ne donnez qu'une bouchée de pain ; Élie et Élisée faisoient des miracles, et vous dites qu'il ne s'en fait plus ; David chantoit les louanges de Dieu au son des orgues et autres instruments, et dans vos presches l'on entend que des voix confuses et mal accordées. Que répondriez-vous à cela, si un Juif ou un infidèle vous tenoit ce langage (1). »

Il est facile d'imaginer l'impression profonde que devaient produire ces rapprochements et ces analogies sur des âmes encore pénétrées de l'esprit chrétien ; de nos jours de pareils raisonnements auraient assurément plus de valeur encore ; car qui pourrait mesurer la distance qui sépare maintenant la plupart des sectes protestantes des sources primitives ? elles sont bien des rameaux complétement détachés de la tige sacrée, et à jamais flétris ; et cependant les raisons si fortes que développait le P. Lejeune auraient peut-être bien peu d'influence sur leurs adhérents ; n'acceptent-ils pas la situation dont il leur faisait sentir le péril et la gravité ? Pour eux désormais, la perpétuité et l'identité de la foi ne sont pas les conditions essentielles de la vérité ; au contraire le changement est devenu la loi universelle, régissant

1. *Sermon LXXVIII* et *LXXIX*, tome II.

la nature physique comme la nature morale. Lisez le curieux ouvrage de M. Athanase Coquerel fils, « *sur les premières transformations historiques du christianisme,* » et vous y trouverez en toutes lettres des phrases comme celle-ci : « Une religion peut *changer* en se développant conformément à son principe et à la réalité des choses ; elle est alors en plein progrès. » Aux yeux de l'auteur, il s'est opéré des changements, ou comme il le dit lui-même, des transformations dans l'Église, dès les premiers siècles : ainsi le christianisme de Jésus ne fut pas le christianisme de saint Pierre, qui n'était pas celui de saint Paul, qui n'était pas celui de saint Jean, qui lui-même ne fut pas celui des Pères, et qui en définitive n'est plus le nôtre. Si dans les commencements il n'y a pas eu un corps de doctrine véritable, alors que le divin Maître était là pour l'établir, à plus forte raison, il ne peut y en avoir de nos jours, à dix-huit siècles de distance ; ainsi en sera-t-il à l'avenir. En somme, on fait du christianisme une affaire subjective et personnelle, variant au gré des opinions et des penchants individuels et pouvant se résumer par ces deux mots : L'Église, c'est l'individu.

FIN.

TABLE DES MATIÈRES

CHAPITRE I

Biographie du P. Lejeune; — lieu de sa naissance; — sa famille et son éducation; — il entre à l'Oratoire nouvellement fondé; — Bérulle fut son maître; — vertus de ce grand homme; — esprit de son institut; — la Société de Jésus et l'Oratoire de Jésus dans les commencements; — le P. Lejeune se pénètre de l'esprit de l'Oratoire et lui demeure fidèle toute sa vie; — son attachement à l'Église au milieu des querelles du Jansénisme 11

CHAPITRE II

Le P. Lejeune est élevé au sacerdoce; — ses débuts; — il se consacre aux missions; — il est subitement frappé de cécité; — le P. Lefèvre lui est associé; — confraternité touchante des deux religieux; — le P. Lejeune continue ses prédications; — il prêche devant la Cour; — controverses avec les protestants; — principales missions 42

CHAPITRE III

Eloquence et vertu; — le P. Lejeune modèle du prédicateur; — difficultés courageusement surmontées; — piété touchante du saint missionnaire; — rudes pénitences qu'il s'impose pour fléchir la justice divine; — sa charité, son humilité, sa douceur; — respectueuse admiration qu'il inspire; — ses dernières années, sa maladie, sa mort. 59

CHAPITRE IV

Le P. Lejeune et les Prédicateurs contemporains ; — mauvais goût qui règne dans la chaire au commencement du XVIIe siècle ; — érudition déplacée, citations profanes, abus du bel esprit ; — les premiers réformateurs de la chaire ; — ils parlent avec plus de dignité ; — le P. Lejeune compte parmi eux ; — ses qualités et ses défauts. 85

CHAPITRE V

Sermons du P. Lejeune ; — deux hommes en lui, le catéchiste familier et le missionnaire ; — il est considéré d'abord comme prédicateur catéchiste ; — méthode des prédicateurs en général, et celle du P. Lejeune en particulier ; — quels sujets il embrasse ; — comment il les divise ; — de quelle manière il les développe 106

CHAPITRE VI

Suite du chapitre précédent ; — élévation et simplicité du P. Lejeune ; — il aborde et explique tous les sujets ; — Dieu et l'homme ; — les vérités surnaturelles : l'Incarnation, les Sacrements, Baptême et Eucharistie ; — effets de cette prédication 149

CHAPITRE VII

Le P. Lejeune est considéré comme missionnaire ; — sainte liberté de l'apôtre ; — enseignement pratique ; — moraliste pénétrant ; le P. Lejeune dévoile les vices du cœur humain ; — peinture de mœurs ; — le moraliste se fait directeur et médecin des âmes ; — conseils affectueux ; — dialectique et véhémence de l'orateur 176

CHAPITRE VIII

Rhétorique du P. Lejeune; — avis aux jeunes prédicateurs; — règles et conseils; — perfection moyenne à laquelle tout ministre de la parole peut atteindre; — vertu de la seule parole de Dieu; — ce que l'homme doit faire de son côté; — préparation éloignée et préparation prochaine; — bienséances oratoires; — éloges et panégyriques 211

CHAPITRE IX

Mouvement littéraire à la fin des XVI° et XVII° siècles; — progrès de la langue française; — Malherbes et Balzac; — les prédicateurs mettent à profit les réformes littéraires; — premiers sermons de Bossuet; — le vieux langage dans les œuvres de saint François de Sales et les Sermons du P. Lejeune; — grâces de leur élocution; — style du P. Lejeune; — ses qualités dominantes : l'abondance, l'imagination et la vivacité 238

CHAPITRE X

Un chapitre d'histoire; — le P. Lejeune et les mœurs contemporaines; — le clergé et les appels comme d'abus; — les parlements et les procès; — le luxe et la misère; — les impôts; — la guerre et les fléaux qui en furent la suite; — la foi des peuples; — ordres religieux et saints évêques. 293

NOTES 321

3039. — Abbeville. — Imp. Briez, C. Paillart et Retaux.

ANCIENNE MAISON AMBROISE BRAY.

BRAY ET RETAUX, LIBRAIRES-ÉDITEURS.

Rue Bonaparte, 82, à Paris.

EXTRAIT DU CATALOGUE COMPLET (DÉCEMBRE 1869).

Année à Rome (une). Impressions d'un catholique. 1 vol. in-8°, 5 fr. ; ou in-12, 3 fr.

Audin. — Histoire de Luther. 3 vol. in-8°, avec atlas, 20 fr., ou 3 vol. in-12, 10 fr. 50. — Histoire de Calvin. 2 vol. in-8°, 12 fr. ; ou 2 vol. in-12, 7 fr. — Histoire de Léon X. 2 vol. in-8°, 12 fr. ; ou 2 vol. in-12, 7 fr. — Histoire de Henri VIII. 2 vol. in-12, 7 fr. ; abrégé de chacune de ces histoires. 1 vol. in-12, 2 fr. 50.

Archier. — Les Saints de la Compagnie de Jésus. 1 vol. in-12, 2 fr.

Avogadro (le comte). — Le Mois de novembre, Méditations sur le Purgatoire, suivi d'un choix de prières et de pratiques enrichies d'indulgences. 1 vol. grand in-32, 1 fr. 50.

Ayzac (Mme d'). — Histoire de l'Abbaye de Saint-Denis. 2 magnifiques vol. gr. in-8°, avec plans, 16 fr. Ouvrage couronné par l'Académie.

Barthélemy (l'abbé). — Histoire de Jeanne d'Arc. 2 vol. in-8°, 8 fr. ; avec gravures, 10 fr.

Boudon (Adolphe). — Méditations pratiques pour le mois de saint Joseph, 4° édit. 1 vol. in-18, 80 c. — Pensées pieuses après la sainte communion. 1 fort vol. in-18, 2 fr. 50. — Mois de Marie. 1 vol. in-18, 1 fr. — Mois du Sacré-Cœur, 1 vol. in-18, 1 fr.

Bayle (l'abbé). — Massillon, étude historique et littéraire. 1 vol. in-8°, 6 fr. ; ou 1 vol. in-12, 3 fr. — Vie de saint Philippe de Néri. 1 vol. in-8°, 6 fr. ; ou 1 vol. in-12, 3 fr. — Vie de saint Vincent Ferrier. 1 vol. in-12, 3 fr. — L'Ame à l'école de Jésus enfant. 1 vol. in 12, 2 fr. — Etude sur Prudence. 1 vol in-8°, 4 fr. — Les derniers Jours du chrétien, ou le S. Viatique, l'Extrême-Onction, la recommandation de l'âme, les funérailles, suivis de l'office complet et de la messe des morts. 1 vol. in-18, 2 fr. — Marie au cœur de la jeune fille, trad. de l'italien, 2° édit. 1 beau vol. in-32, 1 fr. 20.

Bergier (l'abbé J.-B.) — Histoire de saint Jean Chrysostôme. 1 vol. in-8°, 5 fr. ; ou 1 vol. in-12, 3 fr.

Bernard (saint). — Choix de Lettres, par le R. P. Melot. 1 vol. in-32, 1 fr. 20.

Besson (l'abbé). — Le Décalogue ou la loi de l'Homme-Dieu. 2 vol. in-8°, 10 fr. ; ou 2 vol. in-12, 6 fr. — L'Homme-Dieu, Conférences. 1 vol. in-8°, 5 fr. ; ou 1 vol. in-12, 3 fr. — L'Eglise, œuvre de l'Homme-Dieu. 1 vol. in-8°, 5 fr. ; ou 1 vol in-12, 3 fr. Ces ouvrages sont regardés comme des chefs-d'œuvre pour le fond et pour la forme. — Panégyriques et oraisons funèbres. 2 vol. in-8°, 10 fr. ; ou 2 vol. in-12, 6 fr.

Biblia sacra Vulgatæ editionis Sixti V. Pontificis Maximi jussu recognita et Clementis VIII auctoritate edita. Nova editio accuratissime emendata, A.DD. Archiepiscopo Parisiensi approbata. 1 vol. in-18 jésus, 6 fr.

Blon. — Le Troupier Louis Latour. 1 vol. in-18, 1 fr.

Blanc (l'abbé). — Le Christianisme intégral. 2 vol. in-8°, 12 fr.

Bossuet. — Exposition de la Doctrine de l'Eglise catholique sur les matières de controverse, augmentée des *Variantes de l'édition des Amis*. 1 très-beau vol. in-18, 2 fr., sur papier vergé, 3 fr. — Le même, sans *Variantes*. 1 vol. in-18, 80 c.

Bouffier (R. P.) — La vénérable Anna-Maria Taïgi. 3ᵉ édit. revue et corrigée. 1 vol. in-12, 2 fr. 50.

Bougeant (S. J.) — Exposition de la Doctrine chrétienne. Nouv. édit., revue, corr. et considér. augm. par un professeur de Théologie. 2 vol. in-8°, 8 fr.

Bouillerie (Mgr de la). — Méditations sur l'Eucharistie, nouv. édit. augm. de l'Office du Saint-Sacrement, etc. 1 vol. in-32, 1 fr. 50 ; ou gr. in-32 vélin, 2 fr.

Bouniol. — La France héroïque ; vies et récits dramatiques, d'après les chroniques et documents originaux. 4 vol. in-12, 10 fr. — Les Marins français, complément de la France héroïque. 2 vol. in-12, 6 fr. — Combats de la vie : Cœur de bronze. 1 vol. in-12, 2 fr. — Famille du vieux Célibataire. 1 v. in-12, 2 fr. — Les Epreuves d'une Mère. 1 v. in 12, 2 fr. — Les deux Héritages. 1 vol. in 12, 2 fr. — A l'ombre du Drapeau. 1 vol. in-12, 2 fr. — Le Soldat, Chants et Récits. 1 vol. in-18, 60 c.

Bourbon (l'abbé). — Cérémonial paroissial. 1 fort vol. in-8°, 6 fr. — Introduction aux cérémonies romaines. 1 fort vol. in-8°, 6 fr.

Bourdon (Mᵐᵉ Froment). — Le matin et le soir. 1 vol. in 12, 2 fr. — Une parente pauvre. 1 vol. in-12, 2 fr. — Léontine. 1 vol. in-12, 2 fr. — La vie réelle. 1 vol. in-12, 2 fr. — Les Béatitudes, nouvelles. 1 vol. in-12, 1 fr. 50. — Souvenirs d'une institutrice. 1 vol. in-12, 2 fr. — La Charité, légendes. 1 vol. in-12, 1 fr. 50. — Le Droit d'aînesse. 1 vol. in-12, 2 fr. — Anne-Marie. 1 vol. in-12, 2 fr.

Bremer (Mˡˡᵉ). — Guerre et Paix, Scènes en Norwége. 1 vol. in-12, 1 fr. 50.

Bretonneau (Henri). — La Religion triomphante par les grands hommes. 1 gros vol. in-8°, 6 fr.

Brimont (de) Un pape au moyen âge : Urbain II. 1 vol. in-8° 6 fr.

Broeckaert (le R. P.) — Guide (le) du jeune littérateur, rédigé sur un plan nouveau. 2 vol in-12, 6 fr. — Abrégé du guide du jeune littérateur, mis à la portée des classes françaises. In-8° 3 fr. 50. — Modèles français, recueillis d'après le plan du guide du jeune littérateur. 2 foris vol. in-8°, 10 fr. — Petit recueil de littérature française, à l'usage des classes inférieures, in-12, 1 fr. — Histoire de la littérature. 1 vol. in-12, 2ᵉ édit., 2 fr. — Fait divin (le), étude historique de la Révélation chrétienne et de l'Eglise catholique. In-8°, 2 fr. 25. — Catéchisme des classes supérieures exposé du fait divin de la religion catholique. 1 vol. in-8°, 2 fr. 25. — Vie du B. Ch. Spinola In-12, 1 fr. 25.

Bunot (l'abbé). — Eléments de philosophie chrétienne. 1 vol. in-18 jésus, 4 fr. 50.

Busson (l'abbé). — Esprit de saint François de Sales, à l'usage des personnes pieuses vivant dans le monde. 3ᵉ édit. 1 vol. in-12, 2 fr. 50.

Calixte (le R. P.) Vie de saint Félix de Valois. In-8°, 5 fr. ; ou 1 vol. in-12, 3 fr

www.ingramcontent.com/pod-product-compliance
Lightning Source LLC
Chambersburg PA
CBHW070452170426
43201CB00010B/1310